你会培养孩子吗 全集

郑继超 刘萍◎编著

天津科学技术出版社

图书在版编目(CIP)数据

你会培养孩子吗(全集)/郑继超,刘萍编著.—天津:天津科学技术出版社,2009.1
ISBN 978-7-5308-4896-8

Ⅰ.你… Ⅱ.①郑…②刘… Ⅲ.家庭教育 Ⅳ.G78
中国版本图书馆 CIP 数据核字(2008)第 208104 号

责任编辑:杨庆华
责任印制:白彦生

天津科学技术出版社出版
出版人:胡振泰
天津市西康路 35 号 邮编 300051
电话(022)23332398(编辑室) 23332393(发行部)
网址:www.tjkjcbs.com.cn
新华书店经销
河北省香河县宏润印刷有限公司印刷

开本 710×1000 1/16 印张 16 字数 255 000
2009 年 3 月第 1 版第 1 次印刷
定价:32.80 元

前 言

如何才能让孩子有出息呢？这就需要培养，舍得为他付出辛苦，舍得为他付出更多的时间。孩子本是一棵稚嫩的小树苗，用什么方法培育就会成为什么样的园艺作品。孩子教育重在早期的启蒙，打什么样的基础就建造什么样的建筑，钢筋混凝土灌筑的一定是高耸入云的摩天大厦，破砖烂瓦盖起的只能是矮趴趴的摇摇欲坠的危险房屋。家长乃一家之长，是太阳、雨露，阳光雨露不洒在孩子身上还洒在谁身上?!

别人都为孩子早期教育而奔走，我们可不能无动于衷，留下遗憾啊。

一个孩子无论出息大小，能力高低，最终都要用成果来兑现，否则最多只是一个令人遗憾的，对于这个世界多一个少一个都没有意义的愿望表达，甚至只是一通大话、一张空头支票或一个笑柄。

一个有出息的孩子，他要经受时光的煎熬和磨砺，更要能够接受甚至融入平和、平凡、平淡甚至看似平庸的生活，从容但倔强地蜿蜒，在不经意中成就自己。他常常饱含了失败甚至屈辱，还必须接受妥协、误解、忌妒、非议。他同坚忍相伴，他同自信携手。

其实，每一个孩子身上都蕴藏着巨大的潜能，都可以走进天才的殿堂。大多数孩子之所以与天才擦肩而过，关键是最爱他们的家长与老师无意中将天才扼杀在摇篮之中而已。我们认为孩子聪明，事实上孩子比我们想象得还要聪明。充分挖掘藏于孩子体内的潜能，造就其精彩的人生，应当是每一位父母最伟大的历史使命。

哪个父母不都是这样宽容、理解并心痛你所经历的失败和挫折，但我们同样祝福、渴望并欣喜你的成功，即使那只是微不足道的，如

同当年你跌跌撞撞迈出的第一步。

　　我们也有耐心。我们会在这里长久守候，即使夜深了，也会给你留着灯，留着门。不过，你得是有出息的孩子。

　　而且，我们相信，你是有出息的孩子！你一定会是有出息的孩子！

目 录

第一章　培养孩子　要懂得寻找疼爱与规训之间的平衡 /1

做个高智商的父母，读懂孩子，能和孩子经常沟通合作，让孩子能默契领会父母所给予的暗示和判断。坚持管教原则，把握好疼爱与规训之间的平衡，尊重孩子的人格和权益，给孩子适当的独立和自由，鼓励子女发表自己的见解，独立解决自己的问题，不断培养孩子正在逐渐形成的逻辑思维系统，并以此指导他们的行为。

1. 努力营造一个民主和谐的家庭环境 /2
2. 从细小的方面观察孩子 /4
3. 坚持管教原则，信守承诺 /5
4. 培养与孩子的长期和谐交流 /8
5. 给孩子成长需要的爱 /10
6. 许多问题都可以通过讨论来解决 /13
7. 对"调皮鬼"要理解和宽容 /15
8. 要尊重孩子的隐私 /17
9. 有些矛盾是父母随意许诺造成的 /18
10. 寻找疼爱与规训之间的平衡 /19
11. 要学会不以责骂来引导孩子 /21
12. 批评孩子要注意超限效应和忌语 /23
13. 要学会对孩子适当地约束 /25
14. 训诫之后应该张开温暖和充满爱的怀抱 /26

第二章　培养孩子　要赢得孩子的合作 /29

无论从父母的角度还是从孩子的角度来看，合作是共同的愿望，但合作必须靠双方愿意，而非强迫。正确的行为是鼓励的结果，强制不能带来根本的认同和长期的合作。

1. 要学会与孩子互相理解 /30
2. 让孩子认识到你懂得他的想法 /31
3. 言语要切合实际，合情合理 /32
4. 沟通要选择适当的时间和地点 /33
5. 唠叨，孩子会将你的话当耳边风 /35
6. 适当运用幽默 /38
7. 让协商在和平中演变 /39
8. 用结果法培养孩子的合作精神 /41
9. 要让孩子学会分享 /43
10. 要控制自己不乱发脾气 /44
11. 怎样做才是善于倾听孩子的心声呢 /48
12. 要妥善解决父母教育孩子观点的不一致 /50
13. 要处理好教养中的各种关系 /52

第三章　培养孩子　要给孩子插上自信的翅膀 /57

自信心就像人的能力催化剂，将人的一切潜能都调动起来，将人的各个部分的功能推到最佳状态。而高水平的发挥在不断反复的量的积累基础上，巩固成为人的本能的一部分，将人的功能提高到一个新层次、新境界。一个人的成长如果是沿着这样的积极上升式路线进行，可以想象其积累效果是十分可观的。在许多伟人和我们周围优秀的人身上，我们都可以看到这种超凡的自信心，正是在这种自信心的驱动下，他们才既能大胆实践，又能异想天开，纵横捭阖，积极进取，百折不回，获取最终成功。

1. 为什么要培养孩子的自信心 /58
2. 允许孩子去做，也允许失败 /59
3. 思想有多远，你就能走多远 /60
4. 接受鼓励，是孩子成长的重要内容 /62
5. 去做你害怕的事，恐惧将不复存在 /65
6. 孩子胆小的原因及其矫治建议 /68
7. 美国式的家庭教育，培养出了胆大的孩子 /71
8. 鼓励孩子要有一定的冒险和探索精神 /72
9. 磨难和挫折是孩子成长的助推器 /74

10. 接受失败和挫折，并使其成为做人的一部分 /75

11. 在生活中，困难和挫折是不可避免的 /78

12. 要重视对孩子体力和意志力的培养 /81

13. 怎样培养孩子的意志力 /83

14. 怎样帮助孩子延迟满足 /86

第四章 培养孩子 要学会创造性地对付孩子 /89

培养有出息的孩子既要看到孩子的正面，也不能回避孩子的负面，因为我们锻造的是一块待铸的钢坯。这也如一棵小树，为了保证成材，有些旁逸斜出就应该及时进行修理。这不是一朝一夕的事情，不但要付出，要有耐心，还要懂得迎接来自孩子的挑衅。

做父母的常常有很多疑问，孩子不肯睡觉怎么办？不吃饭怎么办？捣乱怎么办？不听话怎么办？和大人对抗怎么办？打人怎么办？向亲友询问，向书本讨教，往往会得到很大启发，有豁然开朗之感。然而生活中的每一件小事都是千变万化的，有不同的背景与契机，事中人的性格与脾气也不大相同，其结果就是父母往往发现别人的告诫与经验不适用，的确我们不能依赖他人甚至专家来帮助我们解决问题，这里需要发挥我们的创造性。

1. 孩子无理取闹的原因 /90

2. 解开孩子攻击行为的密码 /94

3. 意外之举的处理方法 /96

4. 要求孩子要懂得如何执行 /98

5. 溺爱中成长，性格可能会产生缺陷 /100

6. 孩子间发生争执的处理方法 /101

7. 在委屈面前学会说"不" /104

8. 创造性地对付孩子 /106

9. 给孩子留点面子 /108

10. 不要强迫孩子做事 /109

11. 不要把谈话引向对立 /110

12. 用自然结果法解决与孩子的冲突 /112

13. 沉着冷静，果断地去做 /114

14. 孩子当众发难的处理方法 /116
15. 用坚决的行动制止孩子的胡闹 /117
16. 忽视也是一种力量 /117

第五章 培养孩子 要让孩子成为学习尖子 /119

良好的学习习惯，对事物的注意力，对知识的好奇心，高效的学习方法，这些对孩子学习水平的高低有着相当重要的影响。我们应该让孩子的好奇心成为学习的原动力，而不是让孩子成为学习的奴隶；应该让孩子掌握高效实用的记忆方法，而不是让孩子"死记硬背"；应该让孩子可以举一反三，触类旁通，而不是让孩子进行"题海战术"。孩子的未来其实就掌握在父母手中，培养有出息的孩子，我们应该让孩子在起跑线上就领先一步。

1. 兴趣是最好的老师 /120
2. 学会观察特别重要 /123
3. 让孩子掌握一些复习的方法 /127
4. 让孩子掌握一些考试的方法 /136
7. 只具有智慧是不够的，还需要自律 /141
8. 怎样让孩子自觉地学习 /144
9. 怎样让孩子集中精力 /147
10. 怎样排除孩子的厌烦感 /152
11. 怎样指导孩子读书 /156
12. 孩子学习成绩不稳定的原因 /159
13. 怎样让孩子高效率地学习 /161
14. 家长怎样帮助孩子学习 /163
15. 家长怎样辅导孩子作文 /164

第六章 培养孩子 要让孩子养成好习惯 /167

日本教育学家说：家庭是习惯的学校，父母是习惯的老师。教育是更多地把上一代逐渐积累下来的那些优秀的文化积淀传承给下一代人，它应该是很有规律的。良好的习惯是孩子所储存的资本，会不断的增值，而人的一生就在享受着它的利息。教育归根结底是培养习惯，行为养成习惯，习惯形成品质，品质决定命运。

1. 要培养孩子自我保护的习惯 /168
2. 要教育孩子尊重别人 /172
3. 培养孩子爱劳动的习惯 /176
4. 让孩子养成独立思考的习惯 /178
5. 让孩子养成写日记的习惯 /180
6. 培养孩子爱读书的习惯 /184
7. 培养孩子的乐观精神 /188
8. 让孩子懂得珍惜时间 /190
9. 让孩子学会与他人分享 /193
10. 让孩子学会与人合作 /196
11. 要培养孩子的责任心 /200
12. 让孩子养成做事有计划的习惯 /203
13. 培养孩子的爱心 /206
14. 培养孩子的耐心 /209
15. 培养孩子学习的习惯 /211
16. 培养孩子的理财习惯 /213
17. 培养孩子的成功意识 /215

第七章 培养孩子 要让孩子容易和别人相处 /219

人人都希望能有一个美好的人际关系世界，都希望能拥有多一些朋友，并与他们保持真挚的友谊。尽管每个人可能都有不同的交往动机，对朋友的要求与期望也不尽相同。但是，心理学家仍然从研究中得出了帮助人们赢得朋友、保持友谊、避免人际关系破裂所应遵循的一些规律。有些孩子虽然也有与人交往的愿望，但是不了解与他人沟通的方法和技巧，这会影响交往水平。作为家长，应该教给孩子一些人际沟通的方法和技巧。

1. 真心对别人感兴趣 /220
2. 要主动与他人交往 /220
3. 找到相同的兴趣爱好 /221
4. 要塑造良好的性格 /222
5. 让孩子学会与朋友相处 /223

6. 父母应为孩子的交往提供必要的帮助 /226

第八章 培养孩子 要让孩子改掉这些坏毛病 /229

　　由于性格缺陷或处事方式等原因,我们的社会适应力遇到了很大的困难,细究起来,是我们自身的一些毛病在人际交往中作祟。我们别无选择,只有挑战自我,战胜自我。

1. 帮孩子解除烦恼 /230
2. 教孩子解除心理压力 /232
3. 教孩子克服自卑胆怯的毛病 /236
4. 教孩子学会走出孤独 /239
5. 常常使自己孤立的人易多疑 /241
6. 过分关注自我的人易羞怯 /242
7. 困守封闭的的人易自卑 /243
8. 以自我为中心的人易于故步自封 /244

第一章 培养孩子
要懂得寻找疼爱与规训之间的平衡

做个高智商的父母,读懂孩子,能和孩子经常沟通合作,让孩子能默契领会父母所给予的暗示和判断。坚持管教原则,把握好疼爱与规训之间的平衡,尊重孩子的人格和权益,给孩子适当的独立和自由,鼓励子女发表自己的见解,独立解决自己的问题,不断培养孩子正在逐渐形成的逻辑思维系统,并以此指导他们的行为。

1. 努力营造一个民主和谐的家庭环境

为孩子创造一个轻松、和谐、民主和充满爱的家庭环境。

"挑剔中成长的孩子学会苛责/敌意中成长的孩子学会争斗/讥讽中成长的孩子学会羞怯/羞辱中成长的孩子学会愧疚/宽容中成长的孩子学会忍让/鼓励中成长的孩子学会自信/赞扬中成长的孩子学会自赏/公平中成长的孩子学会正直/支持中成长的孩子学会信任/赞同中成长的孩子学会自爱/友爱中成长的孩子学会关爱。"可以说，就如这首小诗所说的那样，孩子是在环境的影响下成长的。孩子早期大约有2/3的时间要在家庭中度过，而且完全依赖于成人，所以家庭环境对孩子的成长有着相当重要的影响。

美国学者在调查基础上总结了10条各国儿童对自己父母和家庭的最重要的要求：

1. 孩子在场，父母不要吵架；
2. 对每个孩子要一视同仁；
3. 不能对孩子失信或撒谎，说话要算数；
4. 父母之间要谦让，不要互相责难；
5. 父母对孩子要关心，关系要亲密；
6. 孩子的小朋友做客时要真心欢迎；
7. 对孩子不要忽冷忽热，不要乱发脾气；
8. 家里要尊老爱幼，重大事项决定前要征求大伙儿意见，要有家庭民主；
9. 家里搞文体活动，周末至少玩半天；
10. 父母有缺点，孩子也可以批评。

归纳上述10条，就是要为孩子创造一个轻松、和谐、民主和充满爱的家庭环境。

父母之间感情和谐，家庭气氛融洽，对子女体贴、关心，给孩子必要的帮助和鼓励；设法了解孩子，能和孩子经常沟通，感情和谐；尊重孩子的人格和权益，给孩子适当的独立和自由，鼓励子女发表自己的见解，要他学会怎样解决自己的问题，让孩子感受到家庭的责任。总之,就是"指导而不支配,自由而不放纵,尊重而不溺爱,鼓励而不怂恿"。

在民主型的家庭中,孩子会变得合作、友善、自控,有较好的适应能力,能最大限度地促进孩子的独立性、积极性、首创精神和社会责任感的形成,孩子会更活跃、开朗而外向。

年轻的父母都期望把自己的孩子培养成为自信、自强、有道德、有能力的人。那么,年轻的父母们就应该从自身做起,为孩子营造一个良好的家庭环境。

我们需要解决好以下四个问题。

父母的威信。孔子曰:"其身正,不令而行;其身不正,虽令不从。"父母的威信是父母和孩子之间的一种积极的、肯定的相互关系,这种关系的基础,是父母对孩子的尊重与孩子对父母的爱戴,不是训斥与听命、支配与服从的封建君主专制式的"威信"。在生活中,父母对孩子的关心与帮助,对孩子人格的尊重与信赖,可引发孩子内心深处的真诚感激,并努力按照父母的要求去做。这样,日久天长,父母和孩子之间就会形成亲密的关系,父母在孩子的心目中,也就自然而然地具备了一种建立在威信基础上的巨大教育力量,即威信的力量。由此,创建家庭民主氛围,不仅不会损害父母的威信,相反,更有利于培养孩子的独立性,有利于孩子天性的自由发展和健康人格的塑造。

尊重孩子的人格。我们在教育孩子尊重父母,尊重他人的同时,父母也要尊重孩子,不要把孩子看成是自己的附属物,而是应该把孩子当作一个独立的个体,尊重孩子的人格。在与孩子交谈、讨论问题时,要持平等认真的态度,要尊重孩子的爱好、兴趣;语言要平和、亲切,不要粗暴地训斥孩子,即使在孩子做错了事的时候,也要晓之以理,循循善诱,维护孩子的自尊心。尊重孩子的意愿,给孩子个人自主权,要让孩子积极参与家庭的各种活动,并鼓励孩子提出自己的意见,说出自己的想法。父母在倾听孩子的意见后,对孩子的正确想法和行为应给予充分的肯定,还要经常和孩子讨论问题,谁讲得有理,就听谁的,以理服人。

夫妻和睦相互尊重。父母是孩子的第一任老师,一言一行对孩子有着潜移默化的影响。因此,父母之间要有民主作风,即使产生矛盾时,双方也要心平气和地讲道理,妥善处理,以身作则,要求孩子做

第一章 培养孩子 要懂得寻找疼爱与规训之间的平衡

到的自己首先做到，而不能当着孩子，大吵大闹，拳脚相加，用粗暴的方式解决问题。只有夫妻和睦，才能创造温馨的家。

明确权利和义务。要明确告诉孩子他所拥有的权利。孩子作为一个独立的个体，作为家庭一员，他应该拥有自己的权利，同时，也必须承担一定的义务。因此，在孩子幼小时候，父母就应该明确地告诉他拥有的权利和必须承担的义务。

2. 从细小的方面观察孩子

我们应该懂得，每个孩子的性格都不相同，需要我们给予不同的关怀和教育。

每个孩子的性格都不相同。有的生性腼腆、内向，有的生龙活虎很外露；有的孩子胆子很小，有的则从小就似乎天不怕地不怕；有的孩子喜爱运动，整天不知疲倦地跳啊跳，有的则像只病猫，整天蜷在那里不爱动。作为年轻父母，除对孩子给予各方面的照顾和关怀外，还要注意认真从细小的方面观察自己的孩子，这样才能更准确地了解孩子的性格，然后采取不同的方法，去指导、帮助和鼓励孩子。

有时父母因不十分了解孩子，所以在理解孩子方面不十分准确，造成了孩子不能默契领会父母所给予的暗示和判断。再加上父母理解错误，造成了许多不必要的矛盾。例如孩子有可能不顾父母忙闲，不断地提各种问题。母亲会产生错误的理解，认为孩子要她帮忙，需要她做什么，其实这时候孩子也许只是想要得到家长的注意，或者需要对他表示尊重。如果母亲平时很了解自己的孩子，这时又能准确领会孩子的意图，那么她抱抱孩子，拍一拍，或给他一个吻，表示一下对他的爱也就足够了。孩子也会理解母亲通过这一动作表明虽然忙，但还是很爱自己的，就会停止对你的干扰。

每位家长都力求教育自己的孩子从小懂事、聪明好学，但使用的方式却不尽相同。有的孩子很少被父母肯定，那么他的自信心就有被逐渐摧毁的可能；有的家长过分保护孩子，生怕碰着、生病或吃亏，结果却使孩子总是生活在大人的羽翼下，才能得不到锻炼和发挥，变得保守、懦弱，孩子的主观能动性被抑制，创造性思维被打乱。要知道在孩子身上给予过分的帮助，实际上是多余的。永远抱着孩子走，倒不如狠下心来，早些让他跌跌撞撞地自己走。

孩子犯了错误，用哪种方式教育更为合适也是不容易掌握的。正确地运用各种教育方法，及时纠正孩子的缺陷非常重要。关键问题是让孩子彻底明白他错在哪里，并使孩子对父母的处理心服口服。若不能让孩子明白自己的错误，即使他改正了错误行为，但并没有意识到他真的错了，而是认为你惩罚他，他斗不过你，才不得不改正。这种情况下，若父母不及时与孩子交流沟通，孩子就有可能产生消极情绪。

很多自以为是的家长只是徒有虚名，他们并不真正了解自己的孩子，也不愿花时间在这方面多下些工夫，只是毫无来由地认为孩子是自己的好。我们绝不能被这种天生的"舐犊之情"遮住智慧的双眼。我们应该懂得，每个孩子的性格都不相同，需要我们给予不同的关怀和教育。除对孩子给予各方面的照顾和关怀外，还要注意认真从细小的方面进行观察。须知，要真正了解孩子，就要进入其内心世界，倾听他们的看法与愿望。要知道世界上看似相同的叶子实际上都是不同的，孩子也是一样。

3. 坚持管教原则，信守承诺

我们应该让孩子知道，不论父母在平时有多么和蔼，都会坚持管教原则，有奖有罚，言出必行，始终如一，这才是对他的真爱。

孩子犯了错误，表现出可怜兮兮的样子，可以听见父母对孩子经常这样说："只这一次，下不为例。""今天原谅你。"父母一时心软，处罚的事就会半途而废，或允许孩子拒绝处罚，或在孩子犯错误时，故意佯装没有看到……然而待到下次孩子再犯错误时，精明的孩子会用另一种方式央求你破戒，向孩子让步，想让孩子日后能确实遵照规定行事，就甚为困难了。这不但妨碍了原本不难的管教，而且会令孩子更加放纵。

对于说得太多却无行动的妈妈，孩子便得出一个结论：妈妈的话可听可不听，因为不听不会有什么后果。我们应该让孩子知道，不论

父母在平时有多么和蔼,都会坚持管教原则,有奖有罚,言出必行,始终如一,这才是对他的真爱。

"小明,快点做你的作业。做完后,你可以到外边去玩一会儿,你可以自己决定玩什么。"不一会,孩子完成了。"妈妈,我做完作业了,我想去滑旱冰板。"说着就要去换鞋。"算了吧,你会摔坏的,你还是去打篮球吧!"妈妈想了想说。"不,妈妈,我要去滑旱冰板。""行了,听妈妈的话,做个好孩子,去打篮球吧。"孩子还想坚持却没有办法,他不能自由决定自己的喜好,只好听妈妈的话,去玩其他的游戏了。

妈妈没有遵守自己的诺言让小明自己做选择。如果我们要教孩子做出聪明的选择,就该给他机会,如果需要的话,还要给他机会去犯错误,让他从经验中学习,而不是从我们的说教中领会。小明的妈妈不让孩子选择他的爱好,不让他以身实践,学会保护而不受任何伤害,不让他懂得如何忍受痛苦,如何锻炼自己的毅力。这样的妈妈就是以"老板"的身份出现的,而不是以教育者的身份出现的。她有言在先,允许小明自选游戏项目,后又自食其言,这会削弱孩子对妈妈的信任。

"娇娇,睡觉去,睡觉时间到了。"妈妈催促娇娇。7岁的娇娇好像没听到一样,继续玩积木。不一会儿又跑到书房里打开计算机,开始玩游戏。娇娇不管妈妈说什么,仍旧玩自己的,妈妈也没再理她。

妈妈让孩子按时睡觉是对孩子好,否则孩子睡眠不足会影响身体健康和学习质量,可是妈妈的行动又显示出她并不在乎娇娇是否照办。孩子是顾不了明天的,只顾这会儿玩得痛快。出于对孩子身体及学习的关心,并考虑到孩子仍小,需要约束,帮助他养成良好的作息习惯,妈妈应当坚持贯彻自己的要求。如果让孩子认为妈妈说的话可照做也可以不照做,模棱两可,长此以往,孩子就会渐渐失去对妈妈的尊重。如果妈妈感到应该去睡觉以保证身体健康,而娇娇不理会的时候,应该走上去,将正在玩的东西收拾好,明确地告诉娇娇:"你该睡觉去了,明天再玩。"然后一直看着娇娇回到房间,躺下,再继续自己的工作。如果娇娇反抗,妈妈应该关上电灯,使她不能继续玩。当然,若想使孩子心情舒畅地去执行,就要告诉孩子为什么这样做。如果孩子有疑问,就与他讨论,直到双方达成共识,这样再贯彻起来就不是在施展权威,而是使孩子也参与制订计划,会减少孩子的反抗心理。

"妈妈，给我讲这个故事。"7岁的小文拿着一本新买的书朝妈妈走过来。"小文，作业做了吗？""还没做呢。""先去做作业，做完了作业，妈妈再给你讲故事。""讲完这个故事，我就去做。""妈妈说了，先做作业。""你不讲这个故事，我就不去做作业。"母子俩一来一往互不相让，最后小文大叫大嚷，"不讲不行，不讲不行！""好，好，快拿来，我给你讲，讲完你去做作业。""妈，听完故事我就去做作业。"

父母以威胁的口吻告诫孩子："如果你不听话，我就……"但始终不曾真的执行自己所说过的话。这一如"狼来了"的故事，假消息听得多了，便不再理会。孩子认为父母只会吓唬人，并不相信真会付诸行动。如此一来，不仅不能教好孩子，还破坏了父母在孩子心中的形象。

有时父母有令不行的原因是不想和孩子争下去，想让事情快些完结，好继续做自己的事。然而越是不想找麻烦，以后麻烦就越多。因为这次你没有坚持自己的决定，下次还会争吵，你还会改变主意。父母的行为实际上却是在训练孩子不尊重他们的决定。

必须让孩子知道，父母是言出必行的。如果你不忍心看到孩子受到严厉惩罚，在当初警告时就必须考虑此项惩罚是否适当，因为话说出来，就必须落在行动上。6岁以下的孩子不宜使用"罪有应得"式的处罚，这易使他产生深重的罪恶感，从而形成自卑心理。孩子6岁以后，已逐渐形成道德观念，合理惩罚可以使他心悦诚服。一个较大的孩子，不小心打破东西，你可罚他用自己的零用钱买一个新的作为补偿。有时罚孩子坐在一张专门用作处罚的椅子上，为时数分钟，其效果也不错。

还有一种情况，那就是对孩子进行处罚，家庭成员要密切配合，不能干扰拆台。

小强总在央求妈妈给他买拼板玩具。妈妈告诉他，玩完了以后，一定要收起来，下次还可以玩，如果他像以前那样玩一下就弄得到处都是，就不再给他买新的拼板，一直到拼板都找齐并答应改正为止。小强一口答应，妈妈就给他买了。开始的时候，每次玩后小强总是把拼板收起来，放好。后来他就扔在那里，不去收拾，有时这丢一块，那丢一块。以后再玩，就找不到了。

过了一段时间，小强又要买新拼板，妈妈说："你没有履行诺言，把上次买的拼板弄得到处都是，我不能给你买新的。"小强没有办法，似乎放弃了。然而，有一天妈妈忽然发现小强又在玩新的拼板游戏。"是我爷爷给我买的"，孩子在妈妈面前颇有一些得意。

有时孩子没有履行诺言，父母对其进行惩戒，其他家庭成员却为其提供便利，这就需要家庭全体成员的帮助，甚至好朋友处也应有所告诫。另一方法便是在制订"政策"时考虑周详，加入诸如此类的条款："即使有人送给你拼板做礼物，如果你没遵守我们的协议，妈妈也会先替你保管，直至你有所改正才能拿出来玩。"这样可以防止孩子钻空子，也便于实施我们的教育策略，保持始终如一，起到培养他们好习惯的作用。

4. 培养与孩子的长期和谐交流

将自己的实践积累、经验教训传授给孩子，这对孩子来说恰恰是最需要的，而且是最珍贵的恩赐。

孩子有时会问："您是不是生气了？"你绷着脸说："没有。"然而你脸上的表情和语调却表示出你仍在生气、愤怒。要知道孩子是非常敏感的，他能很快地分辨出你在讲话中所要传达的真正意思和态度。而我们成年人却往往并不敏感，没有意识到自己在同孩子讲话时运用了不适度的腔调，更没有考虑这种语调对孩子的心理将产生怎样的影响。

父母平素总是利用一切机会向孩子灌输一些"听话"和"逆来顺受"的信条，希望孩子事事按自己的意愿行事，只是要求"让他做什么，或是怎么做"，而并不是让他从内心明白"为什么这样做"。如果在孩子还小的时候，父母就有意识培养与孩子的和谐交流关系，这种交流的大门是会敞开的。这种交流取决于我们是不是尊重自己的孩子，即使在父母与孩子的意见不统一的时候，孩子也总是在无意识地观察，并将获得的印象输入到自己的思维体系中，然后做出相应的反应。孩子有丰富的内心世界，如果从小由于某些原因没有和父母一起相处，或者没有经常交流的习惯，那么今后这扇大门就有可能会永远关闭。

不要以为孩子年幼无知就劝孩子摈弃自己的想法，而试图用自己的想法来改变和填充他的头脑，好像他只是一块很软的橡皮泥，任我们去"捏"。其实，在孩子看来这就是被强迫和受制于人。但这并不意味着我们不能影响和引导孩子，而只意味着我们不能强迫塑造他。孩子的不听话甚至反抗，有时就来自于对这种被强迫和受制于人的对抗，往往并不是你说得没有道理，或者他没有听懂你的意思。

大多数父母似乎都同意应当尊重孩子，但事实上，没有多少父母做得好。比如我们经常用一种语调同孩子讲话，而绝不会用同样的语调来同朋友交谈。如果我们把对孩子讲过的话录下音来，认真地听一听自己的腔调和声音，就会发现在很大程度上我们并不尊重孩子。因为我们总是以教训的口气、哄人的口气、引诱的口气来获得他的合作。孩子即使和我们合作也往往不是发自内心的。如果认识到我们的语调和讲话方式是错误的，我们便应该开始改变自己。如果我们以平等的、像与朋友谈话的口气来与孩子交谈，而不是对他训话，多数情况下，我们就能顺利地与自己的孩子交流思想了。如果你总在批评教训他、告诫他、挑他的毛病，他只会由此加深苦恼，认为是父母不爱他，讨厌他，无形中与父母之间产生距离、隔阂，这样下去，交流的大门慢慢地就会关闭了。

每个孩子都有创造性，都会对他所遇到的事情做出反应，每个孩子都在努力塑造完善着自己。作为父母，我们的责任是怎样引导孩子。这就要求我们应对孩子有细致的观察，了解他的行为目的、情感愿望，如果你真的感觉到了孩子在想什么，那么你就对孩子有了更深的理解。这个并不难，因为孩子从幼儿时期就在无拘无束地表达和表现自己。

如果我们自由地接受孩子的思想，与他一块讨论，研究可能的结果，经常问"那样的话将会有什么情况发生？""你会有什么感觉？"孩子就会想到，在解决人生疑难上，他有了同伴。另外，父母常向孩子问一些相关的问题也是传播信息的好办法。不是吗，许多人在成人之后仍然认为最好的朋友就是父母，和父母的交心使他们受益匪浅。

不向孩子透露自己的内心世界，只习惯于一本正经地对孩子进行训导，却要求孩子向自己袒露一切，这种不平等的企求，当然不能取得好的效果。孩子到了一定年龄便不愿向父母吐露心事，而只好去和同龄人交流想法。同龄人的经历有限，经验往往肤浅，思想也不成

熟,孩子们虽在一起有过所谓更深的交流,但大家都被同样的问题困扰,相对来说并得不到多大的提高,而父母却因不平等的待遇方式失去了与孩子交流、进行引导的机会,这对孩子的心理发展是一种妨碍和伤害。

父母向孩子敞开心扉,表现了对孩子的尊重与依赖,加强了与子女的情感联系。这种交流在孩子逐步成熟时尤为重要。十几岁的年龄是孩子的黄金年华,但也是多事之秋,父母与子女间在感情上联系密切,就容易沟通,从而有效地避免少年期容易出现的问题。而使孩子顺利成长。父母与子女间的这种关系是需要长期、有意识地培养才能获得的。

当孩子开始询问:"爸爸你为什么不高兴?是不是工作上有了麻烦?"之类话的时候,做家长的就应该认真考虑一下是否该与孩子认真谈一谈呢?那么谈多少,怎么谈呢?如果我们轻易一语搪塞地对孩子说:"没有什么,很好。"或"不关你的事,快去玩你的去吧!"那我们可就一下子将孩子对父母那善良而美好的关心推开了!等于将一颗关怀他人的心冷酷无情地挡在门外了!孩子所得到的信息便是父母的事与我无关,只要不关我的事,都不要管。这就是父母不让孩子有爱心和责任心,就等于公开向孩子传授并灌输了"各人自扫门前雪,不管他人瓦上霜"的那种极端自我的腐朽意识和观点。这样做的话,日后我们也就没有理由去抱怨孩子不关心父母了。

和孩子总结自己的成功与失败,表述自己的计划与展望,这本身就是对孩子最生动最实际的人生教育,反过来也是对父母自身的反省与激励。生活中人人有坎坷,有些人终生不得志。同孩子一起回顾分析自己的经历,承认自己以往的失败,回顾自己的终身憾事,对做父母的来说不是一件容易的事情。父母可能担心孩子会看不起自己,事实上这种顾虑是多余的。将自己的经验教训传授给孩子,这对孩子来说恰恰是最需要的,而且是最珍贵的财富。

5. 给孩子成长需要的爱

父母对孩子真正的爱,应是孩子健康成长需要的爱。

心理学家费洛姆在经过长期研究以后,将爱的表现形态归结为四个方面：关心、尊重、理解、责任。

关心，就是对孩子的照料。这对孩子来说太需要了，年幼的孩子，遇到困难特别多，饮食、起居、学习、身体都需要父母的照料。不但要关心孩子的物质需要，也要关心孩子的精神需要。但关心不是包办代替，不是越俎代庖，不是放任，不是溺爱，不是过度保护、过度干涉。不然，爱的关心就会走向反面。

尊重，就是要平等地对待孩子，尊重孩子的人格、兴趣、意愿，而不压制他的个性。

有一个小学生，叫小明，爱集邮，却遭到父母反对："集邮有什么好，只会浪费你的学习时间，花费家里的钱。"父亲还说："不许你集邮了。"小明被激怒了，顶了父亲一句："集邮有什么不好。"父亲火了："你还敢顶嘴！我把你的邮票烧了。"说着，真的将邮册投进了炉火里。儿子的心像刀割一般，这可是他几年的积累啊！后来在一次作文竞赛中，他把从邮票上学到的知识用到了作文上，获得了第一名。可他不想把这喜讯告诉父母，因为父母的言行在他心中投下了阴影。

应该说小明的父母本意是好的，但他们没有尊重孩子的独立个性，剥夺了儿子的集邮爱好。把自己对前途、对成材的看法强加给儿子，认定集邮是浪费学习时间，并以居高临下的权威地位，以不平等的强迫命令态度去干涉儿子的个性爱好。

这种缺乏尊重的爱不能算是真正的爱，因为父母没有把孩子当成一个在人格上平等的、独立的人去爱。

理解，就是对孩子深入地了解。家长要站在孩子的立场上想问题、分析问题。只有真正理解了孩子的困难、愿望和要求，爱才能落到实处。

上四年级的小丽，放学回家就向妈妈抱怨："老师太狠心了，这么多作业，真不想做了。"妈妈走过去温和地问："都有哪些作业？"

"你看，数学计算题15道，应用题5道，还有语文课文背诵、问答题、小作文。"

"是太多了，考试前这些天够辛苦的。是否一定都要做？"

"那倒不是，有几个题，老师说来不及可不做。"

"那就先休息10分钟再做吧，反正不一定全做。"

"那怎么可以呢，不做的那几道题要是刚好考到呢？"

11

第一章 培养孩子 要懂得寻找疼爱与规训之间的平衡

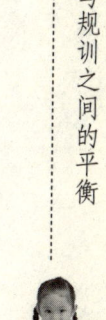

小丽边说边摊开书本，在温馨的氛围中认真地做起作业来。

其实，小丽并不是不想做作业，而是要求得母亲的理解。"真不想做"，是她负面情绪的一种语言宣泄，并非其真实意愿。这位善解人意的母亲很快化解了女儿的烦恼。

责任，就是要对孩子有一种安全、主动负责的精神，这是更高层次的爱。这种爱，渗透到生活的各个方面，无论孩子相貌是俊是丑，智商是高是低，表现是好是差，身体是健全还是残疾，我们都要爱他，都要对他负责。

杭州有一个女孩叫杨洋，她是我国第一位通过平等竞争进入普通高校深造的聋人大学生。她之所以能冲破障碍、超越自我获得成功，就是因为有非常爱她的父母。

杨洋是4岁时由于耳毒性药物致聋的，并且因为聋才哑。可她父母不认命：不能让女儿聋了又变哑。为了让女儿到普通学校读书，父母决定用汉语拼音教女儿说话。于是当工人的父亲每天下班回家，就教女儿"a—o—e"。可对声音毫无感觉的女儿，几百次发音却是几百种奇怪的声音，父亲总是耐心地边教边听。偶尔逮住一个较准的发音，就让女儿再发，可又是几百次千奇百怪的声音，父亲仍然耐心地教、耐心地讲……年幼的女儿不耐烦、恼了，父亲就拉着她的小手与她做游戏，表演有趣的故事。就这样，父亲教会了女儿一年级的语文、数学。好不容易进了普通学校，为了这来之不易的学习机会，父母竭尽全力腾出了最大的一间房，买来了小孩爱看的课外书、爱玩的扑克、象棋，准备了小零食、开水……以吸引女儿的同学放学后来学习和活动。这样可通过他们了解教学内容和进度以及老师的要求，从而有效地帮助女儿学习和生活。

在父母爱的阳光雨露下，奇迹出现了。杨洋不但上了省重点中学，而且以优秀的成绩考上大学本科，成绩还保持在前三名！她通过竞选当上了系里的团委组织部副部长，并在大学入了党。现在杨洋已参加了工作，能用语言与人正常交流，真正融入了社会。

由此看来，父母对孩子真正的爱，应是孩子健康成长需要的爱。而且爱是一种感受，它不以父母自己的感觉为标准，而是要看孩子是否感觉到。这种爱应是稳定的，像太阳一样永恒；是及时的，当孩子需要时，马上给予；是行动的，不仅仅是口头上的，更要实际行动去体现。这样，孩子才会感受到父母真正的爱、可靠的爱。

6. 许多问题都可以通过讨论来解决

与其训导孩子有一个好习惯或者是改掉某些毛病，不如与孩子一起讨论，在讨论中让孩子懂得应该怎样，而不是单纯的必须怎样。

与孩子就一件事情做一番讨论，我们从中可以了解孩子对这件事情的真实感受与想法，继而提出我们认为正确的建议，同时又可以避免孩子对简单要求所引起的反感。当发现孩子有不同的观点时，我们应当找时间与孩子认真地谈一谈，看看这种新的思想是否有什么不好的倾向。如果明知孩子有了新的想法，却不去及时交流、了解，那么假如孩子的想法一开始就有缺陷，这种缺陷在他的头脑中保留并发展下去，孩子便会在这种思想的指使下做出你意想不到的事来，而且这种思想一旦经过认知强化便很难纠正。

在与孩子讨论他的想法时，应当给予足够机会让他尽情表达，并给予足够的理解。应避免讲出任何伤害他自尊与感情的话，否则会阻塞进一步交流的渠道，使孩子存有戒心，不再愿意向你敞开心扉。

在讨论过程中，我们应当随时准备接受与我们观点不一致的想法，这需要做父母的有一定的修养与鉴别能力，能够认识孩子思想中的闪光点，对不能认同的想法，父母完全可以表述自己的立场，不过不能一棍子打死，完全否定孩子的思想，应当尊重他的自我反思能力，给他思考吸收的机会。在阐明自己的看法后，我们可以说："这是我的想法，但你有权利按自己的思路去想问题。不用急于做决定，再想想看，或者再征求一下别人的意见。"这类话是很开放的，却能与孩子建立良好的关系。

在相互平等的前提下，每个人都愿意重新衡量自己的观点，搞清楚究竟谁的观点更符合实际，或更有道理，而不是简单的谁对谁错，头脑必须开放。能做到这一点，尤其对父母来说很不容易，但我们必须做到。要想引导孩子正确思考问题，就需要有这种耐心与风格，而不是强迫他改正。

孩子们都在逐渐形成自己的一套逻辑思维系统，并以此指导自己的行为。要想完全否定他们的想法，或不顾一种想法与其他思想的关

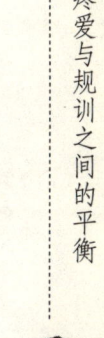

联,毫不客气地加以否定,便会引发孩子的全面反抗。另外对孩子已经认识到的错误,不应反复提及,这种重复也会引起逆反心理,使他更加顽固地维护自己的看法,不愿轻易屈服或因父母的说教而改变初衷。

生活中的许多问题都可以通过讨论来解决。当然,有时用协商和征求意见的方式直接指出问题也是有益的。从讨论谈话中得到的信息可帮助父母决定下一步该怎么办。假如你试图用简单的方法去纠正一个很明显的错误思想,将不能得到任何效果,那是因为你没有给孩子思考、自主选择的机会,而只是简单地要求他接受你的意见。这样,孩子是不会与你开诚布公的,甚至根本不与你争论。如果同孩子的讨论走入了歧途,孩子也不愿再继续讨论下去,因为他已经意识到你对他的观点持有异议,而正在特意做工作让他承认错误。这时,你可以先停止讨论,把问题放到一边,过一段时间再找机会谈。千万要记住,无论如何都要避免做硬性规定。

合作只能赢得,而不能强求。对孩子训话意味着告诉他你想这样解决这个问题,表示你要求他绝对服从,让他像你一样思考问题。和孩子交谈,意味着大家一起寻找方法去解决问题。这样的话孩子就可以参加建设家庭的合作,并从中认识到他也可以为家庭做出贡献。

与孩子一起讨论问题,给他机会阐述自己的观点,是否意味着孩子可以不听取父母的意见,父母失去了领导、影响孩子的地位和机会呢?并非如此,一起讨论问题是为了共同找到解决问题的方法,在讨论过程中,父母可以用自己的观点和经验来引导和影响孩子的推理过程。相反,如果我们不能坐下来平心静气地与孩子讨论面临的问题,不能让他表达自己的意见,那么孩子就会我行我素,根本不去理会你,父母也就丧失了影响孩子的机会和权力。

对孩子成长的热切希望,常常使家长对孩子的态度过于激烈、偏颇。这种表现给孩子们一种冰冷的感觉,在父母发火的时刻觉得父母充满了敌意,而无丝毫爱的温暖。孩子的这种感觉将他推向抵制的边缘,所考虑的是如何抵御,这会激化矛盾,对教育孩子十分不利。

做父母的太容易假定自己懂得孩子内心的想法,知道他们的感受。但我们必须承认,父母也会犯主观意识上的错误,况且对问题的看法与观点并非千篇一律,各人的观点与想法也不尽相同。更何况孩子对事物的认识及反应也不可能总是成熟、正确的。因为孩子毕竟是孩子，无论他多么成熟，总还不能达到成年人的标准，我们也不能完全用成年人的观点来推断和要求孩子。与其训导孩子，不如与孩子一起讨论，在讨论中让孩子懂得应该怎样，而不是单纯的必须怎样。

7. 对"调皮鬼"要理解和宽容

多一点调皮对于孩子的情感培养，心理健康发育是十分必要的。

做学生的时候我们都知道，每个班上都会有几个让老师头疼的调皮鬼。他们典型的特征是：人都很聪明，成绩不好也不坏（也有成绩很好的），大错不犯小错不断，没什么品德方面的毛病，但是出起洋相来能气得老师无可奈何。这样的孩子，一般都能给老师留下深刻的印象，在学校是老师"严防死守"的对象，长大成人以后却往往能成就一番事业。

我女儿的班上，也有这么几个男孩子，他们还有个"非法组织"叫做"拔毛协会"。他们合伙捉弄班上的同学，已经被班主任老师明令取缔了，但还是经常在一起活动。其中有位成员是我女儿的同桌，加之女儿从小就被我们灌输"不要给老师打小报告"，故而比较讲义气，因此他们这个小团体做什么"坏事"也不瞒着我们家小家伙——当然，我想有些事情也许我女儿也参与了，只是她不承认，我们也就睁一只眼闭一只眼算了。

昨天女儿回来，又提起他们那伙子人的新把戏：学校操场草坪和橡胶跑道之间，有一排排水孔，手是伸不进去的。天长日久，从排水孔里会掉进去各种小东西，也包括从学生口袋里跌落的硬币。不知道"协会"中的哪一位发现了这个秘密，大家在一起出谋划策想把这些钱掏出来。最后，几个孩子真的找到了办法，用他们经常玩的"神奇宝贝"圆磁铁（跟冰箱上压留言条的磁铁差不多），两两相对夹在红领巾两侧，从排水孔伸下去把钱"钓"上来。放学后他们的工作成效不太理想，只钓上来几块钱，最后也只是到校门外买零食分而食之罢了。据说，大家总结经验认为是磁铁磁力太弱，有人认为改用马蹄形磁铁会更有效，还有人认为电磁铁应该更好。

今天女儿放学回来，我问他们还继续用磁铁钓钱吗？女儿说，他

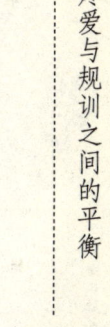

们又有新游戏了：从旁边药店里买来一次性注射器当水枪（5角钱一支），打起水仗了。我心里想，哼哼，怪不得你今天回来这么早，敢情这把戏不适合你玩。

我很欣慰地看到，哪怕是在严酷的应试教育环境下，孩子们喜欢玩游戏的天性仍然会找个小小的空隙顽强地探出头来，就跟春天的小草一样，多大的石头也压不住。这样的调皮，多一点没啥不好，因为它正是这一代孩子所缺少的东西：创造力和想象力。

杨振宁小时候曾经是个大"调皮鬼"，但其父杨武之待之甚是理解和宽容。其实调皮鬼是小孩子的天性，尤其是小男孩的天性。如果一个小孩一点不调皮，说不定倒是有点问题或者不正常。杨武之早年毕业于北京师范大学，后来考取省官费留学，赴美国斯坦福大学攻读数学一年，获数学学士学位，1924年又到芝加哥大学继续研究数学。1928年杨武之学成回国，被著名的清华大学聘任为数学系教授。也许是因为在国外多年，略通现代科学育儿理念，比较能容得儿子的调皮。

杨振宁曾回忆说，"清华园的8年（童年生活）非常美好，非常幸福。我跟我的小学同学在园里到处游玩。几乎每棵树我们都曾经爬过，每棵草我们都曾研究过……"杨振宁到处"游山玩水"，还做些危险动作，也闯过祸。清华大学生物系有成排的大金鱼缸，每当这些缸给搬去清理时，杨振宁就与同他一般大的孩子们骑着自行车，在每两行缸之间一条砖砌的沟里练车。沟约有两寸深，六七寸宽，他们就沿着沟行车。杨振宁花样多，经常把他4岁的小弟弟载在他和车把手之间的座位上行驶。有一次，不小心摔了一跤，把小弟弟的左额头撞了个大口子，还哄弟弟回家不要告诉爸爸妈妈。他们还常常从清华大学气象台所在的坡顶上骑车冲下来，在一座没有栏杆而只用两片木板搭成的小桥上疾驶而过。车行急速，十分过瘾。在多年后回想起来，杨振宁也觉得是件危险的事。

当时，杨武之竟也放胆让他去玩。这种顽皮比较"玩得透"，可以培养孩子的反应能力、应变能力，还能增强动手能力。多一点调皮，对于孩子的情感培养、心理健康发育是十分必要的。

8. 要尊重孩子的隐私

保护个人隐私是适应社会生活的一个方面，保护隐私就是保护自己。

不止一位家长找到我说："孩子越大越不听话，不像从前那样，有什么事都和父母讲。"还有的家长发现孩子有些事背着自己，有些东西藏起来不让自己看见，同学之间的书信和他自己的日记总要放到安了锁的抽屉里。对孩子的这种行为他们感到不安，怕孩子染上坏毛病。

这样的家长，习惯于对孩子过于保护和包办一切的教育方式。他们因发现孩子对自己有所保留，竟千方百计地翻看孩子的书信和日记，然后把其中的一些内容当作孩子"错误行为"的证据，拿去指责孩子，伤了孩子的自尊心。这样做进一步关闭了孩子和父母之间沟通的渠道，失去了孩子的信任。我认为，家长关心孩子的心情可以理解，但这种过度保护、过度干涉，不允许孩子保留自己隐私的做法是不妥的。

人的心理发展是分阶段的，也是有迹可循的。婴幼儿时期，孩子一切依赖父母，少年时期孩子也许仍把父母当作学习、模仿的第一榜样。但是，进入青春期后情况发生了变化，随着成人意识的出现，他们要在更广的范围内接触社会和人生，此时，人的隐私内容发生了变化而且范围逐渐扩大。

隐私可以是具体得失，也可以是个人的理想、观念、人际关系、身体状况等。隐私权是公民对个人生活秘密和个人生活自由为内容的禁止他人干涉的人格权。对隐私权的重视是社会的文明和进步，懂得个人隐私的保护是一个人走向成熟的标志。很难想象，如果人们之间没有隐私，社会将是什么样子？那样的社会如何进步？同样，一个人如果总是不恰当地把属于个人的隐私公之于众，这也必然使他无法适应社会生活，造成人际关系的不协调，也是他心理素质存在问题、心理年龄滞后的标志。

保护个人隐私是适应社会生活的一个方面，保护隐私就是保护自

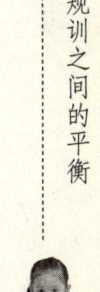

己。当孩子的隐私意识逐渐增强时,家长应当高兴才对。我的女儿在小学五年级时就十分明确地有了自己的小秘密,发现了她的变化,我和妻都很高兴,因为这是她开始走向成熟的标志。一个在父母和他人面前毫无保留地诉说自己内心感受的傻丫头是不会成为成熟的人的。当时,她用的是我替换下来的写字台,我主动将写字台抽屉的钥匙交给她,让她学会保守自己的秘密。后来,上了初中、高中,她收到一些同学的来信,包括男生的信。我们在教育她如何与同学搞好关系、与异性交往中应注意的问题时,还嘱咐她一定要妥善收好这些信件,不要遗失在外面,免得给自己和同学带来不必要的麻烦。我们认为尊重孩子的隐私,是父母教育孩子的重要内容。

但是,尊重孩子的隐私与以保护个人隐私为借口拒绝父母管教、帮助的行为是两回事。父母与孩子间的关系是与生俱来的,父母在很长一段时间里都有教育孩子的权利、义务和责任。

9. 有些矛盾是父母随意许诺造成的

父母在提建议时,有时会显得过于慷慨,却又实现不了,使孩子十分不满。

爸爸一向很忙,总没有机会带儿子出去玩,这个周末他有大半天的时间可以同孩子待在一起。于是星期五晚上,他兴致勃勃地对儿子说:"这个周末爸爸有时间,你告诉我想到什么地方去玩,我都可以带你去。""真的。"儿子兴奋地睁大眼睛:"那我们去溜冰!""爸爸的脚扭了,不能滑冰。""那我们去森林公园。""太远了,爸爸没有那么多时间。""随你的便。"儿子变得无精打采。"你怎么这样不起劲?""我说了,怎么样都行。你还要我怎么样?"

我们恐怕都会有过类似的经历,我的女儿经常对我说你们从来不实现对我所做的承诺。如果你问她哪一次,她会清清楚楚地记得什么时间我们没有践约。因此当我们对孩子提出建议时,应当做一下限制,例如在上一个例子中,可以给出几个具体的可去游玩的地方,供他挑选,或规定一下可去的范围,而不是使孩子的希望值过高,然后又使他过于失落。

父母与孩子之间的矛盾有时是父母的许诺过于随便造成的。父母在提建议时，有时会显得过于慷慨，却又实现不了，使孩子十分不满。因此在提出建议时应当限制在自己认为可以满足的范围内。

你可能会抱怨怎么这样麻烦。但有些麻烦是不能省掉的，因为不这样做只能带来更多的麻烦。做父母的确不容易，许多小事情都不能掉以轻心。如果你不想看到孩子天真的脸上显露出失望的面容，以及随之而来的不愉快的反应，就要花些心思，在言语上做点修饰，不使自己作茧自缚。

这里的关键是要认识到，我们所面对的不是一件任人摆布的小玩具，而是一个活生生的有着复杂情感的人，如果我们希望他有正常合理的反应，父母首先要做得正常而合理，说话也须准确而负责。

10. 寻找疼爱与规训之间的平衡

一个不被爱的孩子是自然界中真正最伤心的。

人们很长时间以来就知道，一个不被喜爱、触摸和抚慰的婴儿常常死于一种奇怪的疾病，这种疾病最开始被称为消瘦。他们会了无声息地在迎来第一个生日之前便死去。这种感情需求的证据在公元13世纪就已被发现了，当时弗里德里克二世用50个婴儿做了个实验。他想知道，如果婴儿永远没有机会听到口头语言，他们会说什么语言。为了弄明白这个没有定论的研究主题，他指派养母们给孩子们洗澡，喂奶吃，但是禁止她们爱抚、轻拍和与她们照看的孩子说话。这个实验戏剧性地失败了，因为50个婴儿全部死了。上百次更近一些的研究表明，在生命的第一年中母亲和孩子的关系对婴儿的成活来说是至关重要的。一个不被爱的孩子是自然界中真正最伤心的。

疼爱的缺乏对孩子的影响是可以预料的，但是过度的爱或"超级的爱"也对孩子有危害，这一点却并没有得到充分的认识。我相信，有些孩子被爱或以爱的名义出现的东西给毁了。有些美国人在他们的生活舞台上非常过分地以孩子为转移，他们把自己所有的希望、梦想、期待和抱负都倾注到孩子身上。这种哲学的自然顶点就是对下一代的过分保护。

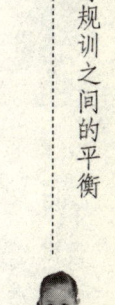

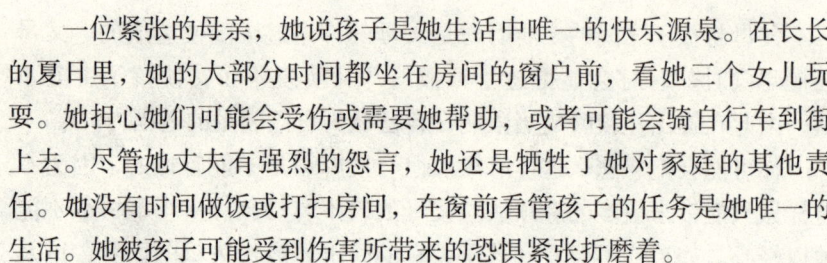

一位紧张的母亲，她说孩子是她生活中唯一的快乐源泉。在长长的夏日里，她的大部分时间都坐在房间的窗户前，看她三个女儿玩耍。她担心她们可能会受伤或需要她帮助，或者可能会骑自行车到街上去。尽管她丈夫有强烈的怨言，她还是牺牲了她对家庭的其他责任。她没有时间做饭或打扫房间，在窗前看管孩子的任务是她唯一的生活。她被孩子可能受到伤害所带来的恐惧紧张折磨着。

童年时期的疾病或突然而来的危险，对于很爱孩子的父母来说总是难以忍受的。对于过分保护孩子的妈妈或爸爸来说，哪怕是最轻微的威胁也能产生难以承受的焦虑。不幸的是，父母并不是唯一受罪的人，孩子经常也是这种焦虑的牺牲品。孩子得不到允许去经历合理的危险——一种作为成长和发展的必要序幕的冒险。同样，在不拒绝孩子们的任何要求的家庭中，前面所描述的物质问题往往会发展到最严重的程度。孩子情感长期不成熟，是父母过分保护的又一个常见的后果。

在控制孩子的极端家庭中，父亲和母亲通常都遵循一种相似的模式，父亲是一个非常忙的人，他深深地陷在工作之中。他从早到晚都不在家，而当他终于回来的时候，带回家的是一个装满工作的公事包。他可能经常出差，当偶尔在家并且不工作的时候，他总是精疲力竭地倒在电视机前看棒球比赛，并不想被打扰。因此，他管理孩子的方式是严厉而冷漠无情的。他时常发脾气，孩子们都知道要与他保持距离。

相反，妈妈则对孩子顺从得多。家庭和孩子就是她快乐的源泉。事实上，这已经取代了那些从她的婚姻中消失的浪漫火花，她为丈夫对孩子们缺少感情和温柔而担心，她觉得她应该通过向另一个方向倾斜来弥补他的严厉。当他不让孩子们吃晚饭就叫他们上床睡觉时，她偷偷地塞给他们牛奶和饼干。由于她是爸爸不在时唯一的权威，因此在家中居支配地位的旋律是不成章法的宽容。她太需要这些孩子们了，以至于不愿冒险去控制他们。

这样，两个家长权威的象征是相互矛盾的，孩子被夹在他们中间。孩子对任何一个家长都不尊敬，因为一个会破坏另一个的权威。这种自我毁灭的权威形式经常会埋下一颗反叛的定时炸弹，它会在青春期引爆。大家所知道的最不友善、最野蛮的孩子就是从这两种极端相结合的家庭中产生的。

如果我们想培养出健康、负责任的孩子，就必须寻求疼爱和控制的"中间地带。"

当你被孩子的反叛挑衅时，要取得决定性的胜利。当孩子问"谁说了算？"时要告诉他答案。当他咕哝着抱怨"谁爱我？"时，让他投入你的臂膀之中，用感情将他包围。尊敬孩子，不要伤害他的尊严，并希望从他那里得到相同的东西。这样，你就可以开始享受到有权威的父母地位所带来的令人陶醉的好处了。

自从中国奉行了"只生一个好"的政策后，大多数父母似乎在渐渐走进一个误区：一味地赞扬孩子，似乎只要赞扬孩子就是对孩子的赏识，所以家长们便不分轻重地对孩子大加赞扬，其结果就是越来越多的孩子受不得半点委屈，甚至还会凌驾于父母之上。

有谚语说：真的东西才是最有力量的。用在教育孩子身上，这句话真是再好不过了：赞扬孩子一定要真诚，假如一味地恭维，很容易使孩子变得更加顽皮、虚荣、自满。很有可能一个满有出息的孩子就让父母断送了前途。其实，在适当的时候给予孩子些许批评对孩子的成长也是大有裨益的。

蛋蛋以前在弄坏了鼠标什么的时候，爸爸总不敢对儿子太过严厉地批评，生怕自己的乖儿子以后不理他。这一次在爸爸玩游戏时，儿子不小心把爸爸的手机给摔到床底下去了。等到把手机捡起来检查时，手机不发声。爸爸控制不住，训斥了儿子，还要妈妈出钱拿去修理。呵斥儿子时，儿子似乎也知道自己做错了事，跑出去躲着。晚上爸爸加班回来时，饭早已经吃过了。听到爸爸门外的脚步声，儿子飞快跑去开门，忙着给爸爸拿拖鞋，随后在爸爸吃饭的时候，爬上沙发给爸爸捶背，爸爸一下子又乐得不行了。

由此可见，有时候适当的批评不仅不会挫伤孩子的锐气，相反还可以让孩子认识到自己的错误，并积极努力地改正、弥补过错。当然，批评也要得法，要做到"士可杀不可辱！"

11. 要学会不以责骂来引导孩子

絮叨的讨论和空洞的威胁只能对孩子产生很小的作用或一点也产生不了。

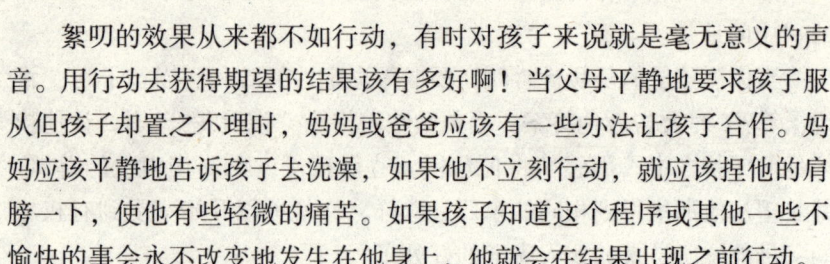

絮叨的效果从来都不如行动,有时对孩子来说就是毫无意义的声音。用行动去获得期望的结果该有多好啊!当父母平静地要求孩子服从但孩子却置之不理时,妈妈或爸爸应该有一些办法让孩子合作。妈妈应该平静地告诉孩子去洗澡,如果他不立刻行动,就应该捏他的肩膀一下,使他有些轻微的痛苦。如果孩子知道这个程序或其他一些不愉快的事会永不改变地发生在他身上,他就会在结果出现之前行动。

一些读者可能认为对孩子故意地、有预谋地使用轻微痛苦的办法,是做了一件残酷、没有爱的事,对另外一些人来说,它看起来像纯粹野蛮的事,我当然不同意。假设要在喜欢对孩子发脾气、尖叫、爱威胁的母亲与一个对孩子的不服从进行合理的、有节制的反应的妈妈之间做出选择,我当然欣赏后者。从长远来看,因为避免了两代人之间的冲突,一个比较安静的家庭对孩子更适宜。

另一方面,当孩子发现在他听到的上百次的话语背后并没有真正威胁的时候,他就不再听这些话了。他唯一会做出反应的就是那些已经到达情绪顶点的信息,这意味着要一遍遍地大喊大叫。孩子被引到了对立的方向,使得妈妈的神经以及父母和孩子的关系变得紧张。但是这些口头申斥最重要的缺陷就是它们的使用者最后不得不寻求体罚。这样,父母就不是平静并理智地实施规训,而是失去自控和沮丧,野蛮地痛打对抗的孩子。已经发生的"战争"是没有理由的。如果父母持一种很有把握的平静态度的话,事情完全可能以不同寻常的方式结束。

家庭之外的纪律与家庭之中的纪律并不是十分的不同。在两种环境之中控制孩子的原则是相同的——只是应用方式改变了。一位想用怒气来控制一群孩子的教师、教练或游戏领导者,活该受到难以置信的挫败。孩子会试探大人在采取行动之前能忍耐多久,他们会一直把他逼到那个极限。

千万不要低估一个孩子对他正在破坏规则的意识程度。我认为大多数孩子对否认大人权威的事进行了分析,他们事先考虑行为并且权衡了可能发生的后果。如果赌注太大了,他们会采取更安全的方式。这个问题已经在成千上万的家庭中得到了证实,在那些家庭中一个小孩会把一个家长推到忍耐极限的边缘,而在另一个面前却像甜蜜的小天使。

他会做出你满意的选择,并且他服从妈妈命令后的好处也就很清楚了。她不需要大喊大叫,她不需要威胁,她不需要变得心烦意乱,她拥有支配权。当然,如果必要,母亲要证明她会使用疼痛或其他的惩罚方式。在以后的几个月中,他偶尔会看一看她是否仍控制着局面。这个问题很容易处理。肩膀上肌肉可以非常有效地导致轻微痛苦。在那些数不清的大人和孩子发生面对面冲突的场合之中,都可使用这个方法。

总而言之,父母必须认识到控制孩子的最成功的手段就是掌握那些对孩子来说很重要的东西。絮叨的讨论和空洞的威胁,只能对孩子产生很小的作用或一点也产生不了。

12. 批评孩子要注意超限效应和忌语

刺激过多、过强和作用时间过久,而引起极不耐烦或反抗的心理现象,称之为"超限效应"。

超限效应在家庭教育中时常发生。如:当孩子不用心而没考好时,父母会一次、两次、三次,甚至四次、五次地重复对一件事做同样的批评,使孩子从内疚不安到不耐烦,再到反感讨厌,被"逼急"了,会出现"我偏这样"的反抗心理和行为。

因为孩子一旦受到批评,总是需要一段时间才能恢复心理平衡,受到重复批评时,反抗心理就高亢起来。他心里会嘀咕:"怎么这样对我?"孩子挨批评的心情就无法复归平静。

可见,我们当家长的对孩子的批评不能超过限度。

为避免这种超限效应在批评中出现,家长应对孩子"犯一次错,只批评一次",不能重复批评,更不能老账新账一起算。如果非要再次批评,那也不应简单地重复,要换个角度,换种说法,这样,孩子才不会觉得同样的错误被"揪住不放",厌烦心理、逆反心理也会随之减低。

总之,家长在批评孩子时应注重"度",要把握好"分寸",避免"物极必反"、"欲速则不达"的超限效应。

家长如果自以为是、妄自尊大,对孩子的能力、未来和前途说通

盘否定的气话就好像瓢泼大雨发泄在孩子身上，那只能伤害孩子的自尊心，疏远与孩子的关系，使局面变得愈发不可收拾。

下面归纳了聪明父母的7种忌语，这些忌语往往是父母对孩子脱口而出的口头禅。

1. 严厉苛刻类———"你不该这样做！""难道我没告诉你？"

专家警告说，父母不要总是板着面孔教训孩子"应该怎么样"，即使是建设性的批评，如果提出的时机不对，也会伤害孩子的自尊心。最好避免当场说出改进意见，可以在事情过后心平气和地和孩子一同探讨解决办法。

2. 冷嘲热讽类——"你一点也不乖"，"你笨得像头猪"或"你的头发怎么乱得像鸡窝"。

在孩子眼中，父母就是自己的一面镜子，反映着自己在这个世界中的形象和存在的价值。孩子有时不理解大人所开玩笑的真正含义，往往产生误解，萌生一种不安定的感觉，而且长久无法摆脱。

3. 一概否定类——"你不是开玩笑吧！""没出息的东西""一辈子你也看不到后脑勺！"

当孩子表达出来的感觉一而再再而三地被大人否定时，他就会接受到这样的反馈信息：自己的感觉不对头。于是他开始掩盖自己的喜怒哀乐。

4. 夸大其词类——"这是我所见过的最漂亮的画！""咱们的孩子就是好，谁也不行！"

听惯了父母赞扬的孩子，步入纷繁复杂的大千世界易遭受大的挫折。另一方面父母的溢美之言用得太多太泛，孩子成熟后就不会再相信别人对自己的称赞。

5. 人身攻击类——"嘿，你神经病啊！""简直你就是个畜生！"

绝大多数儿童很看重父母对自己的评价。如果被称做"失败者"，那么他们也就信以为真了。

6. 威胁恫吓类——"当心，不要自找苦吃。""老子揍扁了你！"

父母应尽量用允诺来代替威胁。虚张声势的恫吓与虚情假意的赞扬如出一辙，只会减少孩子对父母的信任。

7. 漠不关心类——"等一会儿。""你忙啥？"

家长常常会遇到这种情况，放学后来接孩子，一整天没看见妈妈的孩子往往急于表现自己才学的手工活："瞧，妈咪，这是我今天做的。"而此时的母亲压根儿不想听孩子细说，一门心思让孩子抓紧时间回家以避开交通高峰期，往往会心不在焉地应付一句"等一会儿，回家再看"。她也许不知道自己这句话对孩子意味着"你和你的事不值得我花时间"。

归纳整理上面这些对儿童成长不利的话，我们可发现孩子对鼓励性教育的言语（非夸大其词）反应最敏感、最积极，而那些惩罚贬低的话只会挫伤儿童的积极性，对孩子伤害大，请记住：鼓励使人进步，打击使人退步。长期下去，就会造成孩子有苦没处诉，敢怒不敢言，人格不被尊重，性格会被扭曲。"压而不服"的个别孩子，还会离家出走，也有失去理智报复家长的。

13. 要学会对孩子适当地约束

没有规矩，不成方圆。

有的父母对孩子过分疼爱，他们太在意孩子，不忍心加以约束，结果也会不尽人如意。5岁的莎莎一看见母亲在电话里同别人讲话就过来捣乱。一会抓抓电话线，一会用手摸摸妈妈的头发，要不就在母亲怀里钻来钻去。母亲开始时总是搞不明白莎莎究竟是怎么回事，其实莎莎心里很简单，她想让母亲多花时间注意她。她在心里认为，妈妈和别人说那么多话是不应该的，应该时时关注自己才对。事后，妈妈将她抱在怀里，亲切又语气坚定地说，妈妈打电话是在办一件重要的事，孩子是不能随便打扰的。当然这种情况发生时也要注意避免互相制服，采取生硬的强制态度，导致孩子与家长之间互相展示权力与权威，谁也不让。假如父母过于纵容孩子，孩子要怎样就怎样，证明家长已处在服从地位。孩子就有可能不去听家长的话，也不愿意满足家长的任何要求。

小超已经上学了。本来这个年龄的孩子已经学会了照顾自己，比如，课间吃过饭，每个人都要将用过的饭盒刷干净，可小超每天吃过饭都不刷饭盒，将用过的饭盒带回家里，等母亲为他刷洗。妈妈与他谈了话，要求他自己刷饭盒，妈妈将不会再为他做这项工作了。孩子照做了，但过了几天，慢慢懈怠起来。一天早晨，妈妈正要给孩子装

饭,发现饭盒没有洗,就喊孩子来完成这项工作。他却迟迟不肯走出自己的房间,后来时间到了,校车已在外面等待,妈妈只好给他一些零钱,送他出了门。孩子这回可高兴了。认为买中午饭比刷饭盒强多了,有钱买东西吃,用不着去刷饭盒,干脆连饭盒也不想带了。

本来妈妈是想找个机会好好教训小超一下,让他明白事理接受教训,应该自己干这件事,结果却大大出乎预料。这件事的结果不理想,做母亲的也有责任,她不清楚自己到底想做什么。处理这件事最稳妥的办法是母亲一旦认定饭盒应让小超自己刷,那就应该坚持到底。既不帮小超刷饭盒,也不给小超午饭钱,让孩子认识到妈妈说到做到。

14. 训诫之后应该张开温暖和充满爱的怀抱

在训诫事件中要有一个充满爱的结局。

如果惩罚是孩子"自找的",他完全明白是罪有应得的话,孩子在当初的泪水消失之后往往会表现出对父母的爱。在感情沟通之后,孩子通常会想要投入父母的怀抱,并且他应该得到一个张开的、温暖的、充满爱的怀抱。在这个时刻你可以跟他倾心交谈。你可以告诉孩子你是多么爱他,他对你来说是多么重要。你可以向他解释他为什么受到训诫和以后他怎样避免犯这种错误。

父母对于孩子们的公然反抗不应该畏惧或退缩。这些情况必须作为重要的事件而未雨绸缪,因为这能提供机会向男孩或女孩传递在其他时间无法表达的口头和非口头的信息。

这种形式的沟通通常是其他规训形式所无法做到的,例如让孩子站到墙角或拿到他喜爱的玩具。一个牢骚满腹的孩子通常是不想进行交谈的。

莉莉是一个仅满15个月的跟屁虫。妈妈想生火做饭,她必须到外面去找一些干柴。天正在下雨,她告诉正光着脚的莉莉在门口等着。莉莉很早就学会了说话,她知道这个命令的意思。但是她突然要跳着穿过湿湿的天井。妈妈抓住她,把她拉了回来,严厉地重复了一遍那个命令。但是妈妈一转身,莉莉又赶快跳了出去。这对一个明确的命令来说是一种反抗行为。然后，在第三次的时候，妈妈就用一根小棍子敲了莉莉小巧的腿几下。

在孩子的泪水干了之后，她走到火炉旁的妈妈身边，伸出胳膊说："我爱你，妈妈。"妈妈温柔地用胳膊拥抱住她，哄摇了15分钟。在这个充满爱的时刻，妈妈轻柔地告诉了她服从的重要性。

父母拒绝的是孩子的行为而不是孩子本身，如此惩罚之后，父母的温暖抚慰对说明这一点是非常重要的。

毫无疑问，纠正孩子的错误但却让他感到不被喜爱、被嫌弃和没有安全感的方式是不对的。防止这种事情发生的最好方法就是在训诫事件中有一个充满爱的结局。

第一章 培养孩子 要懂得寻找疼爱与规训之间的平衡

第二章 培养孩子要赢得孩子的合作

无论从父母的角度还是从孩子的角度来看,合作是共同的愿望,但合作必须靠双方愿意,而非强迫,正确的行为是鼓励的结果,强制不能带来根本的认同和长期的合作。

1. 要学会与孩子互相理解

如何听取孩子的意见和感受，实质是父母对孩子的态度问题。

我们常听到父母抱怨说："孩子什么事也不愿和我们讲。"

而孩子却诉苦说："父母不理解我们的需要，他们想说的就说个没完，而我想说的他们却心不在焉。"这种情况是比较普遍的。其实孩子是有许多事情、感受很想跟父母说的。他们的欢乐、苦恼、意见没有得到及时的交流，主要责任还在于父母没有给予应有的重视，没有认真地或不善于倾听孩子的意见和感受。如何听取孩子的意见和感受，实质是父母对孩子的态度问题。

在日常生活中常看到这几种情形。

1. 孩子来到你身边想说点什么，你却不以为然，或不屑一顾，敷衍搪塞。

2. 孩子和你讲话，尚未说到正题，你却表现冷淡，漫不经心，眼睛不离电视或报刊，哼哼啊啊地搭着腔。

3. 当孩子和你说话时，你静不下心来，或者找借口"我正忙着呢，一会儿再说"，或者没好气地说："少叨咕你们学校那点破事儿。"

4. 孩子坦诚畏惧地向你表明他犯了错误，没等他说明具体情况，你却声色俱厉地训斥孩子。这样做，就等于告诉孩子，有了过错要对家长隐瞒！

你不愿听孩子讲话、不和孩子谈心，你怎么了解孩子。不了解孩子，你又怎么可能帮助教育孩子？同时父母也要敞开心怀和孩子谈看法、讲见闻、说愿望、道欢乐、诉苦衷，共同营造一个民主对话的气氛。

一个初二的男孩子，由于母亲不再给他零花钱了，没钱去打游戏机，所以对母亲很反感。实际上是爸爸已下岗，妈妈为了节约开支，放弃双休日，加班加点，每天早饭是米饭开水加咸菜，常带到厂里吃。这位母亲说，为了孩子学习、生活得愉快，我经受的艰辛都不让孩子知道，没想到他现在这样对待我。如果与孩子有更多的沟通，让孩子了解父母工作的忙碌和生活的艰辛，孩子就会理解父母，改变自己对父母的错误态度。

2. 让孩子认识到你懂得他的想法

当孩子认为你懂得他的想法时，要赢得他的合作就容易得多，一旦他感到被理解，便会愿意听取你的意见，共同找到解决问题的方法。

父母在要求孩子做某事时，最先要考虑的是让孩子从心里明白为什么要这样做，他才会心甘情愿。假如孩子并没有从心里懂得父母要求他的意图，方法就不能适得其所。例如，孩子的房间很乱，要收拾一下。这时父母会说，自己的房间自己收拾，按理孩子应义不容辞地去收拾自己的房间了，但现实往往不是这样。孩子可能在收拾房间的过程中又发现了什么有趣的事，干到一半就开始玩，把房间搞得比没收拾前还要乱。父亲也许有些不高兴了，就开始大嚷，孩子不听，父亲就会抓过来打一巴掌，然后逼迫他把自己房间的玩具收拾好，装到盒子里，把枕巾摆放整齐等。孩子刚才玩得兴致很高，被父亲这么生气地干涉后，从内心当然很不情愿，结果产生逆反心理。他也许会躲在墙角，任你千呼万唤就是不予理睬，甚至顶撞，对父亲做鬼脸，就是不按父亲的要求做。对发生的这种情况，建议由母亲另找时间和孩子进行探讨。

问题症结何在？从孩子的本质来讲，他愿意帮助父母干事情，因为这样做证明他有能力。父母应该和蔼地告诉自己的孩子，对他为父母做的每一件事，父母都表示关注，认为孩子已经长大了，懂得帮父母的忙，是件值得庆幸的事。这会使孩子很高兴，也会更积极地进行配合。

以下介绍3种对赢得合作有帮助的方法。

①向孩子讲出你懂得他此刻的感受，要保证让孩子认可你的理解是正确的。

②用自己的经验故事与孩子分享，你也曾有过的类似的感受。

③与孩子一起寻找解决问题的方法。

马丁太太的女儿琳达放学回家后抱怨今天老师当着全班同学的面

对她大声斥责。马丁太太听了把腰一叉,用质问的口气说:"你是干什么坏事了?"琳达伸长了脖子瞪着眼,很生气地说:"我什么也没干!""不会吧,老师不会无缘无故地斥责学生的。"琳达重重地坐在椅子上,一副不开心的样子盯着妈妈。马丁太太继续责问:"那么你打算怎样解决这个问题呢?"琳达很倔强地"什么也不做。"如果这样再问下去,母女之间一定会对立起来,什么问题也解决不了。此时,马丁太太记起了三步骤,改变了她的态度,用一种友好的语调说:"我肯定你当时觉得很尴尬,因为老师在全班同学面前斥责你。"琳达有些怀疑地抬头看妈妈一眼,妈妈接着讲:"我记得我上四年级时,同样的事发生在我身上,其实我只是在算术考试时站起来借了一支铅笔,老师就让我下不来台,我感到十分尴尬,也很气愤。"琳达露出轻松的样子,现在很感兴趣了:"真的?我也只是在上课时要求借一支铅笔,因为我没有足够的铅笔,我真的觉得为这么简单的事,老师教训我,不公平。""是这样。但你能不能想出办法,以后可以避免这种尴尬的局面呢?""我可以多准备一支铅笔,就不用打断老师讲课向别人去借。""这个主意不错。"

马丁太太的目的是让琳达不重复使老师生气的行为。她开始用叙述自己经历的方法,造成了她与琳达感情上的沟通。当马丁太太改变了自己的态度与方式,很快赢得了琳达的合作,找出了将来能对她有利的解决方法。这里面最大的秘密在于,妈妈能够站在女儿的位置,分享她的感受,使琳达不需要把自己放在自卫的状态,随时准备对付妈妈。

3. 言语要切合实际,合情合理

经常运用切合实际、合情合理的沟通方法,可以培养孩子的理智感、自信心、增强教育效果。

父母与孩子交流思想情感和社会信息要实事求是。无论是批评、表扬或评价,也无论是谈论家庭或社会问题,都要切合实际,有理有据。不能跟着感觉走,随着性子来。比如,你批评孩子一件事情没有做好,你不应这样说:"笨蛋,我已经说过一千次了,为什么还不改。"这就是夸大其词，于事无补。

又比如，孩子考试成绩得了"优"，你不能这样说："你真聪明，好孩子，你为家长争了光！"你只说他聪明就否定了他的刻苦努力。说他为家长争了光，就把他努力学习的动机和动力引偏了方向。

对社会问题的评论也不能否定一切或肯定一切，非此即彼，没有其他。要一分为二地、发展地看问题和评价事物。这样，久而久之，孩子也能学会辩证地认识问题和评价事物的思维方法。

经常运用切合实际、合情合理的沟通方法可以培养孩子的理智感、自信心，增强教育效果。父母可亲可敬、可以依靠和求教的形象就会在孩子心目中树立起来。

"好吧，你玩一会儿，就回来做作业。"这"一会儿"有多长时间，他有他的打算，你有你的要求，不一致，结果产生冲突是必然的。如孩子说："妈妈，这个双休日我们几个同学到盘山去玩玩行吗？"你不能马上明确表态。因为孩子和几个什么样的同学去，具体怎么安排的，什么时间回来都不清楚。父母与孩子间产生的许多问题和矛盾，往往是由于言语不详、语义不清、模棱两可或似是而非造成的。所以，沟通要成功、有效，言语要清楚具体。

孩子在不明原因的情况下不会有自觉性，你不说明原因，只是"我说你做"，会有强迫命令之嫌，孩子会认为你主观，强加于人。所以对你的决定要说明原因。

另外，当出现问题时，父母还应有自我批评精神，把属于自己的问题说清楚，不能把自己的毛病、问题模糊地敷衍带过，却去具体指责孩子的不对，那样孩子会认为你没有责任心，是位不可信任的长者。

一个初三的女儿跟爸爸一起去买礼物，送给姥姥过生日。但姥姥不喜欢这个礼物，这时，这位父亲就埋怨孩子说："你看，我说姥姥不一定喜欢，你也不好好选择一下！"把责任都推给了孩子，她心里能服气吗？

4. 沟通要选择适当的时间和地点

为了不损伤孩子的自尊心和身心健康，并使后续的学习和活动不

受到干扰和影响。与孩子的沟通要选择适当的时机。

当孩子以学校名义要钱较多,或一段时间沉闷不语时,家长要及时了解情况,主动沟通,发现问题及时处理。例如某中学初一年级的两个男孩,在校门前逗留,门卫老大爷看见一个女孩从街上走来,向其中的一个男孩要钱,这个男孩二话没说,就掏钱给了女孩后各自离去。门卫大爷感到有问题,立即告诉了学校,通知了家长。一了解,原来这个男孩跟校外一女孩"要好",常给她钱花,可父母对此还蒙在鼓里。那么,当孩子有了某种过错或不良行为时,要注意选择适当的时间和场合进行教育。孩子吃饭时、上学前、就寝前、熟睡中、与同伴一起玩或亲友在场时,都不宜对孩子进行批评教育,否则会损伤他的自尊心和身心健康,并使后续的学习和活动受到干扰和影响。

美国心理医学博士马文·西尔沃曼对此提出5条意见,即在下列5种情形下不宜对孩子批评教育。

一是当孩子同你讨论某种个人问题的时候;二是当孩子看上去非常激动而又没有说到底是怎么回事的时候;三是当孩子为某件事而兴高采烈的时候;四是当孩子要人帮助他作出决定的时候;五是当父母想让孩子解释或同自己讨论某件事的时候。

此外,家长还要注意以下几点。

第一,在家长心情不佳,过于疲劳或工作中遇到棘手问题必须尽快处理等情况下,不要谈孩子的过错等问题,以避免情绪过激,出现偏差行为。

第二,要有一个理智的心理环境。环境安静,心理平和,孩子的问题已有了成熟的解决策略。

第三,对孩子一些较严重的问题,如偷窃、欺骗、早恋、逃学等。家长处理这类问题,要有一个全面了解、考虑的时间,要给孩子一个认真思过准备接受教育的时间。亲子双方都有了思想准备时,抓住时机进行教育。一旦教育开始就不能拖拉,要集中时间和精力,力求把问题解决得妥善些。

第四,坚持"单兵教练"与"回避政策"。教育孩子时要根据具体情况。父母谁出面,或一起出面,但都要避开其他人。

5. 唠叨，孩子会将你的话当耳边风

爱唠叨这是国内外做母亲的常见病、多发病。它的危害大，会使家庭生活遭受无休止的磨难，使父亲烦躁，孩子反感。

爱唠叨这是国内外做母亲的常见病、多发病。只是许多母亲并不承认自己唠叨，说："我是常提醒他，嘱咐他。"要明确，唠叨和经常提醒是有很大区别的。

提醒，无论次数多么频繁，都是抱有信任、友善、尊重的态度，口气中没有烦人、生气、责备或警告之意，是就当前一件较重要的事情说明、强调，是增长经验，减少失误，提高自我调控能力；而唠叨是多次重复的要求，不耐烦地指责和嗔怪，常常是转移话题，由一件事情扯到其他事情，数落一堆旧账，其效果是烦扰对方，使他烦躁、疲惫，破坏沟通和教育效果。唠叨还污染了家庭温馨祥和的气氛，不利于孩子的健康发展。

由于母亲对子女的疼爱和女性所具有的敏感、细心、注意细节、易动情感的特点，加上除了工作还要忙活家务，容易引起情绪紧张，心情烦躁；同时也由于母亲在家里常有第一主人的意识，想事多，管事多，不自觉地权威意识也就较多，所以对孩子要求的多，不耐烦的说教就多，日久年深就变成了唠叨。特别是更年期的母亲难以控制自己的情绪，一旦有了矛盾，就唠叨个没完。有些家庭破裂就是因为母亲的唠叨造成父亲无法忍受而引起的。

我们今天的父母也常常犯同样的错误。父母常常抱怨孩子对自己的要求毫不在意，充耳不闻，经常会说的一句话是"我和你讲了一百遍了，你为什么不听？"听了这句话，孩子的反应会是什么样呢？"还不是老一套"，"哎呀，又来了，都烦死了！""妈妈，求求你啦，我改还不行吗，快别说了。"说完依旧我行我素。这时，父母们为什么拿这句话去问孩子而不问问自己呢？

当我们警告孩子，要对他们无所顾忌置若罔闻的行径采取行动时，我们应该清楚这一警告是否真的实施，我们是否照所说的去做，如果根本不会去实行，那就不要对孩子讲，不然的话只能使孩子对你

所说的话大打折扣,甚至完全失去可信度,认为你不过是说大话吓唬人,故意危言耸听,大可不必当真。有了这样的想法,孩子自然会对父母的批评充耳不闻。对于一些显而易见的道理,做父母的过多解释,反复强调,用太多的话语来说明,从而成功地做到以理服人。而孩子并非不懂得该怎样做,他大都有着自己的不情愿或其他目的。这种情况下,孩子对家长的"唠叨"便觉厌烦,非但不照此改正,反而变本加厉。语言的劝告对他就起不了一丁点的作用了。

朱丽是一个富裕家庭里的独生女儿,多次要求妈妈给她的房间单独装一部电话,这样她会更方便与同学或朋友聊天。朱丽经过多次的努力,在答应妈妈保证不总与同学在电话里讲个不停,影响学习和睡觉之后,妈妈终于同意了。可朱丽只要在自己的房间里,70%的时间都泡在电话上,有时夜深了,朱丽还在电话里讲个不停。妈妈意识到自己犯了一个错误,同爸爸商量准备取消朱丽的电话线,可把电话线取消又怕朱丽恼火,况且装一条新线还要花钱。妈妈不断地告诫朱丽:"你若再这样没完没了地打电话,我就将你房间的电话取消。"在妈妈第一次讲要取消电话线时,朱丽还有些顾忌,开始几天还照办,但妈妈反复声明,却未见行动,朱丽便拿准了妈妈的心思,知道她并不想这样做,因而大胆起来。此时妈妈对朱丽的警告便失去了作用,后来干脆对妈妈的提醒与告诫充耳不闻,无论她怎样反复强调,朱丽都会置若罔闻,而妈妈也就只好悉听尊便。于是妈妈对朱丽的训斥也就延续了下去,但朱丽仍是我行我素,屡教不改。

这位母亲的尴尬颇有些自寻烦恼。在向朱丽提出取消电话线之前,就应该对朱丽的反应和取消电话线的经济损失进行考虑,认为这样做代价太高很难实现,就不该向朱丽说明而应另寻他途。如果妈妈认为为了教育朱丽,这点损失是值得的,有决心照此办理,在朱丽明知故犯时就应果断地给电话公司打电话,取消电话的服务,向朱丽显示妈妈是说话算数的,朱丽因此便不会拿妈妈的话不当回事了。

许多父母认为自己对儿女体贴入微,照顾周到。而儿女却体会不到,反而处处发难,令人伤心劳神。其实孩子并没有有意与父母为难,而是由父母教育子女的方式不对头造成的。如是否管得太宽、太严、太细致,本心是关心孩子,却给孩子提出了过分的、不合理的要求,里面还夹杂着强迫命令、专制的成分。虽说是为儿女好,却处处用一种孩子不能接受的腔调或办法。这时你不妨总结一下自己教子失败的教训，自己后退一步，给孩子足够的自主权，少管或不管，避免他因在一些小事上对父母的强制作风不满而拒绝接受所有的要求，包括合理的要求。

父母总是给孩子规定看电视的时间，但孩子一坐在电视机前就忘掉了这些规定，"到时间了，不能再看了。""好的，过一会儿，我只再看一会儿。""不行，快关上。"如此反复，直到妈妈生气地把电视机关上或孩子听着妈妈训斥的语调都变了，才把电视机关上。和大人一样，孩子们都有被电视吸引而不肯离开的问题，大人们有时都不能克制自己在电视机前不舍离去，更何况孩子。妈妈的催促往往起不了什么作用，孩子的想法是能拖一点时间就尽量拖一些，精彩的片断错过了谁还为你重播，所以尽管嘴上答应着却没有动作，如果妈妈把电视机关了，孩子也就去做其他事情了。这里做父母的也要以身作则，如果自己坐在电视机前纹丝不动难以脱身，却直着嗓子喊孩子该学习了，恐怕很难鼓励孩子去照章行事。为孩子规定看电视时间实际上也是对大人自己的一个很好监督。

在穿衣服上也存在同样问题。做母亲的给孩子买了一件新衣服，希望她穿上高兴。但如果妈妈一直催促女儿去穿，而且渐渐转成命令，女儿心里就会不快，由不愉快就会生出厌烦情绪，对衣服本身就会不感兴趣，或有意抑制母亲的要求，结果为一件不值得的事情搞得母女俩面红耳赤。母亲当然是爱女儿的，但在她的作风中有很强的专制成分，女儿的每一个细微举止都为她所控制，一个孩子应该对自己喜欢什么样的衣服有一些概念，母亲应尊重她的权利，让她自己选择穿所喜欢的衣服，而非强制。强制的结果是女儿即使十分喜欢这套衣服，也会因为厌烦母亲的专横而故意不穿。

母亲要认识到唠叨的危害性，加强自我修养，提高自控能力，改掉爱唠叨的毛病。

①教育孩子，要求要明确、严格而坚定。

一般孩子对父母的话很少有一说就听的。但是，你反复说教已变成了唠叨，而唠叨就会使孩子认为听不听大人的话也无关紧要，不听也不会受到任何惩罚。所以，父母必须养成重要的事情对孩只说一两遍，如不执行要有相应的处理方法。让孩子知道不听父母的正确教导只能给自己带来不便和苦头，而对父母来说，既不唠叨，也不发火，心平气和，处之泰然。

②要在一定时间安排家庭聚会。

在自然和谐的气氛中谈谈各自的学习、工作情况和生活的、心理的感受,相互提出希望和建议。达到相互促进,统一认识,自觉自愿地承担责任和义务,做好各自应当做好的事情。

③要建立必要的家规。

把家规作为约束和调整父母和孩子行为的准则。家规内容必须是重要的,由全家人共同讨论拟订。订后要严格执行,共同遵守。这样,家庭的一团乱麻理清了,做母亲的也就没有必要再唠叨了。

6. 适当运用幽默

幽默是一种最有趣、最感人、最具有普遍意义的传递艺术。

许多父母,特别是父亲对子女常常板着面孔,以权威的架势向孩子发号施令,却不善于运用幽默来增进沟通效果,引发喜悦,消解感情的隔阂。可以说,以愉悦的方式表达真诚和心地善良,已成为父母教育子女的得力助手。

幽默的形式多种多样,千变万化,会起到意想不到的教化效果。

健康的幽默,是亲子关系的润滑剂,可以缩小亲子间心理距离,使孩子愿意接受你的教育。它不仅使孩子乐于受教,而且还有利于身心健康。鼓舞孩子的勇气,点燃心灵的火花,令人振奋,催人上进。有利于孩子从不可避免的挫折中解脱出来,学会以乐观的精神、开朗的性格,面对现实社会生活中的压力和挑战。

幽默是一种最有趣、最感人、最具有普遍意义的传递艺术。

马克思常常以幽默的方式教育子女,孩子们总是乐于接受爸爸的劝导。例如,有一次马克思的女儿们玩"海战"游戏,小女儿爱莲娜被一个航海故事所感动。她告诉爸爸说:"爸爸,我也要当个舰长,你看行吗?"并贴进爸爸耳朵小声说:"我可不可以扮成男孩,偷偷去租一艘军舰?"马克思为了巧妙地把小女儿天真烂漫的遐想引向实际,不使她失望,并没有简单地否定这个想法或者轻率地答应她,而是悄悄地告诉女儿:"这自然是可以的,不过在你的计划成熟之前,不要把这件事告诉任何人。"聪明机灵的小女儿高兴地点了点头。

对孩子幽默要适宜，要富有启发，有教育意义。这既需要父母教育观念的更新，也需要父母人格修养和文化素质的提高，要多看书报，多学习，幽默的沟通技巧就不难学到。

7. 让协商在和平中演变

协商使整个教育过程没有训斥，没有武力，一切都是在和平中演变。

协商对父母和孩子来说都是很有用的。通过协商，父母更容易达到自己的目的。从孩子一两岁起，父母与孩子就要进行频繁的沟通，孩子们也可以从吃什么穿什么等各个方面与父母协商。当孩子长大一些，他们会在什么时候做功课，在哪儿做功课，可以参加些什么样的活动这类问题上和家长协商。等他们十几岁的时候，协商的话题则转移到了晚上在外面玩到几点和可以得到什么特权的问题上了。

协商还可以在"别无选择"的情况下不让孩子掌握一些控制权。孩子在学龄前，吃药可能会是一件艰难的事。为了让他吃药，你不妨和他谈判：是想就着果汁还是白开水吃？想在饭前吃还是饭后吃？想坐在家长的腿上吃，还是坐在自己的椅子上吃？通过这类其实无关紧要问题的协商，孩子在"必须吃药"的别无选择的情况下，会觉得强迫性减少了许多。尽管药非吃不可，但协商会给他一种控制权在他手中的感觉。孩子到了 10 岁左右就会向家长要求增加零花钱，并且在他的卧室中贴上更多的棒球海报之类的东西。你可能会拒绝这类要求，认为你给他的零花钱已经够了；在墙上贴海报会毁坏墙上的壁纸。但孩子将试图与您协商解决这个问题，只是认为应该更加自主地支配自己更多的生活。如果你同意增加他的零花钱，他会很自觉地每天倒垃圾和喂狗，并且他还会注意选择一些不容易损坏壁纸的海报。当孩子向你陈述完他的观点，你会发现他的理由是正当的，于是你应考虑满足他的要求。

此外，协商有助于孩子自尊心的成长。当父母就一些哪怕是很小的事情，比如说衣服、食物、活动安排等，征求孩子的意见时，孩子都会感觉到自身的价值和自己意见的重要性。这样的交流多了，孩子

的自尊心也渐渐建立起来，他不会在大的原则问题上和家长产生冲撞。协商有助于为孩子日后的成人生活做好准备。孩子在遇到问题时，他们通常愿意独自得出结论。当他们掌握了这些沟通协商的技巧，在学校、俱乐部和学生组织中都会派上用场。

申妈妈说，"有一次，我和孩子一起去百货商店购物。本来，那天孩子已经和我说好只是出去转转，不买任何东西。可是，当他看到一套价格超过10万韩元（大约相当于人民币700元左右）的机器人玩具后，就开始缠着我，让我给他买。他一边对我说隔壁家的孩子已经买了，为什么不给他买，一边热切地盯着我看。买来玩儿当然很好，可是好归好，它的价格太贵了，你知道要花多少钱吗？"

"不知道！"孩子撅着嘴回答。于是申妈妈就把价格告诉了孩子，接着对他说："韩雪，爸爸挣来的钱，我们既要用它来买米，也要用它来买衣服穿呢。如果都用来给你买玩具，那么我们家就没饭吃了。没饭吃也没关系吗？"

"没有10万韩元，这些就都做不成了吗？"孩子开始询问钱的价值了。因此，申女士就用孩子们可以理解的语言对他说明，"10万韩元是非常大的一笔钱。"

孩子的脸上显得有些为难，这表示他已经开始有些理解了。过了一会儿他又不甘心地问："那隔壁孩子的妈妈为什么给他买呢？"

"隔壁家可能比我们家富裕。另外，说不定那个玩具是他妈妈在他过生日的时候给他买的。你每年过生日和圣诞节的时候，不是也会收到很多好的礼物吗？"

"韩雪，如果你想得到这个很贵很贵的礼物的话，你是不能什么也不做的。你知道吗，世界上是没有免费的东西的。你是不是也要做一件让妈妈喜欢的事情呢？"申妈妈的协商会议开始了。因为她心里清楚，正在上幼儿园的儿子有一些很不好的习惯。比如，在吃饭的时候会不由分说地把饭吐出来，会突然坚持不去幼儿园，使性子、撒泼、耍赖等。此时正好以此作为谈判条件相"要挟"。于是，她将儿子的几个坏毛病一一举出，问他："你能将这些小毛病一个一个全部改正的话，我可以花几个月的时间攒一笔钱为你买想要的新玩具。"

看，教育孩子确实需要讲方法，讲策略。我们也一定要相信，孩子是非常懂道理的，只要我们将道理讲清楚，协商的办法有技巧，他们会理解的。

小娜拉有时非常喜欢缠着妈妈做这个，干那个，妈妈也特别爱她。有时不答应，觉得会伤了孩子的心，可是如果一直答应下去，家务总是做到一半就被孩子打断了。这个令人头痛的问题，在小娜拉爸爸的授意下，才得到了解决。

这天，小娜拉又拉着要妈妈给她讲故事。妈妈把小娜拉抱在怀中，柔声说："妈妈现在工作正忙，如果你现在让妈妈给你讲，妈妈只能讲5分钟，可是如果你先乖乖地自己玩，等妈妈忙完之后，就可以给你讲20分钟，你自己选择吧。"小娜拉忽闪着大眼睛，想了想，说，"我想听长一些的故事。"于是，便自己到一旁玩了。妈妈见这一招居然这么灵，刚高兴起来，便看见孩子又跑过来，想缠着她讲故事。于是妈妈严肃地说，"你难道只想听一个不完整的故事吗？"小娜拉这才又眼巴巴地等着妈妈忙完。经过了这一次后，妈妈便利用这种方法，和女儿讲条件了，当孩子得到商量后的收获时，也变得愿意听从妈妈的建议了。一天，爸爸下班回来，见到女儿就想亲一下，可谁知小娜拉竟一本正经地说，"你是要现在亲我，我就让你亲一下；你要是洗过手，洗好脸再亲我，我就让你亲3下。"这下，爸爸妈妈全被逗乐了。

整个教育过程中没有训斥，没有武力，一切都是在和平中演变。

8. 用结果法培养孩子的合作精神

采取不参与的方式，让自然结果教育孩子懂得作为集体一员应具备的责任心，懂得做事要认真、有程序的道理。

要使孩子所想的不仅仅是自己需要什么，而是整个活动、整个家庭需要什么。要训练孩子的合作精神，父母就不能无原则地迁就孩子的愿望，尽管有时这种愿望本身是合理的，但满足它意味着父母要做出过多的牺牲，更重要的是，应该保证孩子受锻炼的机会。孩子从小在家庭中学到的知识，培养的精神，都会渗透到性格中去，而在长大后会带入社会。一个懂得合作精神的孩子会很快适应工作岗位的集体操作，并发挥积极作用，而不懂合作的孩子在生活中会遇到许多麻烦，产生更多的困难并且无所适从。

到郊外野餐是孩子十分喜欢的假日活动之一。劳动节的周末,威尔逊和埃迪的父母要带他们去州里的国家公园爬山然后野餐。临行的前一天,一家四口商量了该如何进行准备:妈妈负责去超市买食品,爸爸准备烤肉的炉子,9岁的威尔逊提出负责所有餐具,11岁的埃迪负责准备调料。妈妈提醒他们是否列出一个单子,一则防止遗漏,再则若有家里不够的物品,可及时去买。威尔逊很快就列出了单子,请妈妈过目,随后便开始准备,而埃迪却跑到外面找邻居的孩子玩。妈妈警告他带齐调料,否则野餐不会好吃。埃迪一边往外跑一边说:"我会带好的,别担心。"妈妈不大相信他会备齐全,想自己来做,爸爸却提醒她应当给埃迪一个锻炼机会,不要越俎代庖。妈妈想了想便没有再督促埃迪,而埃迪也很开心地玩到很晚才回来,到厨房里忙了一会儿,搞出来一袋子瓶瓶罐罐,便上楼回房去睡了。第二天一早出发,妈妈并没有再检查埃迪的准备工作,一家人高高兴兴上路了。走了两个小时的山路,选好了野餐的地点,大家开始准备午餐。等肉烤熟后,每人倒了一杯饮料,整理好盘子,围着木制桌椅坐下,开始往烤肉上倒调料。"埃迪,烤肉汁在哪里?"埃迪伸手到袋子里去找,怎么也找不到。"我记得从冰箱里拿出来的,怎么会没有?""你有没有列到单子上?""我没有列单子,我记得我把所有的调料都拿出来了。"埃迪又翻了一遍,大家都在那里等着,埃迪最终没有找到,惭愧地低下了头。

这样的教训是深刻的,埃迪知道由于自己的疏忽,影响了大家的兴致,使这次活动大为逊色。这里爸爸妈妈并没有说一句责怪埃迪的话,但结果本身对他的教育却比任何话语更有效。可以说埃迪可能会忘掉一些东西是在爸爸妈妈意料之中的事。如果妈妈出面督促埃迪按列出的单子准备,埃迪会感到妈妈不信任他有能力料理这件事,自尊心会受损;再者妈妈反复督促会使埃迪感到很大的行动限制,有为人所驱之感,埃迪会产生抵触情绪,极可能甩手不干,或与妈妈短兵相接一场,搞得大家都不愉快,最后所有的事情还是需要妈妈来做。而更可惜的是,妈妈即使成功地迫使埃迪按照自己的方法去做了准备,野炊因此而毫无缺憾,但埃迪并没有学到任何经验教训,反倒更加深了对妈妈强制方法的反感。

埃迪父母选择不参与的方式是明智的。尽管这次野炊因埃迪的遗漏受到一些影响,但对埃迪的成长却有深远的影响,他懂得了作为集体一员应具备的责任心,懂得了做事要认真有程序的道理。

培养孩子的合作精神,包括教育他们懂得如何协调自己与他人的利益,使得整体活动得以进行。这里并不要求他们放弃自己的要求,但要让他们知道,若想使整个家庭生活的秩序不被打乱,每个家庭成员的生活要求都能够最大限度地得到满足,需要每个人都向同一方向努力,学会考虑如何做才能使家庭整体的利益得到最好的保护。

9. 要让孩子学会分享

懂得分享应视为一种美德。每个孩子都有一些自己倾注着特殊感情的玩具和用具,在指导和训练孩子与人分享时,应照顾到孩子个人的角落。

我们成年人也有许多认为应该珍爱的私人用品,不愿拿出来与人共享,只是我们聪明一些,将它们收得好好的,不让别人看见而没有机会提出分享的建议。意识到这一点,再对孩子说出不以为然的话,引起的自然是一种内疚。父母应更多地从孩子的角度看问题,不强迫他过早地显示出"大公无私"的品质。

克利斯在院子里看见邻居的小女孩萨米骑着一辆小三轮车,车子十分漂亮可爱,不禁扔下自己手中的玩具高尔夫球棒,冲向萨米的车子。"可以给我玩一下吗?""不行,这是我的。""我要玩。""不行,这是我的。""可是我想玩。"克利斯开始动手抢起来。一直没有开口的萨米的妈妈说话了:"萨米,你已经骑了一会儿车子,不想玩其他的东西吗?也许克利斯愿意让你玩他的高尔夫球棒,你看多讨人喜欢的球棒啊?"

一直在摇头的萨米突然停下来了,看了高尔夫球棒一眼,犹豫地望着克利斯。"当然可以,当然可以。"克利斯忙不迭地点着头,这时他一心想着踏上萨米的车,忘掉了其他。一个协议就这样达成了。

萨米的妈妈为女儿提供了可以替代的玩具选择,解决了纷争。处理这样场面的方法很多,关键是要尊重孩子对自己玩具的权利,通过这样做也在教育孩子尊重他人的权利。如果我们为了平息争吵,很富有"自我牺牲"精神地将玩具从孩子手中抱过来,让给客人或邻居的

孩子，自己孩子的感情会受到伤害。如果我们首先向孩子肯定他有权决定是否与他人分享自己的玩具、食物或其他，再给他一些选择，这样他就容易考虑其他选择，而不是死抱着自己的玩具不放。

当孩子决定与他人分享后，应当给孩子适当的肯定，我们可以说："喂，这样大家都高兴，可以有一个快乐的时光了。""你能与人分享真让我为你感到骄傲。"让他意识到自己做了一件为社会习俗所赞美的事情，加强他与人分享的意识。

莱丝莉太太在请小朋友到家里玩的事情上遭遇到几次挫折。儿子杰克总的来说还可以允许别人玩他的玩具，但有几件十分出色的玩具，却无论如何不肯让别的孩子接触。尽管莱丝莉想了不少办法，包括拿出定时钟，帮助他们设好轮流玩的时间，但总是闹得不欢而散。这次又请了拉娜来玩，她决定采取一些预防措施。

"亲爱的，前几次请小朋友来都没有玩好，你知道为什么吗？""他们动我的东西。""请小朋友来家里就是要给他们玩具什么的。""我就是不喜欢他们动我的东西。""是所有玩具吗？""是我的那些软动物玩具。""这些动物玩具每天轮流陪杰克入睡，与杰克的关系也似乎更深一些。""我明白了。如果我们把这些动物收到卧室里，其余的可不可以给拉娜玩呢？""只要她不搞坏那些玩具，不能只她一个人玩。""可以的，我把时间定好，你们可以轮流玩那些玩具。"拉娜的这次谈话进行得很顺利。

每个孩子都有一些自己倾注着特殊感情的玩具和用具，在指导和训练孩子与人分享时，应照顾到孩子个人的角落，尊重孩子对体现个性延展的小东西的眷恋，懂得孩子们是以不同的眼光看待自己的玩具。我有很多次抑制不住对孩子说："这不过是一件小汽车，玩玩又玩不坏，不要这么小气。"但在孩子的眼里，却赋予了它们特殊的意义。

10. 要控制自己不乱发脾气

孩子不听妈妈的话或闯了祸，有的妈妈往往会控制不了自己的情绪，不分青红皂白地冲他大吼一顿，等怒火平息之后，望着孩子委屈不解的神情，又常常很后悔，发誓下次有什么事一定和孩子好好说，可事情一摆到面前，又会失去理智。

带孩子本来就是一件很辛苦的事，加上工作又很忙，因此每当孩子不听妈妈的话或闯了祸的时候，有些妈妈往往会控制不了自己的情绪，不分青红皂白地冲他大吼一顿，等怒火平息之后，望着孩子委屈不解的神情，又常常很后悔，发誓下次有什么事一定和孩子好好说，可事情一摆到面前，又会失去理智。

怎样才能不乱发脾气呢？

1. 改善你的语言，别让你的孩子像你。

以前，我也动不动就对孩子大发脾气，可过后又悔之不及。前不久，看到这样一个故事。

路易斯夫人总是对她3岁的阿诺德大声喊叫："滚开，别碰那个东西。""走远点，你没看见我正在忙着吗？"

有一天，她突然听到阿诺德在用和她一样的腔调冲别人嚷嚷。在孩子身上，路易斯夫人意识到了自己的声音有多么难听，她决心改变自己。

当阿诺德不安地走近电炉时，路易斯夫人不再像原来那样吼他："滚开，会烫着你的！"而是走过去轻柔地拉着他走开，心平气和地说："我们不要靠近电炉，它会烫伤你。"阿诺德有些意外地看了看妈妈，什么也没有说，但他听从了妈妈的话。以后，类似的情况还发生过很多次，阿诺德变得比过去听话多了，但他大声嚷嚷的习惯还没有改变。

这一天终于来了。当时，阿诺德正要去找一个滚到暖气片下面的球，猛然间，他停住了脚步，学着妈妈的新腔调，轻轻地说："我们不要走近暖气片。"

为了让故事时刻提醒我，我在墙上贴了个条幅：你的孩子像你。以后，我再也不冲孩子乱发脾气了。

2. 如果他不是你的孩子。

我的一个大家庭9口人四世同堂。儿子鲁豫和他的小表弟骁骁年龄相近，是很好的玩伴，但也免不了经常发生"战争"。如果错在骁骁，我尽管生气，也会强忍怒火说服他，并尽量和颜悦色。但当鲁豫犯了错误时，我却可能会大发雷霆。

过了一段时间，我突然发现不对劲儿。我的脾气不但没有使鲁豫认清是非曲直，反而使他的性格两极分化，一方面非常暴躁，另一方

面又懦弱柔柔，他判断事情正确与否的标准是我的脸色。如果我心情不好，他连自己的正当要求也不敢提出来。

我开始反省自己，为什么我会对自己的孩子和别人的孩子不一样呢？孩子是一样的，我无所顾忌地对鲁豫发脾气仅仅就是因为他是我自己的孩子，在我心里，他是属于我的，我想怎么说都行。我对自己这种想法和做法将会带来的后果感到恐惧。我不希望自己的孩子变成一个暴躁而又忧郁的人。

从那之后，每当鲁豫再犯错误时，我就假设自己面对的是骁骁，尽量给他讲清道理，把说话的声量放低，和他平等地交流。

现在，我的做法已初见成效，鲁豫已经变成了一个快乐而自信的孩子了！

3. 下班后先和孩子玩一会儿。

女儿快5岁了，妈妈常对她发脾气，有时甚至还动手打她。每次女儿啼哭过后，又总是凑到妈妈身边，一边拽着妈妈的衣角一边带着哭腔说："妈妈，别生气了。"看着女儿可怜的样子，妈妈的心都要碎了。为了改掉自己的坏毛病，妈妈每天下班回家后，不论多忙多累多烦，也要和女儿先玩一会儿，或蹦或跳或看书讲故事，和天真可爱的女儿一起沉浸在游戏中，妈妈的心情平静愉悦起来，仿佛又回到了童年时代，过一会儿，妈妈去忙家务。女儿有些淘气的事，妈妈也不乱发脾气了。

4. 和家人一起分担。

有的家庭父亲工作很忙，经常出差。带孩子几乎是妈妈一个人的事，既要忙工作，又要忙家务，有了什么烦恼无处诉说，所以总是显得很急躁，动不动就对孩子发脾气。这样下去，不但对孩子不好，自己也会被压垮。这种情况最好是找个机会和爱人认真地谈一次话。达成一个共识，带孩子是双方的责任，使爱人尽可能帮你分担一些家务。如做饭时，爱人和孩子一起玩。

那是一个星期天的中午，无论怎么哄，女儿都不肯去午睡，于是这位妈妈忍不住又把调门提高了。父亲转身去拿什么东西。妈妈只顾管教女儿，也没有太在意。女儿终于在妈妈的吼声中委屈地睡着了。妈妈回到自己的房间刚想歇一会儿，突然听到一个巨大的声音在耳边响起，那声音足有100多分贝："快点去睡觉，听见没有！""你是不是屁股又痒痒了，再不去睡，小心我揍你！""我已经说了第三遍了，你长没长耳朵……"原来父亲趁母亲没注意，把教训女儿的声音一字不差地录了下来。"这真的是我的声音吗？我怎么会是这个样子，以前那个在别人眼里优雅得体的我哪去了？"

父亲一直看着母亲，什么都没有说，可母亲却越想心里越不是滋味。

从此以后，再教育女儿的时候，这位母亲努力使自己做到和蔼可亲，因为她不希望在女儿眼里，自己是一个没教养的妈妈。

5. 做孩子的好朋友。

孩子的父亲是位军人，平时家里只有妈妈和孩子两个人。一开始，由于一个人既工作，又带孩子，压力确实很大，妈妈也难免有脾气急躁的时候。可后来妈妈发现，冲孩子乱吼一通，既不能让他明白自己错在哪里，也很影响他们之间的感情。

随着孩子慢慢长大，妈妈决定不再总是扮演一个高高在上的角色，妈妈对孩子说："爸爸不在家，家里只有咱们两个人，我们做一对好朋友，一起管好这个家，好不好？"孩子高兴地接受了这个建议。以后，家里有什么事，妈妈都会用孩子能明白的语言和他商量，并让他承担一部分家务。如果大人身体不舒服，或工作中遇到什么烦心事，也会明确地对孩子说出来："妈妈今天不舒服，你能安静点，不吵妈妈吗？"孩子听了会乖乖地做自己的事，不再打扰你。

通过和孩子做好朋友，妈妈的心理压力减轻了，孩子也变得懂事多了。

6. 孩子也是一个需要尊重的人。

朋友休完产假去上班的第一天，单位召开职工大会，朋友的身边坐着一位老教授。老教授很亲切地问："小孩子多大了？""3个多月了。""带照片了吗？""带了！"朋友拿出了随身携带的小宝宝的照片。老教授端详着照片："不错，一位小公民！""嗯？"怎么没有听到那些熟悉的"真可爱、挺漂亮"之类夸奖的话？还没有从刚做母亲的喜悦里走出的朋友有点不解，"什么，小公民？""难道不是吗？"老教授很认真地反问道，"一个小公民，一个独立的人。"

朋友告诉我，她一直很感谢这位老教授。这一刻，我似乎明白了，为什么朋友和她的先生都是很好静的人，他们的小女儿就像是一个不停跳跃的音符，而朋友的脸上却总是挂着平和的微笑，那么温和却具有神奇的作用。因为在他们心目中，孩子首先是一个人，一个独

立的、需要尊重的小人儿。

11. 怎样做才是善于倾听孩子的心声呢

在现实生活中，我们谁都不能保证孩子永远不遇到挫折和烦恼，如何鼓励孩子面对而不是回避情绪，进而找到正确且适合自己的宣泄渠道，及时处理出现的负面情绪，帮孩子走出失败的阴影，这是父母应该也能够做到的。

第一，父母要消除对孩子正负评价的心理定势。父母对孩子过去的表现所形成的看法会影响现在对孩子所说话的理解，甚至误解和歪曲。同时也要防止"晕轮效应"的作用，不是一好百好，"爱屋及乌"，也不是一坏俱坏，以偏概全。孩子是发展变化的，要排除主观偏见，耐心倾听孩子的心声。

第二，一定要认真听孩子讲话。应表现热情、有兴趣，高兴地和孩子沟通，正确理解孩子的想法和感受。他讲话时不打断、不批评，并能从孩子的立场去理解他说话的内容，使孩子感到他被理解、重视和接纳。

第三，重视孩子的内心感受。父母要注意孩子内心的需要与感受，体会他的心声、苦恼和心理矛盾，鼓励他坦诚地表明自己的想法和感受。不赞同他的某些行为，并不表示对他的感受不理解不认同。例如一个孩子的堂弟把他心爱的东西摔坏了，他生气、心疼，一气之下打了堂弟。家长批评他打人的错误行为，但对他的感受、痛惜则应理解。父母应表示损坏了你心爱的东西确实很可惜，但动手打堂弟也不对，看看能否修好，或以后再给你买个新的。这样孩子得到了同情和宽慰，也会认识到打人不对。要明确，孩子对事物的感受或心理活动往往比他的思想更能引发他的行为。所以重视孩子的感受是很重要的，对他的感受认真加以理解和评价，都会影响他今后的发展。

正在读初中的女儿自小聪明伶俐，从上小学一年级开始，学习成绩在班上一直名列前茅，并且担任着班长的职务，可谓我们家幼小的"老干部"了。前年九月，女儿经过努力考上了市里的重点中学。非常巧的是，女儿的班主任老师是我的昔日同窗，当得知我的女儿在小学长期担任班干部的经历后,就指定女儿为代理班长。在品学兼优的尖子生如云的重点中学里能够继续担任班长,实在令女儿高兴,笑意时常写在脸上,闲暇时还经常哼上一曲校园民谣。

经过了三个多月的相互熟悉,到年底的时候,学校为了更好地推动班级工作向前开展,决定对各班的班长进行公开竞选,候选人自愿报名,进行竞选演讲,由全体同学投票产生班长人选。女儿满怀信心地对我说:"妈妈,我要积极做好竞选准备,我想我一定会成功的!"看到女儿积极竞选的劲头,我和老公也不失时机地对女儿进行了鼓励,老公还专门在网上下载了一些中学生竞选班干部的演讲资料供女儿参考,正式竞选的前一天晚上,女儿还在家里像模像样地进行了演练:"尊敬的老师、同学们:我参加班长竞选,就是想为同学们服务好,把班级工作不断推上新台阶……"听着女儿朗朗上口的演讲词,看着女儿随着演讲内容不断打出的手势,我和老公一致认为,女儿竞选班长已经是十拿九稳的事情了。

第二天傍晚时刻,女儿阴沉着脸走进了家门,对着我抱怨说:"我觉得自己真倒霉,那些同学真不公正!"

显然,女儿在竞选中受到了挫折,思想上遇到了问题,她认为"同学真不公正"的看法带着明显的过激情绪。我没有马上纠正她的偏激,因为孩子这样说一定有她的理由,现在她最需要的是一双能倾听她诉说的耳朵,她需要将在学校积攒的负面情绪发泄出来。这时如果父母只想着帮助孩子改正对同学的不公正看法,比如对孩子说:"天外有天,人外有人。你不应该这样看待同学。"孩子很可能将此理解为对她的指责。并可能中断诉说,那就阻塞了孩子宣泄情绪的渠道。

我只是看着女儿,平静地回应:"是吗?看来你对竞选结果非常不满。"感受到理解和鼓励,女儿开始滔滔不绝地大诉其苦。

原来,女儿在竞选中以三票之差落选了,情绪有点偏激。我知道,此刻女儿的烦恼是真切和实在的。把烦恼说出来,并得到别人的理解,这是很重要的,也是她摆脱烦恼的第一步。我认真倾听女儿的诉说,听她不厌其烦地叙述前因后果,接着又愤愤不平地抱怨同学的不公正。在叙述的过程中,她也自动纠正了原先的过激看法,说自己没有赢得胜利,自身也有原因,一是埋头学习功课多了,与同学们相互沟通少了;二是沿袭小学班干部的做法,开展班级工作时大多是指

令性的安排，同学们不易接受。说到最后，牢骚发尽，她自己得出了一个结论："他们不选我也好，我正好多一些时间学习呢！"

这结论虽然仍带有明显的赌气情绪，但我觉得女儿已经有了不小的进步：她终于没有再钻牛角尖，情绪不再偏激。因此我对女儿说："你积极参加班长的竞选，已经尽到了自己的责任，选上与否并不十分重要，关键在于参与。现在你能客观地看待选举结果，找出自己的不足之处，这是很大的进步。"

于是这事告一段落，女儿又兴致勃勃地跟我聊起其他事来。

晚上睡觉前，女儿拿着日记本过来对我说："妈妈，我把这次竞选班长的事写在日记里了，我认真进行了总结，想念给你听听。"这可是不寻常的举动，平时她写日记的时候甚至不许我靠近。念完日记，女儿得意地告诉我："写完日记以后，我发现自己的心情好多了。"看着女儿一脸轻松的神情，我觉得孩子真是长大了，她自己找到了一个排遣烦恼、处理负面情绪的有效方法。

回想这一晚上的经过，除了耐心地倾听，我并没有主动去指导女儿，也没有说"你应该或不应该做什么。"但正是我的倾听，让女儿得以尽情宣泄不良情绪，她固有的智慧和成长潜能才会摆脱偏激情绪的压制而提升出来，最终找到处理负面情绪的方法，在战胜烦恼的过程中获得成长。在现实生活中，我们谁都不能保证孩子永远不遇到挫折和烦恼，如何鼓励孩子面对而不是回避情绪，进而找到正确且适合自己的宣泄渠道，及时处理出现的负面情绪，帮孩子走出失败的阴影，不让孩子的失败定格，这是父母应该也能够做到的。我相信这也是能让孩子终生获益的最好馈赠。

12. 要妥善解决父母教育孩子观点的不一致

在教育孩子过程中，如果父母能够尊重对方的观点，不加干涉，两种教育方式可和谐相处，而孩子可以从中获取对自己成长最大的益处。

年轻男女，初为父母，应对如何教育孩子做一番探究，否则初为人父人母的时候，自己也不知该怎么办，遇到具体问题时更是不知所措。特别是当父母没有就某事达成一致意见和商量出对策时，对于犯了错误的孩子的管理显得没有主见，令孩子感到模棱两可，不知所措。更为糟糕的是当孩子有了一定的推理、思考能力后，会有意利用这种局面，为自己的错误推脱、打掩护。

吃饭时间到了，托尼却又玩又闹，不好好吃东西。妈妈要管，爸爸却说："随他去吧，小孩子，饿了就会回到餐桌旁的。"结果，饭后妈妈好不容易把一切收拾干净，一扭身却见儿子用一双脏手在厨房的菜盘子里抓着吃。母亲当然不能允许，父亲却说："饭还没有凉，让他去吃好了。"孩子认为父亲才是自己的救星，妈妈居然不让自己吃饭，真不是一个好妈妈。以后每当做了不应该做的事都向爸爸求教，只要用祈求的眼神望着爸爸，爸爸就会为他解围，妈妈一点办法没有。妈妈反倒没了地位，没有了说话的余地。

这位父亲所表现出的一切并不体现教育和指导的意义，而是有意偏袒、庇护，是一种溺爱。父母在教育子女问题上不能很好地沟通，造成孩子与父母之间难以协调，孩子无形中对父亲产生过分的依赖，反正有爸爸撑腰，有爸爸管着、护着，妈妈也不能把我怎么样，从此放任自流。孩子在父亲的支持下打败了母亲，挫败了母亲纠正他错误行为的意图，助长了托尼的错误倾向。

有的家庭恰恰相反，父亲严厉管教，母亲却时时流露出对孩子的一种歉意，父亲刚刚教训完，孩子哭泣的泪还没干，母亲就迫不及待将孩子叫到另一间屋中，又是发糖果，又是拥抱，仿佛孩子接受的不是教育而是无端的责难和惩罚。

无论父母哪一方过于严厉或过于放纵，若在孩子的教育过程中暴露出矛盾，都会带来副作用。

那么在教育孩子的问题上，若夫妻之间存在分歧该怎么办呢？

埃迪是一个聪明却又十分好动的孩子。父母都是研究人员，他们对埃迪有着很高的期望，但教育方法不同，父亲提倡启发式教育，而母亲却更偏重于高强度训练，打几下教训教训是经常的事情。一天周末，爸爸正在院子里除草，儿子急急忙忙地跑到爸爸身边，叫喊着："爸爸，妈妈要打我，快帮忙。""又为什么？""说我的作业潦草。""不要怕，让我和你妈妈谈谈，有我在，她不敢把你怎么样！"埃迪放心了，很得意地跑掉了。

爸爸妈妈对教育方式有不同的看法，这一点埃迪早已得知，而更

让埃迪认为有机可乘的是爸爸愿意为自己辩护,这样埃迪可以用父亲做挡箭牌,为自己的行为做掩护。父母在教育孩子的问题上不能意见一致,不能相互配合,是一件憾事,而因此引起争端,使孩子能利用父母的矛盾逃避自己应负的责任,就更是可悲。事实上,大多数父母在教育方式上看法有异,并非就一定会有坏的效果,关键在于父母双方怎样处理这种分歧。

需要明确的是,父子与母子之间的关系是有相对独立性的,虽然三者生活在一个家庭里,但并非要按照同样的模式处理关系。父亲如果不同意母亲对待儿子的方式,可以发表自己的意见,或与其进行讨论,但绝不该插入其中进行干涉。尤其不应该当面阻止和提出反对意见,伤了感情不说,还会让孩子不知所措。母亲与儿子之间的关系,取决于母亲与儿子,可以说不干父亲的事,父亲没有权利来对母子间的关系做决定、定规则。

对孩子的教育父母都有责任与权利,但并不等于一方可以干预另一方的决定。而且尽管父母都可能认为自己的方式是正确的,但究竟是否完全正确,或谁的更正确,却是一个难以回答的问题。即使双方在基本点上的认识一致,遇到有些具体问题也可能产生分歧。一般来讲,现代的家庭中没有绝对的权威,父母可按自己认为正确的方式来处理与孩子的关系。而孩子,对来自父母双方不同的教育观点应有能力学会取舍,而不为分歧所迷惑。在大部分情况下,如果父母能尊重对方的观点,不加干涉,两种方式可和谐相处,而孩子可以从每一对关系中获取对自己成长最大的益处。

不干涉孩子与父母任何一方的关系,并不等于对儿子的求援耸耸肩,不予理睬。父亲可以帮助儿子分析一下为什么妈妈要打他,是不是孩子自己有错却不自知,如何才能避免挨打。这样直接走入问题的中心而避免因方式不同而起争执,使埃迪无隙可乘,可谓殊途同归。

13. 要处理好教养中的各种关系

孩子作为一个社会人存在,需要与社会发生关系,与各类人物交往,因而他可以学会如何判断评价人物,积累与人交往的经验。而父母的职责是给予孩子足够的指导,使他能够正确地看待人与事物。

孩子从一生下来，就被社会所包围，而最贴近的联系是我们父母双方所有的大家庭成员，祖父母、叔叔、婶婶、舅舅、阿姨、表妹和兄弟。另外还有同学、朋友、领导等，人各有异，对孩子的影响自然不同。做父母的没有权力去要求这些外部因素能与他们的想法一致，并给予孩子父母认为正确的影响。父母也不能阻止孩子与周围的人们建立关系，仅仅因为这些关系对孩子有一些父母们认为是不利影响。当然父母对这些关系并非完全采取被动的做法，显得毫无作用力，父母毕竟是对孩子进行教育的主体，他们所灌输的思想及对性格的培养是孩子成长的主线，对孩子一生起着指导作用。孩子如何接受外界或父母以外其他人的影响，是与父母的主要教育分不开的。

孩子作为一个社会人存在，需要与社会发生关系，人与人之间的关系便是其中最为基本的关系。要培养出一个完整的、有现实意义的个体，孩子需要接触尽量广泛的社会层面，与各类人物交往，因而他可以学会如何判断评价人物，积累与人交往的经验。而父母的职责是给予孩子足够的指导，使他能够正确地看待人与事物。

每一代人对如何抚养孩子是有分歧的，这和他们所处的社会环境及个人生活的改善有很大关系。尤其在20世纪中成长起来的人，由于社会的巨大变动，人的思想也经历了革新，在对待孩子教育的问题上隔代人的差距甚大，自然会在与孩子的关系上表现出来，任何一方都不能强迫另一方接受自己的观点，也不能避免与他们的接触，在某种程度上要各行其是。

由于祖父母对孩子的关怀更多的是出于对天伦之乐的享受，不像父母那样承担很重的责任，因此他们对自己所表达的爱的方式不加考虑，对孩子教育的后果，更趋于娇纵与溺爱。因此我们常常听到夫妻同他们的同事和朋友谈起只要有爷爷奶奶在，他们就无法管教孩子。只要将孩子送往爷爷奶奶家住几天，回来后肯定"疯"得不成样子。

妈妈一直想训练克劳蒂娅学会计划购物，从她懂事起就限制给她每月的零花钱，女儿可以用这笔钱买些小玩具和女孩子喜欢的小东西。妈妈希望她能够学会安排这笔有限的钱，使它得到最大最有效的用途，同时懂得克服一时冲动，学会积蓄，从而能购买自己最最希望得到的东西。然而妈妈没想到这个计划却被祖父母的慷慨所破坏。每次克劳蒂娅回来，都会带回许多新玩具、衣服，而最令妈妈不愉快的

第二章 培养孩子 要赢得孩子的合作

是克劳蒂娅得到的零花钱。妈妈和女儿去商店购物,如果说她要买这个买那个,妈妈会提醒她:"你这个月的零花钱所剩无几喽,而这只是月中。"克劳蒂娅不在意地说:"爷爷这次给了我一些钱,叫我自己买些东西,而且不够的话,还可以告诉他们,等下次来看我们时给我带来。"妈妈不做声了,女儿又回了一句:"妈妈,你给我的零花钱数目太少,我去爷爷奶奶那里时,他们给我买很多我喜欢的东西,比你规定的总数大得多。"妈妈真的恼火了,一回到家就对丈夫说:"你一定要想办法,让你父母协助一下我们对孩子的教育,起码不要给我拆台。"爸爸了解情况后回答说:"他们祖孙关系很融洽,双方都很满意这种关系,我们还是不要干预吧。"妈妈很失望,这种情况怎么办呢?

祖父母虽然对克劳蒂娅过于慷慨了一点,以妈妈的观点这不利于克劳蒂娅的成长,使自己的孩子在某些方面物质化,不懂得有控制地花钱。但这只是克劳蒂娅所接受的社会影响的一部分,我们不能隔断她与社会的所有联系,以保证她的教育的纯洁性,况且克劳蒂娅与祖父母的关系更多的是一种爱的纽带。妈妈认为应该节制孩子花钱,使她懂得限度,学会计划,更主要的是不要认为自己想要的就能够得到,不会受到外界的限制。而祖父母可能会想孩子的要求不过分,适当地满足一下孩子的物质要求让孩子意外地惊喜一下,让她多得一些未必就会腐蚀、影响她的品格,而能让她十分高兴,花这些钱是值得的,何况我们并没有给她去上天摘月亮,花钱的数目是有限的。母亲的严格和祖父母的宽松可以说难以确定对错,或许他们之间是可以相互补充的。妈妈的方式不是为了给克劳蒂娅一个绝对数目的概念,只是为了给她一个感觉,一个计划的经验。而对祖父母的援助,妈妈应当想办法将这个因素考虑到自己的计划之内,可能告诉孩子:"克劳蒂娅,这个月祖父母给你的零花钱已经够多的了,妈妈就不再给你了,怎样去用钱,你要列个计划。"如果觉得孩子祖父母给的钱显然有些过多,不妨给孩子列入学习费用,如买书包、买书都用这些钱。总之,虽然祖父母给了克劳蒂娅钱,但妈妈却可以继续自己的教育计划,并将祖父母给克劳蒂娅的钱也列入自己的计划进行控制。我们不是在真空中抚养孩子,做父母的要执行自己的抚养计划,要实事求是地面对实际学会一些变通。

孩子有权利发展与父母以外他人的关系,谁也无法阻止隔辈间的亲情关系,孩子与祖父母的关系是最具有代表性的一种。祖父母对隔代的爱,有时他们把给儿女的爱统统加在孙辈身上,是对父母的爱的一种补充,不与他们来往是有悖人情的,做父母的不能因祖父母对自己的小孩子有些娇溺,就心中不快或办出影响大家庭彼此感情的事情。只要彼此关系和睦,最好能够互相沟通,在这里妈妈所能做的只是加强对某种有明显欠缺的孩子的正面影响。在处理孩子与祖父母关系上要把握好如何及时对抗不利影响又不破坏彼此感情和关系,需要不断改进技巧与手段,但直接干预是不明智的。

第二章 培养孩子 要赢得孩子的合作

第三章　　培养孩子
要给孩子插上自信的翅膀

自信心就像人的能力催化剂，将人的一切潜能都调动起来，使人的各个部分的功能达至最佳状态。而高水平的发挥在不断反复的量的积累基础上，巩固成为人的本能的一部分，将人的功能提高到一个新层次、新境界。一个人的成长路线如果是沿着这样的积极上升式进行，可以想象其积累效果是十分可观的。在许多伟人和我们周围的优秀人身上，我们都可以看到这种超凡的自信心，正是在这种自信心的驱动下，他们才既能大胆实践，又能异想天开，纵横捭阖，积极进取，百折不回，获取最终成功。

1. 为什么要培养孩子的自信心

自信心就像人的能力催化剂，将人的一切潜能都调动起来，使人的各个部分的功能达至最佳状态。

公元前5世纪，在希腊的小亚米利都有一个8岁的孩子瑞恩，他是一个懒于思考的孩子。妈妈决定帮助他建立自信心。于是，这一天妈妈要瑞恩与她一起穿过沼泽地去外婆家。这时妈妈问瑞恩："从这里去外婆家没有路，你会不会害怕？"

瑞恩笑着说："为什么要害怕？不是有妈妈指路吗？"妈妈听后摇了摇头，说："不，这一次要你领着妈妈了。"

走到沼泽地边上时，瑞恩看了看妈妈没有给他任何的暗示，于是只好硬着头皮，试探着向前走去。庆幸的是他走了一小段儿竟然一次也没有陷下去，瑞恩兴奋极了。但是，未走多远，瑞恩发现前面有一段路有人的脚印。他想：这里一定是有人走过，再沿着这个脚印走一定不会有错。于是，这一脚他放开胆子向前踏去，第一脚还算实在，刚想放下心去走，结果第二脚就踏空陷入了烂泥。没办法他只好退到刚刚别人的脚印后面重新探路。前面虽很艰险，左跨右跳，竟被瑞恩找出了一段路来。

这时，又有一个人要穿过沼泽地，他看到前面瑞恩陷进去前走过的脚印，想都未想便沿着走了下去，他的命运也是可想而知的。这时，小瑞恩看了看妈妈，小脸上洋溢着自信的微笑……

也许当时的小瑞恩并不会意识到那是妈妈有意地帮助他建立起他的自信。但是，他确实从此变得更加自信了。

自信心对一个人一生的发展所起的作用，无论在智力上还是体力上或是处世上，都有着基石性的支持作用。自信心在人的各种能力的发展上产生一种积极主动性，进而刺激人的各项感官与功能综合发挥的作用。自信心就像人的能力催化剂，将人的一切潜能都调动起来，使人的各个部分的功能达至最佳状态。而高水平的发挥在不断反复的量的积累基础上，巩固成为人的本能的一部分，将人的功能提高到一个新层次、新境界。一个人的成长路线如果是沿着这样的积极上升式进行，可以想象其积累效果是十分可观的。在许多伟人和我们周围的优秀人身上，我们都可以看到这种超凡的自信心，正是在这种自信心的驱动下，他们才既能大胆实践，又能异想天开，纵横捭阖，积极进取，百折不回，获取最终成功。

我们的家长常持这样一种态度："你还小，你懂什么？让我来教你，你要照我说的去做。"我们常常低估了孩子的自我观察和学习能力，因而经常为孩子的出人意料的聪明举动感到惊讶。但在赞叹自己孩子聪明的同时，仍不能打破成见，以客观的眼光去发现孩子的智慧，而沉迷于自己的导师地位。哪里知道我们的孩子没有被既定的理论与观点"点拨"过，他们思路开阔，常对事物有惊人的理解与洞察力，我们的孩子聪明得很，有时显示出比我们成年人高明得多的见解。只可惜我们的家长并无心去思考孩子的意见，不准备接受孩子的认识有时比我们高超这一事实，在迫使孩子接受我们的观点的同时，大大地打击了孩子主动探索世界奥秘的积极性和自信心。"你怎么有这么多的问题，真麻烦，大人哪有那么多的时间陪你去探讨问题。"干脆买一本相关的书应付了事。我们希望自己的后代是有头脑，会独立思考的人才，但没有自信心的支持，就很难培养出真正独立、有开拓精神的人才。

2. 允许孩子去做，也允许失败

我们一心想让孩子成为最出色的青年，却不允许孩子用不同的方法去发现自己的能力，而是怀疑他的能力，限制他的发展。

当4岁的孩子要帮妈妈包饺子时，父母经常夺过孩子手中的面饼，"小宝贝，你会把面粉弄得满身都是的。"为了不使面粉弄脏孩子的衣服，结果使孩子的自信心破碎。孩子努力去发现自己的长处和能力，总想试着干这干那，好奇心驱使他一次次地接受挑战，他会跟在大人身后，你做什么，他就去做什么。我们却泼冷水。当4岁的孩子自己穿衣服的时候，我们说，"穿错了，穿反了。"当他自己吃饭时，我们说："看你把衣服弄得多脏。"我们把勺子拿过来，喂他吃。当孩子要洗碗时，我们说："别把汤勺打碎了。"当孩子要帮我们拖地时，

你会培养孩子吗

我们说"算了,你还小,你会把自己弄得水淋淋的。"我们把拖把夺过来,让孩子茫然地瞅着,我们自己拖。就这样,我们让孩子看清楚了自己是多么的不行,我们是多么的能干。如果他不高兴,不肯张口吃饭,坚持要自己吃,我们还要大发脾气,说他可能把衣服弄脏。我们开始认为孩子弱小,然后又怀疑他的能力。我们并不知道我们做的这些事正在打击着孩子的兴趣和积极性。

我们相信孩子长大后是能够干成事的,但现在还小,所以不需着急。我们忘记了从孩子出生后,我们就急切地盼望着他能跟我们笑一笑,挥一挥手,不厌其烦地教他喊妈妈爸爸,我们就是在鼓励他学习、行动。那时候我们还有耐心,有意识,因为这里面有娱乐成分,而且说笑都不会给大人带来麻烦和干扰。一旦孩子的行动给我们带来干扰与麻烦,我们就宁可等一等,等到明天再行其事。孩子有天生的主动性,他从很小就认为自己能干一些事情。如果孩子总是跟在妈妈身后叫着,"我要浇花,我要打鸡蛋,我要洗盘子,我要打扫屋子",而妈妈却永远回答"宝贝,你太小了,去玩玩具去吧,去看电视去吧。"这样的话,当孩子10岁的时候,妈妈说:"孩子,来,帮妈妈把洗衣机里的衣服取出来,放在甩干桶里。"孩子可能会说:"妈妈,我忙着玩游戏机呢。"或者说,"先等一等。"结果一天过去了,他还是没做这件事,或者他会很奇怪,这种事情,干吗非扯上我……妈妈还没明白,就是她把孩子教育成这个样子的。

正确的做法是允许孩子去做也允许失败。

3. 思想有多远,你就能走多远

只要我竭尽全力,我就能做成任何我愿意做的事情!

——比尔·盖茨

自信心在人的各种能力的发展过程中产生一种积极主动性,进而刺激人的各项感官与功能综合发挥着决定性的作用。

比尔·盖茨是为世界所熟知的人物,他在11岁时上的是公理会的教会学校。一次,西雅图大学社区公理会教堂德高望重的牧师戴尔·泰勒,向小比尔·盖茨所在的班级宣布:"谁要是背诵出《马太福音》五~七章的全部内容,我就邀请他到西雅图的'太空针'高塔餐厅参加免费聚餐会。"大多接受挑战的孩子并没有为此做出艰辛努力,只有比尔·盖茨做到了。牧师当时不禁问小比尔是怎么背下这长的文字的。他不假思索地回答:"只要我竭尽全力,我就能做成任何我愿意做的事情!"是狂妄还是自信,以后的事实给了明确的回答。二十年后,小比尔·盖茨成为全球首富。

台湾著名作家林清玄出生于农民家庭,对于他的父亲来说,只要儿子能像他一样长得结结实实,靠自己勤劳的双手在田地里刨食养活自己,还能把这么多孩子养活大,这就是一个奇迹了。

有一天,林清玄和父亲在地里干活,忽然听到从头顶传来一阵"嗡嗡"的声音,他抬头一看,一架飞机正从头顶飞过。他出神地看着飞机渐去渐远,然后对父亲说:"我长大了要到台北去,而且要坐着飞机去。"父亲一巴掌打在他的屁股上说:"孩子,别做梦!老老实实地低头干活吧。坐飞机到台北这事,我保证你一辈子都不可能办到。"

后来林清玄长大了,喜欢上了读书,然后他又不停地写,终于著作等身。他不仅可以坐飞机去台北,还可以到世界上任何一个地方。

一个在地里干活的孩子,他的心里装着遥远的梦想,谁能预测他的命运?谁敢说他不能实现梦想?

著名作家蒋子龙读中学的时候语文成绩极差,尤其是作文,在全班是最差的。一次作文课,老师要求同学们写自己的理想,蒋子龙写自己的理想是将来当一名作家。语文老师十分生气地说:"全班所有同学除蒋子龙外都有可能成为作家,就是蒋子龙不可能。"可十几年后的结果是,除了蒋子龙,别的同学都没有成为作家。

维克在上小学的时候,别人都说他是一个差等生,老师也断定他根本没法学到毕业,还不如早点退学到社会上去当学徒或是打小工。他自己也在无形中接受了别人对自己的这些评价和看法,从而感到很自卑,真把自己当成了一个差等生。他也一直做一些临时小工,因为他相信自己只有这点能力。

但是,在他30岁的时候,一件意外的事情使他的生活发生了巨大的改变。他偶然去参加一次智商测试,结果令他非常惊讶,自己的智商竟然高达161分值,这可是天才的智商啊!他感到无比地震惊。而以前,他竟还把自己当成智力低下的人,整天去干一些零碎的杂活

呢,事实上,自己却拥有天才的智商呀!从那以后,维克不再相信别人对他的那些错误的限制性评价了,他改变了以前对自己的错误认识,开始相信自己,开始努力奋斗。后来,他写出了好几本书,取得了几项专利,并且成为一个很成功的商人,还当选为国际智能组织的主席。

像青少年时候的维克一样,他有着超常的智能,却因为自己相信了周围人对他的过低评价,使得他碌碌无为地度过了自己生命的前30年,巨大的潜能没有发挥出来。有时候,你把自己定位到什么样的水平,你怎样看待自己,现实中你可能就会成为自己心目中那个模样的人,而这一切可能会影响到你的一生,这正如一句广告词所说:思想有多远,你就能走多远。

4. 接受鼓励,是孩子成长的重要内容

鼓励是战胜困难的信心和勇气,这也是我们家长能够给予孩子的最宝贵的支持。

· 鼓励是教育孩子最重要的一面,每一个孩子都需要不断地鼓励。当一个幼儿来到这个世界,他常会感到束手无策,会发现成人的世界好精彩,而自己的能力却好无奈,连走路这样简单的事,都要慢慢学来,这是多么严酷的现实啊!尽管如此,他仍然有勇气进行各种尝试,以使自己适应、融入这个世界。孩子就是在这种一无所有的情况下,瞄准"万能"的成人世界,开始万里跋涉的。他从最基本的技能学起,希望有一天能自立,能够成为家庭、社会中称职的成员。在这种时刻,他最需要的是鼓励,是战胜困难的信心和勇气,这也是我们家长能够给予孩子的最宝贵的支持。

有一个一周岁的小男孩,被年轻的妈妈牵着小手来到公园的广场前,要上有十几个阶梯的台阶。小男孩却挣脱妈妈的手,要自己爬上去。他用胖胖的小手向上爬,他的妈妈也没有抱他上去的意思。当爬上两个台阶时,他就感到台阶很高,回头瞅一眼妈妈,妈妈也没有伸手去扶他的意思,只是眼睛里充满了慈爱和鼓励。小男孩又抬头向上瞅了瞅,便放弃了让妈妈抱的想法。尽管他爬得很吃力,小屁股抬得

老高，小脸蛋也累得通红，那身娃娃服也被弄得都是土，小手也脏兮兮的，但他最终爬上去了。年轻的妈妈这才上前拍拍儿子身上的土，在那通红的小脸蛋上亲了一口。这个小男孩，就是后来成为美国第16届总统的林肯。他的母亲便是南希·汉克斯。

但在生活中，我们往往忽视鼓励的重要性，常忘记鼓励，轻视鼓励。许多家长错误地认为孩子需要的是教育，而教育更多的是训导与惩罚。他们没有认识到没有鼓励，孩子就不能健康地成长；没有鼓励，可能使孩子产生不良行为，并由此有许多打击孩子自信心的事情发生，甚至成年人在无意当中给他设置了许多障碍，而不是帮助他。我们这样做的根本原因是不相信孩子的能力，并在意识中已形成偏见。在一个孩子的成长过程中，接受鼓励而产生自信心是非常重要的成长内容，是我们父母应时刻关注的教养步骤。

孩子要帮助大人干活是好事，干不好也是正常的，父母应该多加鼓励。让孩子学习做家务，本来就是父母教育孩子的一种手段，何况孩子乐意主动帮忙。所以，当孩子想做事的时候，作为父母要爱护他的积极性，鼓励他并承认他的能力。当然，孩子越帮越忙的事是难免的，也确实让父母感到麻烦，但父母只要花点心思，这个问题是能够解决的。

4岁的女儿多多特别喜欢跟在大人后面"帮忙"，而事实上许多家务如拖地板、洗衣服等对她来说太难，不切实际地让她插手，显然只能越帮越忙。这时应该转移她的注意力，引导她做一些力所能及的、以自我服务为主的事，如整理图书、系鞋带、叠衣服等。

我们还可以让孩子每天干好一件事。我们可以告诉孩子："宝宝是个好孩子，知道帮妈妈做事。不过你现在还小，一下子做这么多这么复杂的事做不好，你每天只负责做一件事，把它干好，行吗？"孩子高兴地答应了，就要立即开始行动。比如让孩子干的第一件事是整理自己的小书桌，做了示范后孩子像模像样地先擦擦灰，再将零乱的物品放整齐，我们提醒他每天不忘记做，以培养他的责任感，很有效。一件事情做了一段时间，孩子做得熟练了，再替他换个新工作，让他有一个新鲜感，像每天餐前为家人放好碗筷、收拾全家人的鞋子等等都是可以让孩子干的事情。孩子受到鼓励，乐此不疲，信守契约，隔一段时间给他换一件新工作，孩子就会在不断的劳动中学到很多新的技能。

我们许多人在小时候，都特别喜欢帮父母做事，可父母一方面嫌我们添乱，总是把我们赶开；另一方面他们又对我们极为关爱，处处照料周到，我们连自我服务的事也很少做。渐渐地我们对做家务的事不再关心，也不想帮忙了。从小到大，从饮食起居到择业婚姻，无一不是父母包办代替。这使我们失去了许多磨炼的机会，常常被一种怯懦的情绪困扰，在生活中经常处于一种劣势，不知错过了多少宝贵的机会。

作为家长我们常常有一种先入为主的观念，认为孩子到了某种年龄，才能做某种事情，否则的话，他就是太小，太缺乏能力，不能做这类事情。但是我们想错了，往往孩子在那个年龄那个时刻是可以做得很好的，而且他做得还会很有兴趣很有意义，但是我们却人为地推迟了他学会本领的时间，而且最关键的是我们的这种做法，会使孩子失去自信，怀疑自己的能力，削弱他的进取心，以至我们认为他应该做某件事时，他却早已失去了兴趣。这种消极影响将会对孩子的一生都有副作用。

王平的女儿4岁了，他吸取自己的教训，2岁起就鼓励她自我服务。虽然她洗脸洗成"落汤鸡"，牙膏一挤一大堆，吐口水吐到了自己的鞋子上，王平还是快乐地告诉她，"宝贝真能干，让爸爸来教你，你会做得更好。"女儿的小嘴挺甜，学着她妈妈的样子说："我下次就会做好的，爸爸请你放心。"由于从小受到鼓励，女儿最快乐的事就是帮大人干活，有时大人到田地里干活，她也拿个小火铲一起挖土。大人做完一件事感到很累很高兴，她也会说："今天好辛苦，不过你们的功劳也有我一份。"但有的时候，忙没帮上，还搞得家里一片狼藉。这时王平和妻子宁可偷偷帮她修正，也很少责怪她或不让她插手。添乱是暂时的，只要孩子有兴趣，就一定会越做越好。

你可能会说，孩子最常发生的事就是看见大人在做事就想帮忙，你在洗衣服，他突然把手放进去搅拌一番，半截袖子也跟着浸在肥皂水里；淘米时，一不小心，他的泥巴手又来了。你也许会说，"快走开，别捣乱。"孩子可能会为此而消沉，以后对家事变得不再关心，而等到父母想要孩子帮忙时，他早已没有兴趣了。事实上，小时候"纤手不动"的孩子，长大也不太会做事。所以父母想要使孩子成为一个能干的人，就要容忍孩子从"帮忙添乱"开始。

孩子刚开始尝试做事，不可能不犯错误。这时家长的态度对孩子今后的发展很重要,你绝不能让孩子脑中留下自己是个"笨蛋"的印象。因为这样会使孩子产生一种自卑心理,严重的会使孩子做什么都会感到自己无能而不想尝试,正确的做法是一件事情失败了只是说明孩子缺乏技巧,这种技巧只是因为父母没有很好地传授或孩子还没有学会。我们应该培养孩子有勇气去犯错误、去纠正和改正错误,敢于从失败中获取成功,从中获取自信力和自尊心。这就要求我们不要讽刺孩子,使他受到不同程度的打击;当然,也不要过分赞扬他,以免产生骄傲情绪,要使孩子始终充满自信地活着,同时我们还要不断地鼓励孩子的自信心。

你为何不把握具体情况,给孩子以实际指导,鼓励孩子使他由"帮忙添乱"成为真正的小帮手呢?他想洗袜子,你就从抹肥皂到过水手把手地教她;他想烧菜,你就带他到厨房教他先择菜;他想洗碗,你就先教他怎样使用洗涤剂或先洗一只,然后再逐渐增加……

此外,许多孩子之所以越帮越忙,很重要的原因是由于工具不合适造成的,成人用惯了的拖把、扫帚、抹布等工具,对孩子来说太大了,妨碍做事,结果才弄得越帮越忙的。欲善其事,先利其器,给孩子准备合适的工具,就是对孩子帮忙做事最大的尊重和鼓励。我们不妨到超市给孩子买来小扫帚、小簸箕、小拖把等工具,让孩子用起来得心应手,我们干家务活时,他也兴致勃勃地擦自己的小桌子小凳子,收拾自己的小床、抽屉等。凡事没有生来就会的,总是要经过不断的学习和摸索。我们应该多一分耐心,多一点宽容,恰当地引导,使孩子能掌握一定的劳动技能,同时还能培养起劳动观念、劳动习惯和责任感以及对父母辛劳的理解。

5. 去做你害怕的事,恐惧将不复存在

为孩子的将来着想,大胆鼓励他去做力所能及的事情,只有这样,才能锻炼孩子的勇气,将来成为一个有胆量能做大事的人。

父母领孩子到农村的姥姥家去,姥姥家住在一个村庄的山坡上,父母就领孩子到山坡上的草地里去玩。草地像一床毛茸茸的大毯子,孩子刚开始还很好奇,甩开父母的呵护,勇敢地在草地上用小脚来回

你会培养孩子吗

地踢踏,见到有蝴蝶飞过,还扑过去捉蝴蝶。父母看到孩子走进大自然那种开心的样子,一下意识到这是一个家庭多么温馨美好的时刻!可这种美好却被一只大黑蚂蚁给打破了。原来,孩子胆量很小,一只大黑蚂蚁爬到了孩子的脚背上,他很恐惧,发出了尖厉的叫声,竟惶恐地哭泣起来。

　　去做你害怕的事,害怕将不再拥有。本来一只蚂蚁并没有什么可怕,只要告诉孩子"勇敢些,把它从你的脚背上弄下来",孩子经过一番努力是会实现的,孩子也得到了一次战胜恐惧的机会。可是做母亲的却偏不,上前把那只蚂蚁抓下来踩死了。孩子的哭声止住了,可孩子的胆量却没有成长,甚至更胆怯了。试想,如果这位母亲不是去帮助孩子把蚂蚁从脚背上抓下来,从而止住孩子的哭声,而是在孩子的哭声中告诉孩子要勇敢些,不要怕,鼓励孩子把蚂蚁捉住,把它踩到脚下或抛向草地,孩子当时可能犹豫,可能身体会发抖,可孩子一旦把蚂蚁从脚背上抓起来,他就会增加战胜胆怯的自信心,就会激发孩子自己战胜困难的自豪感,或许以后再遇到此类事件他就不仅不会再害怕而且很可能主动从容地去自行处理了。

　　同样,孩子在爬一个小坡时显得胆子很小,他一步一回头,不停地看着爸爸,很想让爸爸把他抱上去。爸爸似乎有意要锻炼他一下,并不看他,只是任他不停地向上爬着。因为爸爸知道,虽然是第一次爬坡,可孩子是能够爬上去的,这正是锻炼孩子胆量与技巧的好机会。可妈妈却非常担心,她怕孩子摔下来,又怕他磨破细嫩的小手。母亲一会儿看看孩子,一会儿担心地嘱咐一声,一会儿又喊前面的爸爸慢些,孩子最终胆怯了,不肯再往上爬,后来还是由爸爸抱了上去,结果是以没有达到试试爬高的愿望而告终。

　　本来孩子是可以爬上去的,如果不是妈妈提心吊胆地在那里显出可怕的样子,孩子对于这样一个小小的难题是可以克服的,这是一次孩子自己认识自己的机会,可是却被妈妈善意地剥夺了。

　　同样是那道小坡,回家了,该是下坡,父亲把母亲提前打发回家烧饭,由自己照料孩子。孩子此时在坡上,比上坡时显得还胆小,生怕自己掌握不好平衡会翻到坡下去,他再次向父亲求救,父亲不理他,只是向前走,孩子蹲在坡上,大声地呼叫:"爸爸,我不敢,把我抱下来。"可父亲却让他自己走,否则就不能回家吃饭。经过执拗的僵持,孩子无望了,又不敢下坡,只好自己坐在坡上一点点地往下挪。当他挪到一半的时候，蹲了起来，接着就跑下来了。父亲高兴了，转过身来让孩子再来一遍，孩子胸脯虽然还在咚咚直跳，却还是按父亲的想法做了，这次孩子没有坐在地上挪，而是直接蹲着身跑下来了。父亲问他以后还敢下坡吗？孩子说以后再也不怕了。父亲高兴地把孩子抱了起来，说："鸭子天生会游泳，我的孩子怎么长这么大了还不会下坡！"父子俩开心地笑了。

　　孩子感冒了，父母急忙抱到医院看医生。医生说孩子需要打针，说这话时医生很平静，因为医生天天要给无数个病人打针，可孩子的父母却不由皱紧了眉头。要打针了，孩子有多可怜，孩子虽第一次听说打针这个词，还闹不清是怎么回事，但看到爸爸妈妈满脸的紧张，再望一眼身穿白大褂的医生忙碌地摆弄着针头、药品，心猛地抽紧了，哇哇地哭个不停。医生将注射器摆弄好，一针扎去，孩子顿时哭得更厉害了。因为父母的表情告诉孩子这事很严重，孩子就在父母不停的关怀呵护声中哭得一塌糊涂。

　　其实如果做父母的对打针这件事情很平静，孩子也有可能不以为然，表现出勇敢精神。父母告诉他这并不可怕，在很短时间内便可结束，而且他的身体从此就会康复，孩子是能够更从容地接受这一现实的。否则，往往会给孩子留下一个极不好的经验，那就是一看见医生就跟父母闹别扭，一说打针就痛苦不堪以至大哭大闹。有时候孩子的心理与父母的想法是不一致的，甚至是对立的，而我们这些做父母的却熟视无睹或粗心忽略了。孩子期望父母不要总是过分细腻地表现出来那种关心，他有时很反感父母总是像放风筝那样用绳子牵着他，这样在别的小朋友面前他会觉得很没有面子。甚至看到别的孩子放心大胆地玩，而自己总是被妈妈陪着会很厌烦，认为是妈妈多事，对他不公平，妈妈对他越不放心，孩子越气恼，内心越感到不平衡，有时甚至产生逆反心理。孩子越是不愿在妈妈身边，妈妈越不放心，越是要照顾他、指导他，孩子一生气，说："一点也不好玩，我不玩了。"妈妈却愣在那里不知是怎么回事。这些在独生子女的身上，表现尤为明显。

　　可以说，要锻炼孩子的勇气，常常对父母自身的勇气也是一个考验。如果我们自身遇到困难，遇到带有一些危险的活动就害怕，很难想象这样的父母会带出有勇气有胆量的孩子，有时我们仅仅是为孩子的安危担忧，为以防万一而牺牲孩子锻炼的机会。这样做虽然保证了

第三章　培养孩子　要给孩子插上自信的翅膀

孩子当时的万无一失，但对孩子的成长却是不利的，事实上也是很自私的。

父母这样考虑更多是为了保护自己的感情不受万一可能发生的危险的伤害，所以为求保险而加倍保护，造成孩子缺乏勇气的弱点。我们要克服这种自私，为孩子的将来着想，大胆鼓励他敢去做力所能及的事情，做一个勇敢的孩子，只有这样，才能锻炼孩子的勇气，将来成为一个有胆量能做大事的人。

6. 孩子胆小的原因及其矫治建议

孩子的胆量生来是不一样的，家长的过度保护会适得其反，孩子的胆量是后天形成的。

艾玲两三岁时是个很活泼的孩子，一见到大人总是在大人身边跑来绕去。现在她已经上小学了，可从幼儿园开始，艾玲就变得胆小怕事了，很难看到她脸上露出笑容。在学校，她见到老师同学都怯生生的，上课不敢发言，回答问题也总是低着头，声音小得只有她自己才听得到。因为胆小，不爱说话，她没有朋友，课间总是一个人躲在角落里。有时有调皮的同学故意招惹她，她也不敢反抗，只是悄悄地躲开。在家里艾玲也是抑郁寡欢，有时妈妈大声叫她都会把她吓一跳。妈妈非常失望地说："这孩子怎么越来越没出息呢？"

因为家长的过度保护，珠珠自理能力很差，十分胆小。别的小朋友在那里玩滑梯，她躲得远远的。老师走过去，问："你看好玩吗？"她说："好玩。"老师说："那咱们走近一点。"老师就拉她靠近滑梯。她看别人玩得那么高兴，越看越眼馋。老师进一步诱导说："你也滑一个好吗？"珠珠吓得赶紧往后面缩。老师说："这么办，我抱你，咱俩一起滑，好吗？"珠珠勉强同意了。在老师的怀里，珠珠有安全感，她和老师一起滑了下来。老师问："好玩吗？"她说："好玩。"老师又问："害怕吗？"她说："不害怕。"老师说："你真勇敢！这回你自己玩，好吗？我在旁边保护你。"珠珠终于敢自己玩滑梯了。

孩子的胆量生来是不一样的。有些孩子天生不爱说话，害怕生人，不敢表现自己，我们宁可把这看成是他的性格特点，而不要简单地看成是缺点。有些孩子胆小，家长也有责任。家长安全意识过强，总是吓唬孩子，孩子干什么家长都说"危险"。久而久之，孩子就会总结出一条经验，最可靠的办法是什么也别摸，什么也别干，在我们成年人看来，自然就是胆小怕事。

有的孩子由于家庭环境的影响，从小就羞涩、胆小、内向。可当你注意到孩子从原本活泼可爱，喜欢交朋友，一下子变得胆小怕事，龟缩到自己生活的小天地时，应该引起重视。孩子是不是不能适应新环境？是不是被别的孩子欺负或遭受到挫折，从而失去对自己的信心？

现在的独生子女在幼儿园之前，很少有与同龄人交往的经验，在家里受到所有人的保护，这种生活使他根本不具备应付挫折和压力的能力。进入幼儿园后，有的孩子本身先天适应能力较差，面对新的环境感到特别拘谨，面对这么多处处不再护着自己的小朋友和老师，会从内心感到害怕和孤独。这时，如果家长忽略了孩子适应新环境的教育，忽视了安慰和鼓励孩子，孩子就很容易变得胆小怕事、退缩，当他面对种种压力时，由于不知道怎样奋起反抗，只有退缩到自己的内心世界里以躲避外在世界潜在的伤害。

有的家长整天把孩子关在家里，不准孩子与其他孩子玩耍，或者对孩子过分迁就、溺爱，也是使孩子不适应新环境的原因。孩子因缺乏与同龄人交往的技巧，只好采取逃避的方式。有的孩子由于自身存在某种缺陷，如口吃、长相不好等，在新环境中受到了极大的伤害，从此失去自信心，慢慢地就变得再也不敢当众发言、大声说话，生怕被别人注意到，恨不得躲到没人的地方。"初生牛犊不怕虎"，因为它不晓得老虎厉害会咬它。等它长大领教了老虎的厉害，就不敢等闲视之了。

传说哺乳的母狼在失仔后，"奶胀"得不行，会冒险潜入村庄偷婴儿。据说狼叼住婴儿的襁褓，头一甩，把婴儿架在颈背上，一颠一颠的婴儿只当在摇篮里。因为狼的动作充满母性的温柔，婴儿非但不怕，还把狼当作了"亲娘"。这便是"狼孩儿"的故事。

由此可见，孩子的胆量是后天形成的。有位朋友的孙子生在美国，从小一点儿也不怕狗。大人抱着，看见狗就跟狗玩。后来他会走路了，有一回他在小公园里，远远见一条狗，他这里一招呼，那边狗就冲着他跑来。高大的狼犬，轻轻撞了小孙子一头，小孙子被撞了一

个仰天跟头,立即哇哇大哭。从此他见了狗就直往大人背后躲。

大人有时会有意无意地借助"鬼"、"黄鼠狼"、"狼外婆"之类惊惧的东西来吓唬孩子,让他就范听指挥。可见,孩子的胆小,多是家长们故意制造渲染恐怖的苦果。而孩子变得胆大,在很大程度上是练出来的。

有的家长老是指责孩子:"你看人家,小嘴叭叭的,你再看看你,像木头疙瘩似的!"这种"定位"式的批评特别容易伤孩子的自尊心和自信心,正好强化了他的怯懦。珠珠的老师做得非常好,她对珠珠没有任何的指责,也不是放弃不管,而是为孩子设立具体的小目标,允许孩子尝试,成功了立即表扬,终于使她自己敢玩滑梯了。试想,如果这位老师冷冰冰地嘲笑珠珠:"人家都玩滑梯,你怎么不去!胆小鬼!"结果会如何?这种老师不是没有,这种家长也就更多。家长如果遇到个胆小的孩子,以珠珠的老师为榜样就行了。

不要批评,要有耐心,要鼓励孩子经常和小朋友一起游戏、交往,教给他一些与同龄人交往的技巧,培养他对新事物的兴趣,养成热情、活泼的性格。对孩子存在的能力缺陷及时加以训练和培养,如孩子本来语言表达不清,母亲可以和孩子一起每天坚持表达训练。体质不好的孩子,家长可以通过饮食调节和加强锻炼来改善。父母应注意发现孩子的闪光点,对他的优点经常加以鼓励,使孩子从中获得尊严。当孩子要面对新环境时,父母应给他详细描绘新环境的情况,教给孩子适应新环境的方法,并教给孩子勇敢地去面对。

应该告诉孩子自己喜欢他,欣赏他的所作所为,哪怕是一点点小事,如孩子懂得体贴大人,知道关心别人等,这样,孩子就会更好地接受自己。经常鼓励孩子,让孩子觉得父母永远都支持自己,当遇到困难和挫折时,可以向父母寻求帮助。如每天晚上花十分钟时间倾听孩子的谈话,对孩子的自信心就是极大的鼓励,对孩子的每一点进步加以赞扬和欣赏是使胆小怕事的孩子发展的一个有效方法。让孩子帮助你做一些力所能及的事,如买东西、摆桌子、寄信等,通过这些活动,胆小的孩子会逐渐认识到自己是有能力的,胆子也会越来越大。

7. 美国式的家庭教育，
培养出了胆大的孩子

国际夏令营的辅导员发现，美国孩子的胆子特别大：他们不怕天黑，不怕单独外出，不怕山高水急，也不怕昆虫野兽；说话"冲"，善交际，一般也较有主意。

国际夏令营的辅导员发现，美国孩子的胆子特别大，在这方面其他国家的孩子就不如美国孩子，为什么会这样呢？富有 20 多年教育经验的日本辅导员冈崎喜子为此访问了美国 215 个具有代表性的家庭。经过研究，她得出这样的结论：美国家庭重视对孩子认识自然和社会环境的教育，注意从小培养孩子的自立自主精神，并注重培养孩子的交往能力和在各种环境中的自我保护能力。具体做法有以下几点：

自立训练从幼儿开始

美国很多孩子从婴儿开始就独居一室。孩子长到三四岁，有了害怕的心理，家长就给买一种很小很暗的灯，彻夜亮着，以驱逐孩子对黑夜的恐怖。晚上睡觉前父母到孩子房间给孩子一个吻，说句"孩子，我爱你！晚安！做个好梦！"就到自己的卧室了。孩子就抱个布狗熊、娃娃之类的玩具安然入梦。

鼓励孩子自己做事

美国人也爱孩子，但不会总是抱着、盯着孩子。六七个月的孩子就自己抱着瓶子喝水、喝奶，大一点就自己学用刀叉吃饭。孩子常常把食物撒在桌上、地上，但父母决不喂，总是让孩子自己吃。孩子做游戏也是自己一个人做或跟小朋友一块做，很少缠着父母。父母外出旅游，把很小的孩子就交给祖父母或花钱寄放别人家，请人带几天。家里办晚会或去参加别人的宴会，也看不到家长总牵着自己的孩子。

让孩子接受锻炼

工程师杰姆斯带着 3 岁的儿子到城外 10 公里的乡下看望父母。吃过晚饭，天已黑，进城的公共汽车已经停开了。如果住下，明天再回去也合乎情理，而杰姆斯却带着儿子步行回城。儿子走一段，他背

儿子一段,就这样摸黑回了家。为什么这样做?杰姆斯回答说:"为了使儿子从小熟悉黑暗和吃一点苦。"

教孩子使用工具

美国家长教孩子从小认识和使用各种工具以及电器。父母经常对孩子说:"你应学会用这些工具,有什么东西坏了,你就可以自己动手去修理。"工具包括手锯、刨子、锉刀、螺丝刀、钳子等。父母教给孩子这些工具的用途、性能,让孩子掌握操作要领,并鼓励孩子在日常生活中使用它们。五六岁的孩子,父母就要教他们使用煤气灶、电炉和洗衣机。家里的东西无论哪里出了毛病,父母都鼓励孩子大胆尝试自己修理。

带孩子出门旅游

小明常带着8岁的儿子与5岁的女儿到山区旅游。每遇山涧需渡过时就叫儿子观察水势,寻找最浅、水流较缓的涉水点,然后由父亲决定是否可行。如果选择不当,就讲明道理,并教孩子怎样识别水深及流速。上山时,他们从不乘坐缆车,而由儿子选择登山路线。途中遇到陡崖峭壁,让孩子判断决定有无危险,是否攀登,并问孩子应怎样保证安全。经过多次跋山涉水的实践,孩子自然不怕山高水急,也敢冒险了。

进行自我保护训练

时装设计师密契尔有一个10岁的女儿和一个7岁的男孩,他带他们上街时,随时随地教他们注意事项,说明怎样走危险,怎样才安全。许多家长还叮嘱孩子记住必需的电话号码,如:父母单位的电话、警察局电话、消防电话、医院电话等。

8. 鼓励孩子要有一定的冒险和探索精神

越不可能的事,取得成功的可能性就越大。"挑战不可能",往往是创造性完成各项任务的最佳切入点。

在美国,很多孩子喜欢玩滑雪板,在街道两旁,广场的水泥路面上,常常有美国孩子冲来撞去,在几尺高的台阶上跃上跃下,令人对他们的安全捏了一把汗。

滑雪板不但需要技巧，更需要胆量，因为它具有一定的危险性。这种游戏对孩子的胆量是一种挑战与训练，但在中国，家长却认为这种游戏太危险，很容易摔断四肢，冒这种危险让孩子去获取胆量不值得，保险系数低，因而不鼓励孩子玩，使本来就有的对这种运动的畏缩情绪更受到抑制，因而有理由后退。

这种对身体的过度保护而带来的性格上的胆怯的缺陷，其实比一些不严重的外伤更具有损伤性。外伤会痊愈，性格软弱却不是一朝一夕能改变的，甚至影响其终生。

我们不希望孩子随意冒险，但鼓励孩子有一定的冒险精神，有克服胆怯的勇气，有与别人一比高低的信心，却是十分重要的。许多体育运动都有培养孩子勇气、信心及冒险精神的特性，鼓励孩子积极参加富有挑战性的运动，无疑会对孩子将来的人生发展带来很大的益处。事实上孩子在体育项目或其他体力游戏上所锻炼出来的勇气、自信及胆大心细的作风，不会只在体育上有所表现，也影响到他事业中的所作所为。

美国华尔街证券交易所中最好的经纪人往往是运动员出身，这不单是他们所拥有一般人所没有的强壮的体魄，得以应付高强度的精神紧张，而且在心理素质上反应迅敏，敢于决断，有魄力，理所当然地满足了这项工作的职业要求。

如果有人告诉你："水声可以卖钱"。你大概会说："那不可能"。然而，美国有位叫费涅克的人就实现了这"不可能"。他用立体声录下许多潺潺的水声，复制后贴上"大自然美妙乐章"的标签高价出售，大赚其钱。

其实，整个人类进步史，就是一部从不可能到可能，再从可能到现实的不断挑战创新的历史。六千年前，没有人认为手中的石器会被更为坚利的铁器所取代；一千年前，没有人认为一种粉末（火药）会造就一个新时代；五百年前，没有人认为水蒸气会推动生产力的飞速发展；一百年前，没有人认为人类会实现"飞天"的梦想；五十年前，没有人"认为计算机会极大拓展人脑的功能……"如今，所有这些先人眼中的许多"不可能"，已经成为后人眼中的寻常之事。那么，今天在我们眼中的许多"不可能"，也必将会成为后人眼中的寻常之事。

社会发展的进程，就是人们不断否定"不可能"，获得更大思想

第二章 培养孩子 要给孩子插上自信的翅膀

自由的过程。而真正推动社会进步的，正是那些奋力冲破常规思维的束缚，勇敢挑战"不可能"的人。

一般人都认为不可能的事，做起来肯定有难度，但正因为如此，所以谁也不会去关注，谁也不会去攻击，谁也不会去设防。有人努力去做了，他遇到对抗和竞争必然就少。从这一角度看，越不可能的事，取得成功的可能性就越大。

"挑战不可能"，往往是创造性完成各项任务的最佳切入点。善不善于把思维的触角伸向"不可能"是体现一个人是否具备创新品质的重要方面。

9. 磨难和挫折是孩子成长的助推器

没有经受过饥渴的孩子，永远享受不到食物的甜美；没有经过困难和磨难，就不会知道成功的喜悦。

磨难出英才，富贵多纨绔。磨难和挫折是孩子成长的助推器。

一个13岁的男孩放学后奔跑着回家，一不小心摔了一跤，当时只是擦破了点皮，连疼痛的感觉都没有。可到了晚上，那膝盖突然疼了起来。他毫不理会这疼痛，默默地忍受着，没有告诉任何人。第二天早晨，他的腿已经疼得非常厉害，但他仍然默默无语，照例按时起床，吃完早饭，喂好牲口，然后若无其事地去上学。

第三天早晨，他的腿疼得连走路都十分困难了，更无法去牲口棚喂牲口了。他母亲发现了，看到他那条肿胀得不能脱下靴子和袜子的腿，伤心地哭了："你怎么不早说呢？"母亲一边用刀把靴和袜从他的脚上割下来，一边哭喊着："快去叫医生来！"医生看了那条腿，连连摇头："太晚了，只能锯掉这条腿了。""不！"男孩大叫起来，"我不让你锯，除非我死！"

医生无奈地离开了房间。男孩忍住剧痛，对他的哥哥说："如果我神志不清的话，千万不要让他们锯掉我的腿。你要发誓，发誓！"哥哥答应了他的要求，两天两夜一直守护在他的身旁。他的体温越来越高，并开始胡言乱语。但他还是没有任何退让的迹象，嘴里咬着叉子，不让自己疼得叫出声来。全家人都守在他的身边，含着眼泪看着他痛苦而顽强地挣扎。

医生一次次过来，又一次次回去。最后，出于一种无助而无奈的气愤，医生大喝一声："你们都在看他死！"可是，奇迹偏偏在不久后发生。当医生又一次过来时，他看到了一个惊人的变化：那条腿的肿胀消退下去了。

一个星期后，男孩终于战胜了腿残和死亡的危险，奇迹般地站了起来。这13岁就学会临危不惧、勇敢面对生活的男孩，就是以后成为美国总统的怀特·艾森豪威尔！

艾森豪威尔以自己的勇敢和意志挺住了危难，战胜了病魔的侵袭和死亡的威胁。也许，正是这种坚毅不屈的性格，使他在以后的人生道路上始终笑对各种艰难困苦，终于获得最高权力，成为美国历史上政绩显赫、颇为民众喜爱的总统。

没有经受过饥渴的孩子，永远享受不到食物的甜美；没有经过困难和磨难，就不会知道成功的喜悦；没有经历苦难，再好的日子也感觉不到幸福。孩子要对困难和失败有充分的心理准备，才会有战胜困难的勇气、信心和办法。

10. 接受失败和挫折，并使其成为做人的一部分

我们教育孩子时要始终记住：失败仅仅是一个过程，是一个从学习到最终成功的过程。能够承受挫折，是一个人成功的必备素质。因为，人的一生不可能总是一帆风顺，不遭任何失败和挫折而达到胜利的巅峰是不可想象的。

我们生活在一个竞争性很强的世界，无论是在托儿所还是在小公园的沙堆上，孩子都可以轻易感觉到竞争的存在。在一个竞争性很强的世界里生存的人，不断地体验到的两件事是：成功和失败。家长应考虑的是，他们对孩子的期望到底有多高，在孩子身上施加的压力到底有多大。许多孩子竞争力发挥不好的原因常常能够追寻到父母身上，因为他们给孩子设计的要求和标准太高，而且他们经常地批评或者责备孩子，已经使孩子的身心受到损伤。所以孩子就开始向下滑

行，难以停止，一个失败接着一个失败，直至他们的自信心完全崩溃。任何事物都可以看成是一个过程，失败也毫不例外，失败是一个从学习到最终成功的过程。我们要教育孩子有勇气面对不公平不完善的结局，做到敢于犯误，并且从错误中汲取经验和教训，而绝不能因犯了错误而使自信心受到损伤或摧毁。

斯佳的母亲是一位非常成功的实业界女性，因此她对自己的孩子期望值也很高。尽管小斯佳才上小学一年级，但是母亲却经常严厉地批评她，渐渐地，斯佳非常丧气，所以每次妈妈对她讲什么事情做得不对或应该做得更好时，她总是拉长了脸，说自己是个笨蛋，蠢得从来没有任何事情能够做对。她茫然地站在母亲面前，低着头，眼睛盯着自己的双脚，沮丧极了。母亲的话像一阵雷声滚过，剩下的只是一片空白，自以为是世界上最失败的孩子。然而当问道怎样处理这种情况时，母亲说："我总是对她讲，亲爱的，你知道，你并不笨，也不傻，爸爸和妈妈都很喜欢你，你是个好孩子。"

这些本是出于父母对孩子的爱，然而现在对这个孩子，这些话却起不了一点好的作用。因为当孩子对父母说："我是笨蛋，我是傻瓜"时，毫无疑问，这个孩子存在失去信心的问题。父母能够帮助他的唯一办法是鼓励他，而不是安慰他。父母应该有意识地培养孩子的自信心，对失败的承受力。例如：设置一些可以实现的目标给孩子去做，当他成功了，不要一股脑儿地给他许多赞扬，或者告诉他，他有多么伟大。相反应该对他说："你现在这样做，就对了。我想，你现在一定觉得很高兴，看起来，多做一些努力，还是有效果的。"这种话，对孩子会有很大的鼓舞作用。

作为父母，常常在看到孩子犯了错误时，尤其是认为他们在有意调皮捣蛋时，感到怒火万丈，大发脾气，使得孩子更加害怕犯错误。当孩子失败的时候，重要的是要把事情本身和孩子分开，不要总是责备孩子把事情弄糟。我们教育孩子时要始终记住：失败仅仅是一个过程，是一个从学习到最终成功的过程。

让孩子学会接受失败和错误，并使其成为做人的一部分。而绝不能让孩子慢慢失去信心，失去了自己努力去探索、去追求、去锻炼的自觉性，忘记只有通过各种锻炼和闯荡才能使自己成为一个有用的人的权力。这不单单是对孩子的鼓励，也是我们作为家长的神圣职责。我们要学会让孩子习惯对自己说："这次我失败了，但我还有另外的机会。我知道我也是可以成功的,下次我一定努力。每一个人都会犯错误,我的父母、朋友懂得这些,他们仍会喜欢我的。"孩子在自信心的支持下,就会百折不挠,自强不息。

小伟的母亲在星期天的早晨对他和妹妹说:"今天我带你们去公园,公园的池塘承包给了一个鱼农,他养了一池塘的红胸鲤鱼。""太棒了!"两个孩子欢呼起来。爸爸出差了,去了千里之外的省城,只有妈妈带着小伟和妹妹在家。吃过早饭,妹妹突然发起烧来。妈妈忙着领妹妹看医生,去买药,照料妹妹休息,小伟开始还耐心等着,但终于忍不住了,问妈妈什么时候出门。

"去哪里?"妈妈光顾忙着给妹妹看病把去公园的事给忽略了。

"你讲的,我们要去公园看鲤鱼。"小伟跳着脚就想往外走。

妈妈从对妹妹病情的焦虑中回过神来,直视着小伟不满地说:"你妹妹病成这个样子,还怎么去公园看鲤鱼,等你爸爸回来吧。"

"不行!我一定要今天去,你答应我的。"

妈妈被小伟的缺乏同情心激怒了。"你怎么这么不懂事,我们要去公园看鲤鱼时,你妹妹还没病,现在妹妹病了,我们怎么能去公园而把她独自留在家里不照顾她?"

"我不管,你答应的,我要去,就要去。"

"不许喊,妹妹要睡觉。""偏要喊,偏要喊!"小伟加大了嗓门,欲睡的妹妹睁开了朦胧迷茫的眼睛。"啪!"妈妈的手掌打在了小伟的屁股上。

"哇!"的一声,他竟一下冲出了门去,剩下妈妈在房间里发呆。

俗语说:"水不来先挡坝","丑话说头里"。那么,就此事而言,如果在早晨妈妈讲到公园去看鲤鱼时,说一句"如果没有特殊情况发生的话……"事先为小伟打个预防针,也许就不会产生这起风波了。每个人时时刻刻都应该有应对不如意的局势发生的预备心态。这种心态是应该由每个局中人独自承担的,父母没有为子女承担避免不良心态的责任。有话在先,当有不测发生后,便有了不可争辩的结局,这时候对孩子说"不",便不会被儿子抓住说:"你答应我的。"孩子是抱了很大希望的,自然不能轻易放弃,因此,为避免被动,同孩子约定时还是事先加些条件限制好。否则孩子会认为父母讲话不守信用,产生失望。因此我们要记住:"千万不要轻易向孩子许诺任何事情,因为我们可能忘掉,而孩子是非常认真的。"

第三章 培养孩子 要给孩子插上自信的翅膀

能够承受挫折，是一个人成功的必备素质。因为，没有一个人能够一帆风顺不遭任何失败和挫折而达到胜利的巅峰。培养孩子对失败的坚忍态度，在失败的泥潭中跃身而起，是父母的重要职责之一，不论从现在还是从将来考虑，我们都应该随时随地向孩子灌输一些可能的概念，让他明白任何事情都可能有不理想的结局。天可晴可阴，人可聚可散，事可成可败，当这种观念渐渐地潜入意识中时，孩子在接受挫折时的反应就会平淡一些，理智一些。孩子的自信心得到了保护，也减少了一些可能遇到的打击。这种对失败的承受力的获得比各类知识和堂皇的学历的取得都重要得多。

11. 在生活中，困难和挫折是不可避免的

优良的意志品质是实现目的、事业成功的根本保证，因此，培养孩子良好的意志品质就显得非常重要，这需要从生活的一点一滴做起。世上没有唾手可得的成功，只有在挫折中不断进取才能摘取成功的桂冠。

在生活中，困难和挫折是不可避免的，一些孩子灰心丧气、沮丧气馁是由于他们做不成喜欢做的事，在挫折面前产生了畏惧心理，丧失了克服困难的信心。心理学家认为：丧失信心的理由有千万条，但根本的原因只有一条，那就是学不会或觉得自己做不好。一旦做不好，信心就会丧失，倦怠、懒惰的情绪也随之产生，造成学不会——没信心——没兴趣——更学不会的恶性循环。

孩子一遇挫折就灰心丧气，自暴自弃，其根本原因还是在于教育方式。许多家长认为孩子还小，而且就这么一个，不能让他累着，更不让孩子做些力所能及的事情，事事都包办代替，孩子从小养成了衣来伸手，饭来张口的习惯。每当遇到一点点困难，孩子就会叫父母、爷爷奶奶帮忙，从小就养成了依赖、懒惰的思想。我曾见过一名初中三年级的女孩，鞋带散了，把脚往母亲面前一伸，母亲就乖乖地给她系上。这样教育出来的孩子，能有克服困难的信心和勇气吗？

畏难是人的一种消极的心理体验。不光孩子有，许多成人也有。如果家长是一遇到困难就退缩的人，孩子在耳濡目染下，也会产生一

遇挫折就自暴自弃、消极等待的态度。因此要想孩子具有不怕困难、顽强的毅力，家长首先要以身作则，遇到问题不推诿，不退缩。

畏难心理也是孩子缺乏自信心的表现。有的家长在对孩子进行教育时，不能恰当地根据孩子的能力来提要求，对孩子的期望值过高，这样孩子往往达不到要求。这时，如果家长不问青红皂白横加指责的话，孩子就会感到自己很无能，丧失信心，以后一遇到困难挫折也不动脑筋，心想自己反正不行，想也没用。

父母首先要从自己做起，给孩子树立不屈不挠、勇敢顽强的榜样。不要让孩子做他无能为力的事情，经常让孩子获得成功的体验，这样有助于孩子树立自信心。不要过分保护和溺爱孩子，不要孩子一遇到点小困难就给他帮助，而应该鼓励他自己想办法解决，和孩子一起分析困难到底难在哪里，以便找出化解困难的办法。要通过真实事例让孩子知道，在困难挫折面前唉声叹气并不会降低困难、减少失败，灰心丧气只会增加自己的痛苦。给孩子讲一些名人不怕困难、不怕失败，最终做出重大贡献的例子。在孩子遇到挫折时，要鼓励孩子树立信心，不灰心丧气，勇敢面对困难。当孩子通过自己的努力，尝到成功的喜悦后，孩子克服困难的信心就会增加。家长应注意帮助孩子吸取经验教训，让孩子在每次遇到困难后，总结一下困难的类型，克服困难的方法，以后遇到同样的问题就会顺利解决了。优良的意志品质是实现目的、事业成功的根本保证，因此，培养孩子良好的意志品质就显得非常重要。这需要从生活的一点一滴做起，如：孩子摔倒了不要立即心痛地去扶他，而要让他自己爬起来。家长要让孩子了解，人生道路上人人都会遇到困难，困难本身并不可怕，可怕的是丧失了克服困难的勇气和信心，应该以坚强的意志去面对生活中遇到的各种挫折。

世上没有唾手可得的成功，只有在挫折中不断进取才能摘取成功的桂冠。孩子成长过程中始终一帆风顺的情况是没有的，总会遇到些障碍，受到各种挫折，孩子耐挫力的大小直接关系到他社会适应力养成。我们做父母的要重视培养孩子的耐挫力，铸就孩子百折不挠的意志力。告诉孩子怎样面对挫折是我们培养孩子耐挫力的重要环节。

在孩子不同的年龄阶段，我们可以建立适应孩子的不同的耐挫目标。一个5岁男孩的父亲告诉我，在孩子还是不满周岁的小婴儿时，我就刻意在每日精心照料之外，留出一定时间让孩子自己玩。在我看

来，这种既珍惜每天和父母玩的时间，又能专心自己玩，就是小婴儿的勇敢。这种养育中长大的婴儿，必定能够面对困难和挫折，而不会处处要父母领着、牵着、陪着。孩子5岁了，免不了磕磕碰碰，生灾害病，遇到这样的情况我就视为培养孩子勇敢的机会，以坦然的态度告诉儿子，身体不舒服心里难过是暂时的，药虽苦、打针虽痛但能还你健康。孩子接受了这个道理，总是表现得非常出色。

每个孩子都有长处和不足，父母应有客观的评价与合理的期望，鼓励孩子向恰当的发展目标努力。若只看到孩子的优点无视缺点，孩子会因对自身的不足缺乏认识而骄傲自满，不能接受挫折。若父母期望值过高，就会增加孩子的心理压力，使他不敢面对挫折。"知己知彼，百战不殆"，这句古语用在这里也很妥帖。知己就是要帮助孩子正确认识自己，了解自己的兴趣、能力、特长、性格以及希望自己成为怎样的人，未来的人生道路可能会在哪方面受挫等；知彼是帮助孩子认识环境了解社会，如社会需要什么素质的人，现实中存在哪些不尽人如意的事等，让孩子懂得做事要向高目标努力，但须做好承受最坏结果的思想准备。

能力不足的孩子，遇到困难无力应付，常常被挫折感压得垂头丧气。能力强的孩子善于解决问题，即便受了挫折，也能积极地寻求解决问题的方法。孩子的许多能力是在解决问题的过程中形成和发展的。父母过分照料孩子，就会轻而易举地放弃对孩子能力的培养。要求孩子为自己的生活服务，如洗自己的袜子、整理房间、倒垃圾、叠衣服等小事，因为这些小事正是培养她自立的能力和精神，是提高她应付挫折本领的一个重要途径。此外，在孩子遇到困难时，我们不能以决策者的身份越俎代庖，帮他决定，而是当他的顾问，给他提建议，教他一些克服困难的方法，鼓励他有能力对自己的行为负责。告诉他挫折人人都会遇到，但挫折可以避免，可以战胜，挫折还能磨炼人——"吃一堑，长一智"。

一般而言，容易受挫的儿童往往是因为追求不切实际的目标，对追求目标过程中遇到的困难没有心理准备，能力不足，不会应付，缺乏自信，把困难当成不可逾越的障碍。可以说耐挫力是对孩子终身发展都极为重要的心理素质。

12. 要重视对孩子体力和意志力的培养

孩子在体力上吃点苦，在意志力上受点考验并没有什么，更不必心痛。让孩子以强健的体魄和坚强的意志力去面对未来，接受各种挑战才是最重要的。

从某小学通往某发电厂的宽阔大道上，人山人海，热闹非凡。马路中间是学生队伍，上千名小学生，个个精神抖擞，雄赳赳气昂昂地迈着大步，有的还不时小跑一阵，追上前面同学的队伍……马路两边比马路中央还热闹，人数比中间的小学生还多，阵势比中间的小学生还杂乱，且都推着自行车，骑着摩托车，甚至开着小轿车。还不时向中间的小学生队伍大喊大叫："别跑，慢慢走好了！""别逞强了，走不动爸爸捎你！"从中间小学生队伍中响起的却是这样的回答："谁要你送啊？快回去吧！""烦不烦啊你！都被人家笑死了！"

原来，该小学正在搞活动——"奔向二十一世纪"。当然是象征性的，从学校出发到发电厂，徒步只五华里，低年级还减半。尽管事先已和家长联系，沿途都有老师"站岗放哨"，最后还有收容车压阵，且早与公安部门联系好，这段时间内实行交通管制，绝对出不了事。可家长们还是不放心，孩子可从来没有走过这么长的路啊，万一吃不消怎么办？好多家长都劝孩子别参加这次活动了，可孩子哪里肯听！到了活动那天，家长们纷纷赶来为自己的孩子"保驾护航"，于是就出现了上面的一幕。孩子不可能永远泡在蜜罐里，总有一天要走向社会，而社会既有晴空万里，风和日丽，又有狂风暴雨，雷电交加。人生道路不会一直平坦，坑坑洼洼、荆棘丛生在所难免，主要看你有没有跨越的本领。

许多家长有舍不得孩子吃苦的心理，在不知不觉中就会漠视对孩子体力和意志力的培养，而体力和意志力则是智慧能否得以充分发挥的基础和保障。因此，孩子在体力上吃点苦，在意志力上受点考验并没有什么，更不必心痛。让孩子以强健的体魄和坚强的意志力去面对未来，接受各种挑战才是最重要的。

在夏令营里我们会经常看到这样的情景，白天孩子们一起做游戏

玩得很开心,但到了晚上睡觉时,许多孩子看看床,却抹起了眼泪。他们想父母,不能承受父母不在身边的痛苦。在劝说下,他们勉强上了床,但是要求老师不能关灯。有位女孩子让老师给她找个布娃娃抱着。灯可以不关,但娃娃却找不到,这位女孩子委屈地哭了起来,老师无奈给了她一个枕头当娃娃,可能是哭累了,她竟抱着枕头入睡了。还有的小女孩哭着闹着要见妈妈,老师怎么劝也不行,无奈拨通了她家里的电话,让妈妈在电话中哄着她睡,她妈妈在电话里给她讲故事,唱催眠曲,半小时以后,她终于睡着了。有的家长也抱怨,现在的孩子太娇了,依赖性强,吃不起苦,将来可怎么办?这样的担心并非没有道理,可是孩子真的去吃点苦,家长又牵肠挂肚身不由己地担心起来。

　　孩子将来面临的社会处处充满竞争,"物竞天择"、"适者生存"、"优胜劣汰"将是普遍现象,竞争会使孩子们面临极为严峻的考验。社会竞争不是一般能力的较量,孩子没有吃苦的精神和能力,是不能在激烈的竞争中获胜的。一些从日本回来的朋友,看到日本的一些幼儿园,每逢冬天,让赤身裸体的孩子在风雪中滚爬摔打。瑟瑟的冷风,冻得孩子发抖,嘴唇也发紫了。但是站在一旁的家长一个个"硬心肠"地看着,不动声色。他们被日本家长的这种举措深深打动了。日本的家长说:"在送给孩子幸福之前,先要送给他们苦难。"

　　在前联邦德国,孩子的事尽可能地让他自己做,家长有意识地让孩子去做一些艰难的事。法律还规定,孩子到14岁时就要在家里承担一些家务,比如要替全家人擦皮鞋等。这一做法大大加强了孩子的社会义务感。

　　在美国,小学生在学习期间,用给他人送报、送奶、修理草坪等劳动,来挣自己的零花钱,从小就体验劳动的艰辛。相比之下,中国的孩子吃苦太少了,他们在家长无微不至的关怀下,变成温室里的花朵。如果我们不放手让孩子去锻炼,那么就有可能剥夺孩子本该获得的幸福。

　　孩子一生中不遇到挫折是不可能的,为了孩子将来少吃苦头,让孩子在成长的过程中适当吃些苦头也不失为一种培养孩子耐挫力的好方法。

13. 怎样培养孩子的意志力

意志力并非生来就有或者不可改变的，它是一种能够培养和发展的品质。

词典中将"意志力"解释成"控制人的冲动和行动的力量"，其中最关键的是"控制"和"力量"。"力量"是客观存在的，问题在于如何"控制"。每一个要克服的障碍，都离不开意志力，面对着所执行的每一个艰难的决定，我们所依靠的是内心的力量。事实上，意志力并非生来就有或者不可改变的，它是一种能够培养和发展的品质。

下面几条有助于增强意志力的方法不妨一试：

积极主动

不要把意志力与自我否定相混淆，当它应用于积极向上的目标时，将会变成一种巨大的力量。

美国东海岸的一位商人知道自己喝酒太多，然而他从事的是一种很烦人的工作，而在进餐前喝几杯葡萄酒似乎能让人紧张的心情得到放松。可酒和累人的活又使他昏昏欲睡，因此常常一喝完酒便呼呼大睡。有一天，这位经理意识到自己是在借酒消愁，浪费时光。于是他决定不再贪杯，而是把更多的时间用在儿女身上。刚开始时很不容易，常常想起那香气四溢的葡萄酒，但他告诫自己现在所做的事将有所得而无所失。后来的事实证明，他越是关心家庭和子女，工作干劲也就越大。

一个积极主动的人一定会有很强的自信心，从而使其产生愉快的情绪体验，进而促进自信、开朗性格的形成，从而在自尊心、责任心和好胜心等重要方面增加意志力。

可以说主动的意志力能让你克服惰性，把注意力集中于未来。在遇到阻力时，想象自己在克服它之后的快乐；积极投身于实现自己目标的具体实践中，你就能坚持到底。

下定决心

美国罗得艾兰大学心理学教授危及姆斯·普罗斯把实现某种转变

分为四步:

抵制——不愿意转变;

考虑——权衡转变得失;

行动——培养意志力来实现转变;

坚持——用意志力来保持转变。

有的人属于"慢性决策者",他们知道自己应该减少饮酒量,但决策时却优柔寡断,结果无法付诸行动。

为了下定决心,可以为自己的目标规定期限。玛吉·柯林斯是一位教师,对如何使自己臃肿的身材瘦下来十分关心。后来她被选为一个组织的主席,便决定减肥6公斤。为此她购买了比自己身材小两号的服装,要在3个月之后的年会上穿起来。由于坚持不懈,柯林斯终于如愿以偿。

目标明确

普罗斯教授曾经研究过一组打算从元旦起改变自己行为的实验对象,结果发现最成功的是那些目标最具体、明确的人。其中一名男子决心每天做到对妻子和颜悦色,平等相待。后来,他果真办到了。而另一个人只是笼统地表示要对家里的人更好一些,结果没几天又是老样子,照样吵架。

不要说诸如此类空空洞洞的话:"我打算多进行一些体育锻炼",或"我计划多读一点书"。而应该具体、明确地表示——"我打算每天早晨步行45分钟",或"我计划每周一、三、五的晚上读1个小时的书。"

权衡利弊

如果你因看不到实际好处而对体育锻炼三心二意的话,光有希望是无法使你心甘情愿地穿上跑鞋的。

普罗斯教授对前往他那儿咨询的人劝告说,可以在一张纸上画好4个格子,以便填写短期和长期的损失和收获。假如你打算戒烟,可以在顶上两格填上短期损失:"我开始感到很难过"和短期收获:"我可以省下一笔钱";底下两格填上长期收获:"我的身体将变得更健康"和长期损失:"我将失去一种排忧解闷的方法"。通过这样的仔细比较,聚集起戒烟的意志力就更容易了。

改变自我

光知道收获是不够的,最根本的动力产生于改变形象和把握自己生活的愿望。道理有时可以使人信服，但只有在感情因素被激发起来时，自己才能真正加以响应。

汤姆每天要抽三盒烟，尽管咳嗽不止，但依然听不进医生的劝告，我行我素，照抽不误。"有一天，我突然意识到自己真是太笨了。"他回忆说，"这不是在自杀吗？为了活命，得把烟戒掉。"由于戒烟能使感觉更好，汤姆产生了养成良好习惯的意志力。

注重精神

法国 17 世纪的著名将领图朗瓦身先士卒，每次打仗都站在队伍的最前面。在别人问及此事时，他直言不讳道："我的行动看上去像一个勇敢的人，其实自始至终却害怕极了。但我没有向胆怯屈服，而是对身体说：'老伙计，你虽然在颤抖，可得往前冲啊！'结果毅然地冲锋在前。"

大量的事实证明，按照顽强意志的要求去行动，有助于自己成为一个具有顽强意志力的人。

磨炼意志

早在 1915 年，心理学家博伊德·巴雷特曾经提出一套锻炼意志力的方法。其中包括从椅子上起身和坐下 30 次，把一盒火柴全部倒出然后一根一根地装回盒子里。他认为，这些练习可以增强意志力，以便去面对更困难的挑战。巴雷特的具体建议似乎有些过时，但他的思路却给人以启发。例如，你可以事先安排上午要干的事情，并下决心不办好就不吃午饭。

来自新西洲的比尔·布拉是纽约职业篮球队的明星，除了参加正常的训练之外，他每天一大早起来到球场，独自一人练习罚篮。"功夫不负有心人"，他终于成为球队里得分最多的人。

坚持到底

"有志者事竟成"，其中含有与困难作斗争并且将其克服的意思。普罗斯在对戒烟后又重新吸烟的人进行研究后发现，许多人原先并没有认真考虑如何去对付香烟的诱惑。所以尽管鼓起力量戒烟，但是不能坚持到底。当别人递上一支烟时，便又接过去吸了起来。

如果你决心戒酒，那么不论在任何场合里都不要去碰酒杯。倘若你要坚持慢跑，即使早晨醒来时天下着暴雨，也要在室内照常锻炼。

实事求是

如果规定自己在 3 个月内减肥 25 公斤，或者一天必须从事 3 小

时的体育锻炼,那么对这样一个无法实现的目标,最坚强的意志也无济于事。而且,失败的后果将最终使自己再试一次的愿望化为乌有。

在许多情况下,将单一的目标分解成许多小目标不失为一种好办法。打算戒酒的鲍勃在自己的房间里贴了一条标语——"每天不喝酒"。由于把戒酒的总目标变成了一天天具体的行动,因此第二天又可以再次明确自己的决心。到了周末,鲍勃回顾自己几天来的"胜利"时信心百倍,最终与酒"拜拜"了。

接受挫折

在父母溺爱中成长的孩子,就像温室里的花朵,受不得半点风吹雨打,生活安逸,意志薄弱。父母应该为孩子创设一些经过努力可以克服的困难,并教给他们克服困难的勇气和方法。另外,父母在孩子遇到现实的挫折时,要给予谅解、鼓励和必要的帮助,让孩子从挫折中获得一些教训、启发和知识。不能漠不关心,更不能一味埋怨和批评。总之,就是要有意识地让孩子接受挫折,锻炼他们的意志。

逐步培养

坚强的意志不是一夜间突然产生的,它是在逐渐积累的过程中一步步地形成,中间还会不可避免地遇到挫折和失败,必须找出使自己斗志涣散的原因,才能有针对性地解决。

玛丽第一次戒烟时,下了很大的决心,但以失败告终。在分析原因时,意识到需要做点什么事情来代替抽烟。后来她买来了针和毛线,想吸烟时便编织毛衣。几个月之后,玛丽彻底戒了烟,并且还给丈夫编织了一件毛背心,真可谓"一举两得"。

乘胜前进

不断让孩子获得成功的体验,增强孩子的信心,循序渐进,层层进步,处处成功。每一次成功都将会使意志力进一步增强。如果你用顽强的意志克服了一种不良习惯,战胜了一个困难,攻克了一道难关,那么就能使自信心增加一分,给你在艰难攀登的途中提供一个坚实的"立足点"。或许面对的新任务更加艰难,但既然以前能成功,这一次以及今后也一定会胜利。

14. 怎样帮助孩子延迟满足

抵制冲动是最基本的心理技能之一,抗拒诱惑、控制情绪、维持理智、遵守道德无不与此相关。

日常生活中常常可以看到这样的情况：有的孩子在父母没有立即满足他的愿望时，又哭又闹，甚至答应了以后再满足要求仍然不依不饶；而有的孩子即使没得到满足，也很"乖"，甚至表现出为了以后能有更大的满足而放弃立即能得到满足的精神，这种现象背后的原因是什么呢？

对孩子来讲，在马上能吃块巧克力与明天可以吃两块巧克力之间做出选择，是一件多么不容易的精神考验！这个选择是冲动与克制、放纵欲望与自我控制之间冲突的缩影，从中折射出孩子的性格特征，从一定程度上预示了他未来所走的人生道路。

曾有研究表明，那些 4~5 岁时能接受延迟满足而放弃即刻满足的孩子，进入青春期后，在情感表达、社交技能、人格特征上与那些无法抵御即刻满足诱惑的孩子差异明显。前者往往有较强的社会竞争性、较高的社会效率，自信、头脑清晰、善于把握大局、能较好地应付生活中的挫折；而后者则有约 1/3 的人缺乏这些优良品质，并且出现心理问题的人相对较多，比较羞怯，遇到挫折时自我否定，忌妒心强，脾气暴躁，不会"做人"。

可见，能够忍受一块巧克力诱惑而默默等待拿到两块的孩子，成了睿智、成熟的青年，而更愿意迫不及待享受一块巧克力的孩子，则有一部分成了冲动、不顾大局的青年。

其实，人们取得的种种成就应部分归功于抑制冲动的心理功能。因为任何事情的成功都以牺牲暂时的快乐为代价，比如说戒烟、学业成功、道德情操的形成等等。因此，父母应对孩子的延迟满足能力有所了解，并有意识地培养孩子的这种满足能力。

1. 让孩子认识延迟满足比即刻满足更好。但这种方法对较任性的孩子作用不明显。

2. 加大延迟满足的力度。比如告诉孩子：你今晚要是弹钢琴而不看电视，明天就带你去游乐场。这比告诉他：今晚你弹钢琴明天就可以多看 1 小时的电视对孩子的吸引力要大。在前一条件下，孩子更愿意选择延迟满足，但是这仅仅是培养孩子延迟满足的手段而已，随着经验的积累越来越认识到延迟满足的好处时，他也就能更好地克制自己的冲动了。此时父母要有意识地逐渐减低延迟满足物的价值强度，

以免孩子形成依赖。

3. 让孩子认识到即刻满足的"不合算"。事实表明,在团体中人们做出延迟满足还是即刻满足的选择与独处时是不同的,在群体中,孩子更倾向于选择延迟满足。比如告诉孩子你今天可以吃一块巧克力,而小姐姐决定今天不吃,所以她明天可以吃两块,而你明天则不能吃了。孩子到明天看到别人享用两块巧克力而自己只能看着时,也会后悔。几次之后,孩子就会明白克制欲望是为了以后更大的满足,会渐渐地把眼光投向更远的未来,而不是仅仅只看到眼前利益。

4. 让孩子学会抵御诱惑。引导孩子学会用适当的策略抵制诱惑,是行之有效的方法。有人观察到,那些顺利地等到延迟满足的孩子,为了抵制即刻满足的诱惑,千方百计转移自己的注意力,而无法忍受延迟满足孩子,多半想的是唾手可得的满足品的味道香气等等,以致无法忍耐。因此,父母应教孩子一些等待延迟满足的技巧,比如通过唱歌、做游戏来转移注意力,自我劝说、想象得到满足后的兴奋与自豪,反复告诉自己"我的选择是正确的,不要改变"来自我强化,等等。

生活中有些父母过于溺爱孩子,一旦孩子提出要求则立即满足。殊不知,这样非但惯出了孩子的骄横性格,还泯灭了孩子克制冲动、总揽全局的延迟满足能力,使孩子成为经不起诱惑的人。与之不同,有些父母则告诉孩子今天不看电视明天去公园,可却把说过的话忘了。数次之后,孩子又如何能信任他们呢?在孩子眼中,他们许诺的延迟满足是空口白话,于是便学会了有欲望立即满足,有东西立即享受——谁知道明天会怎样?这样的孩子长大后就成了及时行乐的典型,经不起诱惑,放纵自己的冲动。这样的孩子是很容易成为问题少年的。

第四章　培养孩子要学会创造性地对付孩子

培养有出息的孩子既要看到孩子的正面，也不能回避孩子的负面，因为我们锻造的是一块待铸的钢坯。这也如一棵小树，为了保证成材，有些旁逸斜出就应该及时进行修理。这不是一朝一夕的事情，不但要付出，要有耐心，还要懂得迎接来自孩子的挑衅。

做父母的常常有很多疑问，孩子不肯睡觉怎么办？不吃饭怎么办？捣乱怎么办？不听话怎么办？和大人对抗怎么办？打人怎么办？向亲友询问，向书本讨教，往往会得到很大启发，有豁然开朗之感。然而生活中的每一件小事都是千变万化的，有不同的背景与契机，事中人的性格与脾气也不大相同，其结果就是父母往往发现别人的告诫与经验不适用，的确我们不能依赖他人甚至专家来帮助我们解决问题，这里需要发挥我们的创造性。

1. 孩子无理取闹的原因

孩子是不会无理取闹的，如果闹起来，总是有他的原因。父母要懂得孩子为什么要这么做，即使孩子自己有时也并未意识到这一点。

对孩子发脾气恐怕是有爱心的父母最不愿意做的一件事。但有的时候，你会发现孩子真是格外地"缠人"，近于无理取闹，将你的耐心一点点地消耗殆尽，就如下面的一幕。妈妈："我真不懂你为什么会这样？左不行？右也不行？你究竟是怎么了？"孩子："我没什么，我就是想把小火车摆在地上。"妈妈："我同你解释过了今天要装吊灯，不能在地上摆东西。你可以去玩其他的，你没听明白吗？"孩子："我不管，我就是要摆。"今天装修工人要来，妈妈不是十分有闲暇，于是忍耐不住地爆发出来。"我同你讲了这么多遍，你还是不听，你究竟想要怎么样？"这时妈妈已经是在吼叫了。孩子脸上显出一丝恐惧，但是他仍旧没有放弃，只是怯生生地望着妈妈，摇着她的手坚持说："我就是想玩小火车。"于是妈妈终于威胁地说："我要打你屁股了！"

终于妈妈打了几下，孩子委屈地大哭起来，当他平静下来，疲倦地靠在妈妈身上时，她忽然意识到，原来孩子是困了。想起今天早晨他起得非常早，一上午都有点儿情绪不佳。原来是这样。妈妈开始觉得于心不忍，"傻孩子，你怎么不告诉妈妈你没睡够啊！"孩子还是倔强地说："我没困，我就是想玩那个东西。"

其实，成人也常常意识不到自己烦躁的根源或拒绝承认自己情绪不佳的时刻，我们会说他真是在莫名其妙地发火，他自己也这样说。如果认真自省一下，一定是有什么不如意的事情在打扰他。没有得到足够的睡眠，在工作上被别人小小暗算了一下，或某一件事做得不漂亮等。如果我们静下心来想一想，寻找根源，有的放矢地为自己消气，便会免去他人的疑惑和不快，自己的情绪也会快一些调整好。遗憾的是，不是所有人都这么明智。成人都有拒绝承认自己烦恼根源的时候，更何况孩子。

孩子情绪不佳时，往往与睡眠不足有关。幼儿需要十分充足的睡眠，但恰恰最不喜欢睡觉。你若问他想不想睡觉，90%的时间他会说："我一点也不困。"但除了在极兴奋的状态，孩子的身体对睡眠是十分敏感的。做什么都不起劲，很容易烦躁。因此当我们看到孩子十分扰人时，可以从睡眠上考虑一下，是否前一天玩得过于"凶猛"，即使保证了正常的睡眠时间，也还是没有得到足够的休息，因此"闹情绪"。

当然，此时即使我们判断出他的恼人行为的动机，如果直截了当地去对他讲："我看你是困了，要不要早点睡觉。"孩子一定会说："我不困，一点也不困！"很有些被人抓住了把柄而更加恼怒的样子。在这种情况下，应当多动些脑筋，用间接的方法将他引向睡床。例如对他说："你要不要洗个泡沫澡？"洗泡沫澡是孩子喜好的一项活动，给他丢一些玩具在澡盆中，规定好在水中玩耍的时间，一出澡盆便顺理成章地可以上床睡觉了。

有时候，孩子情绪不好不是因为睡眠不够，而是因为充足的精力没有得到足够的发泄。如一天都在房间里转来转去，没有同小朋友一起尽情地玩，因而总是来"骚扰"父母。父母可能正想抓紧时间做些事情，但在这种情况下，明智的做法是暂时放下手中的事情，全心全意地与孩子玩一会儿，让他心满意足，这样才能有机会真正回到要做的事情中去。

对于难管教的孩子，父母常常会感到恼火、费解，甚至愤怒，因为孩子不肯服从家长的教导，甚至是"我偏偏要这样做"地有意反其道而行之。要想引导孩子，首先要懂得孩子为什么要这么做。任何人做事都是有目的性的，即使他本人有时并未意识到这一点。孩子从一出生就在探索能使他获得归属感与重要感的手段。对能使他感到有一席之地的行为，孩子会不断重复，而使他感到对寻求归属感无所帮助的行为却很快被放弃。获取注意力，展示权威、报复及自暴自弃都是与寻求归属和重要感有关系的。孩子认为，注意力和展示权威有利于寻求归属感和重要感。报复使缺乏归属感、重要感的孩子得到一种心理上的补偿，自暴自弃是对失去信心的孩子的唯一选择。

只有当我们正确地诊断孩子的行为动机的这种病根，才能采取有效的方法对孩子进行正确的教育与引导，从而用正确的手段实现自己的根本目标。孩子同样的举动可能出于不同的动机，如孩子不肯吃饭，可能是想让父母照顾他，可能是想引起注意，也可能是向父母显

第四章 培养孩子 要学会创造性地对付孩子

示他的权利,究竟是哪一种动机则要据情而度。

从大人本身对孩子举动的感觉也可以得出些线索。大人若感到恼火、内疚,孩子的目的很可能是为得到注意力。若感到自己的家长地位受到挑战,或对孩子的驱动遇到失败,感到愤怒,孩子很可能是为了与你竞争权威。当你的感情受伤、失望,孩子很可能是为了报复,若你对孩子的行为感到无可奈何,没有办法激励他,孩子可能是处于一种自暴自弃的心态中。这里所讲的感觉往往不是父母的直接感觉,当孩子不听话时,父母最直接的感觉是"恼火"、"气愤"、"不知如何是好",而并未意识到自己更深一层的真实感觉。只有进一步检查自己的心灵深处或试图制止孩子的不听话行为时,才能体会到真正的感觉,从而帮助辨别孩子的动机。

很多家长习惯于用批语、惩罚、说教和痛苦来使孩子变好,不做错事。其实鼓励才是最有效的帮助孩子克服捣乱行为的方法。

对不同目的引起的行为,我们可以采用如下方法:

寻求注意型

给他机会做自己的助手,使他感到自己是团体的一个成员。多花一些时间与孩子在一起,理解他的渴望,经常向他表露自己对他的感情,如拥抱、抚摸等。

显示权力型

同孩子讨论问题,寻求双方都接受的解决方法,给孩子留有选择的余地。

寻求报复型

避免对他们的行为做出强烈的反应,以免陷入与他的抗衡,失去控制,应该待平静后再解决问题。

自暴自弃型

从根本上鼓励孩子树立信心,表现对他无条件的爱。

莉太太有儿子鲍姆和女儿玛丽。鲍姆总是给她找很多麻烦。一天,一家人出去看家具,准备将家里重新装潢一下。2岁的玛丽十分合作,没有制造丝毫麻烦,但儿子鲍姆不断抱怨,觉得看家具十分无聊,要回家去玩。第二天,莉太太和先生仍要出门,他们决定将鲍姆留在家里,让邻居的孩子跟他一块玩,只带玛丽一起去。在一切都安排好后,3人正准备出门,鲍姆忽然改变了主意,吵着要一起去。莉太太十分坚决,提醒他:"鲍姆,昨天的外出对你是多么的无聊,你是怎样地闹着要回家的，所以你还是待在家里好。"太太说完与先生带玛丽离开了，留鲍姆在家。等他们采购完毕回家，太太不由地怒火冲天，鲍姆用刀子将玛丽的高椅背上的尼龙面料划开了口子。"怎么能这样？太不像话了！"愤怒中，莉太太一边大声说一边打了鲍姆，将他关进了自己的房间。

事后，莉太太比较客观地从鲍姆的角度考虑，她觉得鲍姆是在进行报复，决定找鲍姆谈谈。她走进鲍姆的房间问到："鲍姆，你是不是认为我们带玛丽去，而不带你是因为我们更喜欢你妹妹？""是。"鲍姆眼里充满了泪水。莉太太将鲍姆搂进怀中，给他讲了一段自己的故事："我10岁时，姐姐要同朋友去看滑冰表演，我吵着要一起去。但妈妈说姐姐大了，可以照顾自己，但不能将我托付给她和她的朋友们，答应以后再单独带我去。于是把我留在家里，将姐姐和她的朋友送到了表演中心。但我认为这只是借口，真正的原因是他们喜欢姐姐胜过喜欢我，所以给她创造更多的机会。"鲍姆听着充满了同情。"但是，鲍姆，你想知道我们为什么将你留在家里吗？"鲍姆点点头。"我们觉得让你整天那么无聊，心里很不舒服，你不喜欢我们看家具，我们也不能强迫。我们真的想让大家都高兴些，所以留你在家与朋友玩。你懂不懂，我真的在想这样对你有利。我们喜欢玛丽，也同样爱你。如果玛丽年龄同你一样大，可以同别的孩子一起玩，我们也希望她留在家里，这样我们可以专心地看家具。玛丽也会觉得更舒服一些。"说完这些，莉太太抱着鲍姆坐了一会儿，然后问道："你想想我们怎么来修好玛丽的坐椅呢？"鲍姆热情地说："当然，我可以修好它。"鲍姆用自己的零用钱买回来一块尼龙布，莉太太将其裁减成花样，将它钉在椅子上。鲍姆和妈妈的关系有了空前的改善。

鲍姆因为觉得没有得到应有的爱，很伤心，决定采取报复行为。莉太太同样为鲍姆的行为所伤害，以致愤怒，采取处罚行为。可以说起初鲍姆和妈妈是在互相报复。所幸的是莉太太及时意识到鲍姆破坏行为背后所隐藏的原因。她决定采取比惩罚更有效的积极方法。在与鲍姆的交谈中，消除鲍姆的误解，赢得鲍姆的合作态度，在共同修补椅背的同时，也建立了比以往更亲密的母子关系。

总之，孩子是不会"无理取闹"的，如果闹起来，总是有他的原因。我们做父母的如果肯用心考虑一下，不难找出根源。懂得了孩子"闹"的原因，自然也就容易找出"对付"的办法。

2. 解开孩子攻击行为的密码

人具有攻击他人，攻击自己的先天性本能。人的攻击行为与挫折有关。

王启是某小学四年级的学生。一天上课，他趁老师转身在黑板上写字时，拿圆珠笔使劲戳同桌的手指，痛得同桌大叫起来。结果可想而知，请家长、做检讨，真是害人害己。

据同学们反映，王启在班上学习成绩很落后，体育活动也很差劲，就是专门爱欺侮别人。上课喜欢做小动作，揪前排女生的头发，将废纸团扔到别人桌上，起立时故意将旁边同学的椅子拿开，好让同学坐下时摔跤出洋相，惹全班发笑，别人从自己身边路过时，装作不注意把脚伸出去绊倒别人。

班主任说，很难在王启身上找到什么优点，他唯一的嗜好就是欺侮比自己成绩好又打不过自己的同学。王启的父母离异，他一直跟母亲住在一起。他母亲工作很忙，很少有时间管教他，他成绩不好就批评他不好好学习。许多事情都是由着他的性子来，是班上典型的"落后分子"。

打架骂人可以说是学生们用于解决彼此冲突的一种方式，几乎天天都有发生。在极度愤怒时，即使平时学习成绩特别好的孩子，也可能打骂他人；平时老实沉默、不爱说话的孩子，也可能会骂一些脏话。但这种在特殊情况下的应激行为与平日一贯的攻击行为是不同的。对于那种特殊的应激行为，我们不宜将它看得很严重，而一贯的攻击行为则要很严肃地对待。

为什么有些儿童身上容易出现攻击行为呢？精神分析专家弗洛伊德认为，人具有攻击他人、攻击自己的先天性的本能。诚然，人的攻击行为会受到遗传、内分泌失调的影响，以及环境中过多可模仿的暴力情景的影响，不过当今心理学家普遍认为，人的攻击行为与挫折有关。

有这样一个心理学实验。让两组儿童观看一间装有诱人玩具的房间，第一组儿童先隔着铁窗看，不允许马上进屋玩，从而引起了儿童的心理挫折。第二组儿童观看后马上可以进屋玩。结果发现，第一组儿童在后来进屋时，有许多人故意损坏玩具，表现出发泄性攻击，而第二组儿童则能平静地玩玩具。

可见，心理挫折是导致攻击行为的直接原因。因为儿童的成长并不只是消极地适应周围和父母、老师的要求，他会积极主动地发展自己的优点，寻求认同，希望得到关注，不知不觉地试图找到一条适合自己成长的路子。当儿童受到挫折与打击时，必然会引起他的消极情绪，而攻击行为是发泄这种消极情绪的一条捷径。当孩子还没有掌握该如何排解自己的沮丧时，最简单和直接的方式就是攻击。

另外，当儿童的行为长期得不到关注时，他会自发调整自己的行为，或是变得消沉、软弱，或是通过各种方式引起大人注意和自我的满足。例如通过制造各种麻烦，以此引起父母的注意，通过攻击他人来表现自己的"强大"，以满足自己追求成功的心理需求。许多孩子在欺侮他人之后都会感到自己有力量，受到学校批评也不以为然，甚至觉得自己的行为引起校方注意是件大好事，于是"屡教不改"。

一般来说，爱打架的学生大都学习成绩较差，又没有什么特殊才能。他们在学习和各项集体活动中屡受挫折，几乎不能得到表扬，因此容易产生攻击行为（当然还有些儿童会产生退缩行为，如害怕与人交往，寡言少语等）。前文所述的王启就是一个典型，他将打架看成是自己的"特长"，总觉得自己什么都比别人差，别人根本瞧不起自己，只有打架时才会引起同学、老师、家长的注意，使同伴惧怕，才能产生一种"成就"感。因此，如果不帮助这类孩子寻找到他们真正能获得成功的出路，只是一味地批评、威胁他们，则可能形成"挫折——攻击——不良心态的满足——再次挫折"的恶性循环。

与上例相反，有的家庭不是家长忽视孩子的成长，而是家长怕孩子。曾经有一位家长异常伤心地"控诉"自己的孩子，年满16岁的儿子脾气特别坏，拒不服从父母的任何要求和命令，一遇到不顺心的事就向父母发泄，常常因为一些鸡毛蒜皮的小事向父母发火，又是摔杯子，又是踢家具，父母有苦说不出。心理学家通过调查发现，如果父母总是对孩子提出过多、过细的要求，给予过多的责备和批评，不顾及孩子的反应，而且常常以消极的、羞辱的方式提出批评，势必导致孩子的不满和挫折感，受到孩子的抵抗乃至攻击。

理解孩子的攻击行为，是帮助孩子摆脱攻击性的第一步。家长要

第四章　培养孩子　要学会创造性地对付孩子

注意只给孩子提出适度的要求,不让孩子总陷于失败的困境之中。多发现和鼓励孩子真正的优点,帮助孩子树立起基本的自信。引导孩子认识自己的情绪,学会一些疏导消极情绪的方法,这样,会帮助那些爱惹事的孩子找到一条能被同伴接受的生活之路。

3. 意外之举的处理方法

明智的教育既能使孩子改正自己的不良行为,又能树立他正确的道德观,保持良好的心态,增加对别人的关切之情。

我们经常会发现孩子做出意料之外的举动,父母心中暗暗叫苦不迭,惹得像炸了窝似的训斥孩子:"你怎么能这样?""我简直不能相信你会做出这样的事。"通常孩子是一脸的惶恐,不知道自己究竟干了些什么这样惹父母发火。

在这样的情况下,最要紧的是不能任凭自己的怒火喷发,尤其当愤怒的主要原因是面子上过不去,将所有的不快都发泄在孩子身上,就更是不公平。例如孩子在看展览时用手触摸展品,被工作人员喝止;又如孩子在收款台按动收款机的键码,引起一阵惊恐。这些情景都会使父母感到脸上无光,似乎不呵斥孩子几句便过意不去。其实孩子又如何懂得。如果当时的情况允许,可以即刻对孩子做一些解释说明,但如果大家情绪都比较激动,可以过后再讲,使孩子在尽量平静的状态下接受这一训导。首先在情绪上不产生敌对情绪,再者也不会觉得动辄得咎,因此对外界产生恐怖畏缩感。

托尼随父母去餐馆进餐前,坐下不久就开始大声讲话,妈妈用手势制止了他,无聊之中他又敲开了盘子。"托尼,不能这样。"妈妈感到不好意思了,皱起了眉头。于是托尼开始玩桌子上的调料瓶,一不小心,调料撒了一桌子。"托尼!不许玩桌上的东西。""妈妈我要回家。""吃完了就回家。""我不饿,我要回家。"显然,这是一场不欢而散的筵席。

这种救火式的行为不但效果不好,孩子下次很可能重犯,而且由于带有很大的随机性,孩子会觉得委屈,拒绝接受父母的强制命令,于是一场冲突不可避免。

将责任一股脑儿地推到孩子身上，会使孩子感到自卑，或因不公平而产生愤慨之情，这将影响到他的为人处世。

其实父母认真回味一下，会发现不少情况下，孩子是无辜的，因为他并不知道为什么不能做那件事，或者哪件事不该做。父母也常常只是在事情发生时才猛然发觉，出来制止，并未做过"预防"工作。

托尼不懂得在公共餐厅里应如何举止，这是谁的过错呢？父母可以很轻易地判断儿子的对错，因为作为成人，他们知道在公共场合，在一个公共餐厅里应当如何表现自己，在这种场合里的公共认可的行为准则是什么，托尼未必懂得。他把在家里用餐的行为习惯带到外边来，并没有意识到自己影响了他人的进餐。父母对此负有直接的责任。

在带领托尼外出进餐之前，父母就应当向托尼讲明那样的环境中如何做，才能举止得当。在预先讲好的情况下，孩子一时忘情，举止"犯规"，父母可以温和地提醒："我们讲过在餐馆不能大声喧哗，是不是？"一般来讲，孩子们会通情达理地收敛自己的行为。如果父母没有事先"警戒"，而当场不断训斥，使得孩子不知所措，就会对整件事产生反感，甚至故意挑衅。

因此说为孩子订下规矩是第一步，其次才是要求孩子守规矩，如果没有制定规矩，就不能将过错推给孩子。

偷东西的行为在孩子幼年时可以说并不鲜见。父母应随时随地教育孩子遵守社会规范，懂得约束自己的行为，不给他人造成伤害。

在对孩子进行此方面的教育时，同样要注意表达方式，不伤害孩子的自尊心，不激发他的对抗与报复心理，或产生对自身的厌恶，从而失去自信心。我们要针对事情，而非针对人本身。明智的教育既能使孩子改正自己的不良行为，又能树立正确的道德观，保持良好的心态，增加对别人的关切之情。

琼太太发现9岁的儿子杰米从店里偷东西，杰米的行为让她大吃一惊。她仔细地想了想该怎么办。一天，当家里只有妈妈和儿子两个人的时候，琼太太把杰米喊进来，她用很慈祥的眼光看着儿子，将他抱在膝头。然后告诉他，她听说有人昨天从店里偷东西的事，她接着讲自己在五年级时，曾从店里偷过橡皮。她知道这是小偷行为，心里很害怕。这样做后，很长时间都觉得惭愧，有犯罪的感觉，所以以后便不再这样做了。开始时杰米试图为自己辩解："可是店里有的是泡

泡糖,拿一点也没关系。"琼太太便仔细地同他讨论起来,店主要卖多少泡泡糖及其他物品,才能赚足够的钱付房租,付雇员的工资及进货,有足够的钱养家糊口,经营者也很不容易。再说这个商店不是我们的,是别人的,拿别人的东西是不对的。杰米同意妈妈的说法,他从来没有从这个角度考虑问题。他们又接着谈到杰米和妈妈也不喜欢别人从自己家里偷东西,最后杰米同意,他再也不会偷店里的东西了,同时他要为偷来的泡泡糖付钱。

琼太太没有指责、训斥或简单地对杰米进行说教,也没有使杰米感到自己的行为显示出自己是一个坏人。他们一起探索了为什么不该偷东西,偷东西对社会利益与他人利益的损害,使杰米在良好的心理状态下接受了教育。

4. 要求孩子要懂得如何执行

父母要经常对孩子的积极行为给予表扬和鼓励。此外,表扬所带来的积极、愉快的情感体验也会使孩子自觉地听从父母的要求,配合父母的行动。

在日常生活中,父母常常会对孩子提出一定的要求,如起床、穿衣、吃饭、上幼儿园、收拾房间等,希望通过实现这些日常的要求来培养孩子的生活能力,培养他良好的行为习惯和品德。然而,这些看似简单的事情却往往由于孩子拒绝配合而变得复杂起来。有的家长为了得到孩子的配合,会采取各种方式,如哄、劝、诱导,甚至命令、威胁、贿赂、惩罚等。但这些方式往往效果并不理想。那么,父母应该怎么做才较为妥当呢?

对孩子的行为不要随意批评

在日常生活中,当孩子把玩具洒一地也不去收拾时,有的父母就会说:"瞧,你把这儿弄得这么乱,我真不明白当初我干吗要给你买这么多玩具!"当孩子为了看动画片而不理会母亲要他倒垃圾的要求时,母亲也许会说:"你没听到我跟你说话吗?真不听话!"正是这种不经意,父母把对孩子的不满意通过言语明确表达了出来,而经常受到父母否定的孩子往往会拒绝听从父母的任何要求。

对孩子所提的要求要具体明确

儿童的思维具有具体形象的特点,父母在对孩子提要求时,不应抽象笼统,必须明确具体,要便于孩子理解。如日常生活中,父母常常会要求孩子"请收拾好你的房间",年幼的孩子可能会理解为"把所有的东西都放进壁橱里",而父母的要求则是"把书放进书架,衣服放进柜子,玩具放入箱子中。"因此笼统、含糊的要求极易造成儿童理解的偏差,妨碍父母与孩子的交流。

要经常给孩子以鼓励

孩子由于能力的限制,还不能对自己的行为做出恰当的自我评价,而成人的评价对儿童的自我评价起着极为重要的作用。凡是成人所肯定、认可的行为,他们都认为是正确的,反之则是错误的。因此,父母要经常对孩子的积极行为给予表扬和鼓励。此外,表扬所带来的积极、愉快的情感体验也会使孩子自觉地听从父母的要求,配合父母的行动。

要给孩子选择的机会

选择是权利的体现,这能使孩子在无压力的情况下自觉地服从要求。一旦孩子做出自己的选择,他就会有意识地控制自己的行为以达到目标。我们有时会听到父母对孩子说:"要么快点吃饭,要么回房间去。"但是当孩子真的跳下椅子时,父母又会立即叫道:"坐下,吃你的饭。"因此,当父母在给孩子选择时,必须明确自己的意图,必须保证所给予的选择不论孩子做出何种选择都不致超出预期的范围。譬如:父母希望孩子喝点东西时,就可以说:"你喝牛奶还是橘汁?"孩子无论选择哪一项,都能达到目的。有时候某些要求的选择项只有一个是可以接受的,父母可以采用提供时间选择或排列选择的方法,既提供给孩子选择的机会,同时又能有效地控制选择的结果。如"你想看5分钟电视呢,还是10分钟?"有时候,孩子可能不愿对父母的要求做出一定的选择,因为父母所提供的选择项都不符合他的意愿。此时,父母可以"迫使"他选择,可以问他:"是你自己选呢,还是我替你选?"如果孩子仍不愿选,父母可以继续说:"我想你是希望我替你选。"并替他做出选择。

提前给孩子一些结束活动的时间

在公园或游乐园玩,到该回家的时间了,可孩子正玩得起劲,不肯回家,有的父母只得强行拖着眼泪汪汪的孩子离去。如何有效地解

决这类问题呢?像上述这样要孩子立即放弃正玩得起劲的活动而服从你的要求,这对于成人来说也是很难的,更不必说孩子了。因此,父母要给孩子准备结束或改变他们活动的时间。如预先告诉孩子:"10分钟后我们就要走了。"提前给孩子一个时间段提醒孩子结束当前的活动。几分钟后,再次提醒孩子:"再过会儿我们就要回家了!"过一会儿,再说一次:"我们该走了!"由于有了一定的时间缓冲和心理准备,孩子对活动的结束或转变就变得易于接受了。但父母在使用该策略时必须注意,当第一次使用该策略时,就必须言而有信,说到做到。如"该走了"就立即走,不能有任何的妥协,否则孩子以后就不会听从父母的要求了。

5. 溺爱中成长,性格可能会产生缺陷

在过分溺爱的环境中成长的孩子,当他成人后,性格会变得有缺陷,一旦被人冷落,就会变得绝望、消极、抑郁,达不到要求会不择手段。

孩子成长变化得快,假如只是一味溺爱,事事顺孩子的意,孩子以为你会满足他的所有要求,认为你可能有些怕他,所以他想怎样就怎样。他甚至会不把你放在眼里,根本无视你的存在,以自我为中心,变得自私、无理、想干什么就干什么,不懂得与他人合作。这些情况看起来是小事,其实不然。

在过分溺爱的环境中成长的孩子,当他成人后,性格会变得有缺陷,一旦被人冷落,就会变得绝望、消极、抑郁,达不到要求会不择手段。

许多家庭的家长尤其是祖父母都有追着孩子吃饭的习惯。能够摄取足够的营养是孩子健康成长的基本条件。在进餐的问题上父母会同孩子发生很多的争执。例如在家中母亲精心地准备了晚餐,孩子却提出要吃另一种食物。

这里面不仅是一个进餐的问题,也经常是孩子与父母进行的权利斗争。孩子很懂得父母对他饮食的关心,因此相信有了操纵父母的砝码。事实正如此,父母不忍心孩子挨饿缺乏营养,往往屈从于孩子的

要求，或者另备食物，或者带着孩子去买他爱吃的食品。事实上孩子一顿不吃饭，对他的健康并无太大影响。如果一味满足他的要求，反而容易养成偏食的习惯。有了这样的经验，孩子受到了鼓舞，认为可以用他的意愿来控制妈妈，甚至发脾气时打妈妈几拳，妈妈就是这样用自己的心血培养出一个自私自利为社会所不能容忍的怪物。妈妈这样做的结果不但牺牲了自己应享有的权利，也为孩子将来的生活埋下了隐患。

孩子坚持要买新玩具，母亲拒绝。孩子质问母亲为何刚才替自己买了新衣服，现在却不肯买玩具给自己玩？并以哭闹相威胁。母亲可能怒火冲天，当众大骂或给孩子一巴掌，结果孩子在回家路上大哭不止，做母亲的不但十分尴尬，甚至其他家人也会受到牵连和骚扰。

母亲在孩子的苦苦哀求下，不如先遂了孩子的愿望，待回家再慢慢教导："你看你的玩具已经多得没处放了，你还要添置新的。邻居家宁宁的一个变形金刚玩好久了也没有换，一件心爱的玩具才是最重要的，比你每天换新的要强。""刚才阿莲阿姨听到你说妈妈替自己买衣服却不给你买玩具偷着笑，令妈妈都不好意思了。"这种低调处理会出乎孩子的意料之外，会令孩子歉疚，他的脑海中可能会出现另一个他，叫自己以后不要提无理要求。

如果父母对孩子无论什么事，总是最终妥协、同意，允许其破坏规矩，自己就会显得很软弱，不坚决，没主见。孩子不停地破坏规矩，每一次破坏规矩的行为似乎都不无道理，但如果把这些事都放在一起，父母就该好好考虑考虑了。孩子们有时就是在父母的妥协中放任自己的。

"妥协"的意思不是不责骂，而是多些潜台词："你怎么老是不听话？""要告诉你多少次你才懂"，"怎么又来了？"还有"上次你就妥协了，这次不过是说说而已，责备一两句罢了。"每个孩子都是鬼精灵，当他有了二三次经验以后，下次再听到同样的话，便认为你只能借此出口气罢了，从此把你的话当"耳边风"，你便会前功尽弃。

6. 孩子间发生争执的处理方法

争执，是孩子体验宽容、谦让的好时机。

4岁的遥遥是个有主见的小姑娘,喜欢和小伙伴玩,哪怕是陌生的小朋友,她也会主动搭讪,交往能力很强。可是令妈妈担心的是,和同伴玩时总是遥遥发号施令。那些年纪小、性格温顺的孩子倒也愿意听她摆布,相安无事,但遇到和她性格差不多或年纪大些的孩子,往往还没开始玩,就已争得面红耳赤,甚至还会"动武"。那么,妈妈该怎样教育遥遥呢?父母又该怎样处理孩子间发生的争执呢?

对孩子来点"绅士"教育也不错

给孩子些"绅士"教育也没错。因为我们有理由相信,21世纪文明社会不需要靠野蛮逞强立世,面对孩子间的争执,父母应首先正确地评估此事情。有些父母爱子心切,看不得孩子委屈,见孩子流泪,心中就流血,这样,很容易把儿童的心理行为当作成人对待。其实,孩子间的争执与成人间的冲突貌虽相似而实质不同,区别在一个是成长中的游戏,一个是生活中的矛盾,父母完全可以豁达地看待这种争执。孩子喜欢和哪些同伴交往,他愿意采取"绅士风度"面对争执,我们应该尊重他。更何况他的"绅士风度"已越来越赢得小朋友的信任,连欺负过他的孩子也愿意和他友好相处呢。

争执,是孩子体验宽容、谦让的好时机

榕榕对妈妈说,今天有个小朋友洗手时插队,还拉坏了她的衣服。妈妈不假思索地说原谅他吧。女儿委屈地说:"不好!"我们一直在提倡培养孩子懂得宽容、谦让,可是宽容是很难的,之所以困难,原因很明显:孩子的情绪受到影响,而且他往往认为冒犯自己的人应该先乞求自己的原谅。因此,让孩子有一颗宽容心,首先要让他体会到宽容、谦让也能给自己带来愉快的心情。妈妈让女儿想想与同伴争执时自己有没有错,女儿说:"他拉我衣服,我把他推倒了。"这么一想,女儿就同意原谅他了。妈妈赶紧问榕榕,现在你心里高兴吗?女儿憨憨地笑了。发生争执后,帮助孩子学会宽容别人至少有两点好处:

①宽容可以使对方也勇于面对自己的行为,并学会道歉。

②宽容可以保护自己,可以从不愉快的情绪中解脱出来。因此,宽容是合乎实际的、合乎心理健康的。

要达观地对待孩子的痛苦

有些父母历来将儿子与同伴之间的争执看成是"阴晴多变"的游

戏,这边父母正在为他们间的纠纷进行"外交斡旋",那边孩子们已经"化干戈为玉帛"了。由此,父母们完全应该达观地看待孩子间的争执,这对培养孩子在人际交往中具有开朗、豁达等好性格很有意义。所以,孩子间发生了争执、纠纷,父母帮助孩子调整、舒缓紧张、沮丧、愤怒的心情,比直接参与解决争执重要得多。孩子受心理发展水平局限,对自己在争执中所受的伤害往往不能准确感受和表达,使人听来愤怒看去心疼,父母既不要以"好孩子不哭"来制止受委屈的孩子流泪,也不要用"坚决站在孩子一边"来强化孩子的痛苦和仇恨。应帮助他转移注意力,暂时关注痛苦以外的事,从挫折情绪中尽快解脱出来,这对培养孩子良好的心态和性格大有好处。可想而知,一个具有开朗、豁达性格的人,肯定是交往中受欢迎的人。

对孩子的攻击行为要坚决制止

我们常见到这种情况,孩子占了便宜,父母便称赞好样的,吃了亏则暴跳如雷,责骂"无能,为什么不还手"等。这种对孩子攻击性行为进行鼓励和诱导的做法,会把孩子引向歧途。心理学家的研究明确表明,在打架斗殴犯罪的青少年中,其攻击行为可追溯到幼儿期。因此,对争执中的攻击行为必须坚决制止。

争执也有值得赞赏的一面

在孩子的世界里,打打闹闹是常有的事,孩子只能在经历了数不清的纠纷、争执的教训以后,才能逐步相互适应,逐步学会合群,这就好比一个人要想学会游泳就得下水一样。从这个意义上说,孩子间的争执,是他们学习交往能力而付出的代价。实际上每个智力正常的孩子,在吃过几次亏、受过几次欺负后,都会学乖而使自己逐渐少吃亏或不再受欺负。鼓励孩子与同伴交往,对他们间的争执,一般不要太在意,哪怕是孩子受委屈。有些父母怕孩子吃亏,就盯着自己孩子和同伴玩,殊不知,这样孩子的皮肉是不会吃"亏",但孩子的交往能力却因此受到阻碍,更何况孩子有了父母这把保护伞,"仗势欺人"或者动辄喊妈妈,显然不利于孩子成长。

孩子间发生争执,对帮助他们成长是很有价值的,在争执的过程中,他们丰富的想象力和表达能力得到了交流,还锻炼了辩论的才能,最主要的是他们都表现得很主见,不轻易放弃自己的目的和观点。这些性格特点是很重要的。

教孩子用智慧化解矛盾

处理孩子间的争执,应首先转移他们的注意力,稳定激烈的情

绪。孩子的注意力是很容易转移的，争执带来的"痛苦"也会转瞬消失。但父母的处理并未结束，还应理智引导孩子在与小朋友争执中有没有不友好的语言、行为？以后要怎样和小朋友玩？科学理智地引导，既不要指责孩子无能"光会哭，不还手"，使孩子以后受到新的伤害；更不要亲自出马为孩子讨公道，这不利于孩子学习处世之道，也无助于矛盾的解决，而是应教孩子用智慧化解矛盾。

7. 在委屈面前学会说"不"

在培养孩子成长为彬彬有礼的小绅士的同时，应同时注意到扶植孩子应有的自我保护能力，使他能在恶意面前挺身向前，不使恶意"浸入"自己的心灵。

今日的独生子女，常被人称为小"皇帝"，以己为中心，不顾及他人的利益。但这样的小"皇帝"却又常常懦弱无比，离开了"宫殿"和"守护"，便不知如何自卫，处处要找"靠山"，或者便是委曲求全，从小就学会了自我解嘲。

在成人的世界里，每个人或早或晚都会明白，人在现实中遭受些委屈是难免的。有时为了权宜之计，不惜忍气吞声，这是成人的选择。但如果孩子从小就受到这样的训练，不敢发泄自己心中的怒气，不敢向伤害自己情感的势力提出抗议，不会击退不公平的待遇，而是将一段段怨气埋入心中或者发泄到无辜的家人身上，这样的孩子在成人之后，必有一颗扭曲的心。多年积累下的愤恨或者会使孩子成为愤世嫉俗的人，或者被愤怒所淹没，自怨自艾，终身不知如何抗争。

在我们培养孩子成为彬彬有礼的小绅士的同时，应同时注意到扶植孩子应有的自我保护能力，使他能在恶意面前挺身向前，不使恶意如毒汁一样浸入心灵，在将来或是毒害自己，或是毒害旁人。

涛涛是从美国回来的。在美国的幼儿园中，他是一个很直爽，很快乐的孩子。美国幼儿园的小朋友虽然很乐于亲近他，但他的自我意识很强，常会指出什么言语或者行为伤害了自己，希望对方要尊重他的权利。

有一次，涛涛的母亲去接涛涛，一位小朋友过来申述涛涛言语不周,伤害了他的感情。"He hurt my feeling by saying that."他这样说。

其实妈妈知道,涛涛本意并非如此,但还是对那位小朋友说:"我很抱歉他这样说,你有没有向他抱怨?"

"我这样做了,他已经向我道歉了。"他很觉宽慰地说,还加了一句:"He is a nice boy."

涛涛的母亲当时还想,这些美国的孩子真有些"较真儿",这么小就懂什么是伤感情。

涛涛回国后,很快融进了国内的孩子圈,行为表现有了很大改变,自然也学会了不少中国传统的处世哲学。一天,家里一位长辈当着一屋人的面,评论涛涛牙齿不正,非常难看。涛涛的牙齿需要矫正,但因为齿床发育未全,所以需要等待。妈妈已经为涛涛这位长辈做过解释,今天旧话重提,妈妈便不再吭声,想看看涛涛的反应。

因为这位长辈的话讲得十分不客气,大有厌恶之气,涛涛当着表兄弟的面下不来台,但并未吭气,只是扭转脸来对妈妈悄悄说:"总比他的脸好看。"

这当然是很不尊敬的话,但妈妈并未指责孩子的失礼,因为这位长辈的行为很难支持他是在对孩子训导,但更令妈妈不安的是涛涛采取的这种抗争方式。

事后,妈妈找涛涛谈话,问到他当时的感觉。"当然不舒服啦!不过韩信还受胯下之辱呢?"妈妈看他为自己的懦弱找借口不禁大为恼火。明明是不敢抗议对方对自己的伤害,还找出典故自我安慰,连对自己的愤怒和对抗的欲望都不敢正视,如此起来,不是要成了"奴才"吗?

"涛涛,你同韩信不一样。韩信是堂堂正正的男子汉大丈夫,他有能力有勇气维护自己的尊严,甘受胯下之辱只是他的行为方式的选择,权宜之计。但你没有选择,因为你还没有勇气和能力在需要的情况下维护自己的情感与尊严,申斥不公的待遇。你之所以不敢做声,绝不是为了考验自己的忍耐功夫,而是不敢,不敢与忍耐是有很大区别的。"

当孩子在学校受了气,尤其是受了老师的"不公平"的待遇,回来向父母倾诉时,家长不应只是安慰或附和着孩子"骂"对方,更不要急于自己出面解决问题。我们应当启发孩子学会当时当地表述自己的感觉,"据理力争",不要等到回家后再向家长"倒苦水"。用什么方法来抗争,当然也应有一定的指导。在涛涛的例子中,他暗自回了一句"总比你的脸好看"。妈妈当然不能鼓励孩子将这样的语言

第四章 培养孩子 要学会创造性地对付孩子

"扔"回对方,一则对长辈不恭敬,再则,这样的回击方式一定会恶化形势。别人伤害了你的感情,你就去如法炮制,这是典型的儿童思维,当然许多不成熟的都市人也是如此反应。这里我们应向孩子讲清楚,我们表达的是对对方讲话或行为方式的不满,要让对方明白他的所作所为无端伤害了自己,是不应该的。

涛涛的妈妈是这样同儿子说的:"你可以这样讲:'您的话很让我不舒服,我的牙还要过一段时间才能矫正,在这以前我是不是需要避开您一些,免得让您反感。'"这样讲没有丝毫对长辈的不尊,但是却可以让他对自己的言语有所反思。

涛涛是比较大的孩子了,可以长篇大段地讲话,但对于小一些的孩子,可能仅限于表达自己的情感受伤,例如:"我不喜欢听这种话。""你伤害了我。"这种对自己感受的表达是健康的,没有什么应当隐讳的。也只有如此,才不会让灰暗的情感埋藏进内心深处,在里面发酵、变质,造出古怪的性情来。如果我们去读李维榕教授所著的心理读物《家庭故事》(心理随笔),便可以看到一幕幕成人悲剧正是由童年期深藏不露的情感伤害积累酿成。

8. 创造性地对付孩子

我们在教育孩子的过程中,有许多可以动脑筋、玩些小技巧的地方,也就是要富于创造性地对付孩子。

带着孩子长途旅行是一件辛苦的事情,一直是大家头疼的问题。每次旅行前都要做准备,给孩子带一些食物和玩具,分散他的注意力,这种办法有一些作用,但是起作用的时间很短,两三个小时后,孩子便不安起来,开始制造麻烦。

珍妮是一个很有经验的社会工作者,两个孩子的母亲。周末一到,珍妮同丈夫经常带孩子们开车出门旅行。旅途短的话还没问题,时间一长两个小孩子就会在后面吵闹甚至打将起来,将带着的食物扔得满车都是,无论父母怎样斥责,都不能停止他们的举动。

后来珍妮也准备了一些玩具供旅途之用。所不同的是她将玩具都用小袋子封好,然后告诉孩子们如果他们表现好的话,每隔半小时,可以拿到一个小袋子，里面装的是有意思的小玩具。自从这一办法实行以后，珍妮家的旅行变得可爱多了。没有了孩子们在后排座位上的嘶喊、打闹，父母可以更安心地享受车外的景色和旅途中的交谈了。

有人虽然也买了许多玩具，但孩子在一开始便都加以探究——拾起来玩弄几下，又丢了去玩其他的玩具。很快地他们的好奇心得到了满足，太多的选择又使他难以把注意力集中在任何一件玩具上。相比起来，珍妮的方法就比较明智，封起来的小袋子使孩子格外好奇，想知道里面究竟有什么玩具。半个小时的间隔可以使孩子对一件玩具保持适当的兴趣，同时对新玩具的企盼也促使他有意识地检点自己的行为。在旅行中，如果能采纳珍妮的方法，效果自然要好得多。

在生活中有许多可以动脑筋、玩些小技巧的地方，也就是要富于创造性。例如我们一般认为要制止孩子的胡闹时，要板着面孔，晓之以理，或动之以情，激烈一些的就是大声训斥。这种做法虽可以约束孩子的行为，但往往破坏了气氛和情绪，尤其在一些欢乐的聚会场合。

这里有一位妈妈的故事，大家都不禁为她的机敏与幽默而叫好。

蒂娜一家四口与朋友及孩子们一同出门旅行。两家的孩子都是10来岁的男孩，十分活泼爱动，凑在一起自然碰撞出更多的活力来。这天他们在一家国家公园内露宿。营地内篝火正旺，大家都在忙着野炊。孩子们原本是自愿帮助生火、腌肉，准备餐具。但一会儿就各自拿着手中的食物和餐具舞动起来，继而围着篝火乱跑，不但没有帮上忙，还妨碍了大人做饭。于是，大人试图停止孩子们的破坏行为，又不想伤害他们的玩兴，这时蒂娜直起身来宣布，如果孩子们不乖乖地坐到小木桌旁等候开饭，她就要抱住他们给每人一个热吻。男孩们"哄"地笑出了声，但却不敢抗争，顺顺当当地到桌边坐下，因为对十几岁的男孩来说，让妈妈或其他中年妇女当众热吻一番，的确太令人发窘了。尽管他们坐在桌旁还是嘻嘻哈哈地拿这个主意开玩笑，却没有人胆敢尝试违令的后果。

试想如果哪位父母大喝一声："都给我坐下，否则不给烤肉吃。"那不知该有多扫兴。

第四章 培养孩子 要学会创造性地对付孩子

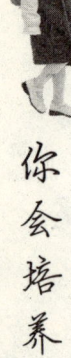

9. 给孩子留点面子

如果家长能够照顾到孩子的自尊心，就可以避免许多不必要的麻烦。

9岁的麦克同妈妈购物回来，帮着妈妈将买的东西从车中搬到厨房。妈妈见他抱了一堆玻璃瓶不禁担心："分两次拿，这样会打碎瓶子的。""不会，"麦克倔犟地说。"你若不听妈妈的话，肯定会打碎瓶子的。"麦克像没有听见，只是往门里走，刚走到过厅，瓶子就接二连三掉下来，满地狼藉。妈妈不禁火上心头："我告诉你了，你看看你搞得一塌糊涂！"

如果家长能够照顾到孩子的自尊心，就可以避免许多不必要的麻烦。家长们对自己的自尊心往往比较敏感，当孩子对自己有叛逆行为时，就会怒不可遏，一发为快。然而当孩子们觉得委屈了或遇到有可能伤孩子面子的事，家长却认为："小孩子家的，什么面子不面子，甚至还有意给他一点伤害，以示惩戒。"

麦克本来是一脸惭愧，此时却变成了愤怒，丢下手里还捧着的瓶子，跑回了自己的房间。

当瓶子摔在地上时，麦克已经认识到自己的失误，这种事实的结果教育，比母亲的事前警告与事后教训的效果都要好。不听妈妈的劝导，打碎了瓶子使得麦克很感窘迫。妈妈这时应体会到麦克的心情，不要再火上加油，可以平静地对麦克说："碎玻璃容易扎到人，先拿扫帚来扫一下。"将事情引到善后上，不使麦克过于难堪。麦克从心里会感激母亲没有"痛打落水狗"。

有些母亲对类似的事情处理得很好，既教育了孩子，又增进了感情。

娜拉5岁了，有件事情令母亲十分头疼。娜拉所在的幼儿园是教会办的，要求孩子从小就穿校服。但娜拉喜欢穿自己的漂亮衣服，于是每天早晨妈妈同女儿都要为此争论。尽管最终娜拉会服从，妈妈却被这件事搞得很疲惫。

一天娜拉对妈妈宣布今天不必穿校服。"你肯定吗？"妈妈问。

"是的，所有同学都不必穿。"等妈妈带着女儿来到学校，看见所有孩子都整整齐齐地穿着校服，女儿鲜艳的衣裙显得格外耀目。娜拉有些踌躇了。她对妈妈说："我有些肚子疼，我们回家吧。""噢。"妈妈似乎没有听见娜拉的要求，只是自言自语地说："同学们穿得好整齐。"然后低头对娜拉说："我想到你可能会改变主意，所以把你的校服带来了，要不要去洗手间把它换上？"娜拉的脸上阳光顿现，亲热地吻了妈妈一下，带上校服跑进了洗手间。此后，妈妈不必再与娜拉为穿不穿校服发生争执了。

妈妈的这一举动非常聪明，她将女儿不露痕迹地从尴尬中拯救出来，女儿当然会感激妈妈的"仗义"，也为自己"摆脱困境"而庆幸。这样以后再遇上穿校服之类的事情时，也就不好意思再与妈妈争执了。

试想，如果妈妈不给娜拉带校服，留她在学校忍受一天的不自在，回来后还用这一天的感受来教训提醒她，女儿是否会生出反感，产生对抗情绪，而且认为这一天的困窘已经忍受过来了，为了反抗妈妈的"刁难"，再多忍受一天也无不可。如果激发出这样的心态，争执还会继续下去，而且更为激烈。

10. 不要强迫孩子做事

许多父母在无法实施有效的教育手段时，就会运用权力强制孩子服从，这是很武断的，也是很难成功的。

丽莎已经15岁了，妈妈成功地说服丽莎洗自己换下来的衣服。两周过去，事情很顺利。每周末丽莎就把自己的衣服洗净、收好。然而有一个周末，妈妈发现丽莎的脏衣服堆了一堆却不去洗，就批评她，丽莎答应下次不会忘了。接下来的一周，丽莎还是没洗，她已经两星期没洗衣服，几乎没剩几件干净的衣服了。这次妈妈记起来要运用自然结果法，看看效果如何：她不再理会丽莎，丽莎的衣服留在那里没有洗，只好不换衣服，看她怎么办。但脏衣服的堆积似乎并没有使丽莎为难，她从脏衣服里捡出一些稍微干净一点的继续穿，她心想："我就是不去洗那些衣服。"妈妈天天看着那些脏衣服越看越恼

火,终于有一天,她发了火,狠狠地说了丽莎一顿,当着她的面扔掉了一些太脏的衣服。丽莎流下了眼泪,但暗自高兴,你把太脏的衣服扔掉了,我还不想要那些衣服呢,正好合我心意。妈妈艰难地把她拉到洗衣机旁,强迫她把衣服洗了。"你记清楚了吗,下次记住及时洗衣服,否则没有衣服穿!"

丽莎没有按时洗自己的衣服,妈妈忍耐不住发了火,最终用强迫的手段让丽莎洗了衣服。其实,如果妈妈能耐心一些,可以再坚持几天,看一看最后丽莎怎么办,她不可能永远穿脏衣服。其实丽莎是想让妈妈看一看,她并不愿意让别人强迫自己干什么事情。她宁愿穿脏衣服,也不愿受妈妈支配。

对这件事正确的处理方法是妈妈应该对丽莎不洗衣服不再提出意见。当妈妈将照料脏衣服的事交给丽莎管理时,就承认丽莎已足够大,可以自己照料这件事,不再需要妈妈操心,洗不洗衣服是丽莎的事。如果丽莎不洗,她就穿脏衣服。一个女孩子其实很小就开始爱打扮,爱干净,她懂得什么是美观漂亮,什么是邋遢肮脏。她不可能长期穿脏衣服,但她决不希望妈妈干涉。一大堆脏衣服留到洗衣机旁,是对妈妈干涉的抗议。妈妈强迫丽莎洗衣服是运用权力,许多父母在无法实施有效的教育手段时,就会运用权力强制孩子服从,这是很武断的,也是很难成功的。妈妈感到她的权力地位受到威胁,因为丽莎不听她的劝告。当然妈妈也非只有一个选择:除了运用自然结果法使丽莎自觉地洗衣服,妈妈可以同丽莎谈谈话,发现她不洗衣服的原因。比如,先搞明白丽莎为什么洗着洗着就不洗了,不保持这种习惯了,会不会是丽莎有几件衣服旧了,小了,她不想穿了。如果是这种情况,妈妈耐心地和丽莎谈话,丽莎会告诉妈妈,她不喜欢那几件衣服,就会避免一场长时间的权力斗争。

11. 不要把谈话引向对立

同孩子的谈话要讲究艺术,避免走入死角。做到这一点所需要的是认同,理解与尊重孩子的意愿与认识。

卡其亚的生日在即,妈妈准备为她在家中开一个派对,于是母女俩开始忙着发送邀请卡。

"维娜家的地址是多少?""我不想邀请她参加。""怎么会?她是你的好朋友啊?""不,她不是。""这样讲不好,如果让维娜听见会怎么想。你也不希望她这样讲你对吗?""我不管,我不想请她。""如果是这样或许你根本不该开这次派对。""可以,不开好了。"

话虽讲到这里,派对还是要开,生日一年一次,孩子们都很喜爱用这种方式庆祝生日,妈妈当然不愿让女儿的情感受挫伤,但如何转弯呢?妈妈不禁为自己说出去的话烦恼起来。

这里,妈妈很有些自食其果的味道。同孩子讲话也一样要负责任,不能妄下通牒。否则话是说出来了,却无法实现,让孩子意识到父母的话是没有多少分量的,可听可不听。同孩子的谈话要讲究艺术,避免走入死角。做到这一点所需要的是认同,理解与尊重孩子的意志与认识。

比较起来孩子说话可以更随意一些,他们可以很快地转变态度,"收回"自己刚刚意气昂扬地讲出的话,对父母提出完全相反的要求。这样一比,父母占了劣势,因为他们不能出尔反尔,去向孩子"要赖",因此要格外慎重,不能顺着孩子的逻辑向下走。

重温一下刚才的话,我们可以看到家长犯了这样几个错误:

首先,当女儿提出不让好友参加派对时,妈妈没有意识到这里有问题,去听一下究竟发生了什么过节儿,而是简单地说:"她是你的好朋友啊?"以此来否定卡其亚的愿望或对维娜的不好感受。这样就给对话加上了阻力。当女儿很负气地说维娜不是她的好朋友时,妈妈还有机会让女儿说一说究竟发生了什么事情。但妈妈又一次使用了成人的判断:小孩子真是很片面很极端,或许她们有一些争吵,还没有平静下来,就这样"绝情"。他这样想也就这样说了出来,但这种想法是否正确呢?

客观地讲是很对的,孩子之间今天吵了,明天好,还会有什么大事吗。用不着过问,几天就过去了。的确如此,但妈妈忽略了一点,就是对孩子来讲同好朋友闹矛盾是非常严重的事。她们很可能希望向妈妈抱怨一番,如果父母不能给孩子机会让她将心里的话讲出来,反而对她讲"你这样做不对",在这种情况下,孩子不会认真听取、考虑你的意思,而是反应得十分极端。而孩子的"不讲理"又进一步引发父母的气恼,变得也像孩子一样极端起来。

如果我们领会到孩子内心的真实感受，就会采取不同的态度来对待。

当女儿说出意外的话，不邀请好朋友参加派对，妈妈应当意识到这是一个"严重"的问题，因为女儿一定是生了很大气才会这样做，而不是依照成人的眼光将问题"缩小"。

"怎么，你们闹矛盾了？"

（这样表明妈妈注意到了女儿的情感，给予了应有的关心，给她机会表述一番。）

"是的，她总是随便翻看我的书，你知道我最不喜欢别人动我的书。"

"她那样做让你很不舒服。"

（这样讲并未肯定或否定女儿的感觉，也未评论维娜的行为是否正确，但卡其亚却很高兴妈妈能够理解自己。）

"是的，我同她讲过许多次，她总是这样，我很不喜欢。"

"要不要想想别的办法避免她动书？"

（妈妈的这句话顺理成章地将女儿引向问题的"出口"，自主地寻找解决问题的方法。妈妈可以提一些建议，女儿可能会接受，但这样做会剥夺了女儿自我思考和解决问题的机会。）

"我可以将书柜锁起来，有些书放在外面，别人动也没有关系。"

"好主意，如果是这样，可不可以请维娜来呢？"

"我想没问题。"

表面看，妈妈在这里给女儿设了一个"小圈套"，诱使女儿做出了妈妈认为正确的决定。公平地讲，这是一种教育孩子的技巧。我们当然希望能够对孩子直言不讳，用正确的道理"沐浴"他成长，然而同时我们应当考虑到效果。如果我们浇灌下去的甘露对孩子来说变成了令人厌恶的苦雨，拒绝领受，又怎能保证孩子顺利汲取到所需要的精神养料呢？

12. 用自然结果法解决与孩子的冲突

时间和空间为我们的教育设置了一道阀门，我们应该学会使用它。

5岁的吉米每次吃饭时不是看电视就是正玩得高兴，总是不来吃饭。气得妈妈只得打他几下。但有时刚刚揍完，他泪痕未干，就又东张西望不好好吃饭，或者只是这顿好好吃，下顿又不按时吃。妈妈为难了，端着盛好饭的碗束手无策。

妈妈总是想要告诉吉米："让你吃饭你就吃。"而吉米的行动却告诉妈妈："我想什么时候吃，我就什么时候吃。"

如果我们采取强迫手段一定要孩子吃饭，孩子就会反抗，互相对抗的结果会变成我们在鼓励孩子反抗。如果妈妈和孩子天天较量，这种关系就很难改变。我们不妨用自然结果法来解决这个问题。如果叫了吉米两声，他还不来吃饭，等大家用完餐后，就把饭菜端起来，不再给他吃。如果他再来要零食，要喝牛奶、吃儿童饼干，则坚决不给，要吉米等到下顿饭一起吃，就这样坚持下去。吉米饿了，又不能吃零食，下次就会按时来吃饭。我们的态度应很明确："吃饭是自己的事，你不来吃，就只有饿肚子。"

在各类撤退方式中，妈妈喜欢用的一种技巧是躲入洗手间。通常洗手间里设有梳妆台，再准备一些书，因为洗手间是最私人的地方，躲入这里便是挂起了"请勿打扰"的牌子，如果在里面再装上一个收音机，挡住从外面传来的吵闹声，这里可以说是最理想的撤退场所。

5岁的珍妮要妈妈带她去儿童游艺室，妈妈解释自己正在准备晚餐，等一会儿爸爸回来再带她去，现在可以先看一会儿电视或其他事情。珍妮安静了一会儿又回来找妈妈，提出同样的要求，说她等爸爸已经等不及了，妈妈说："爸爸已经在路上，快回来了，等爸爸一进门就带你去。""我不想等，我要现在就去，我不管你现在正在干什么。"看样子珍妮要闹一场了，这种情况以前也出现过。妈妈一看苗头不对，摘下围裙来到卫生间将门碰上。任珍妮在外面又吼又叫就是不予理睬，珍妮来了，追上楼梯，在卫生间外"嘭嘭"地敲门。"开门，让我进去！""亲爱的，我要方便一下，不要吵！"说完妈妈便不再说话，任珍妮在门外敲打，最后珍妮说："妈妈你出来，我不闹了，我等爸爸回来。"随后没有声音了，又过了一会儿妈妈开门出去，见珍妮正在自己的房里画画儿，她抬起头看了妈妈一眼，妈妈赞许地冲她笑了一下，转身回到了厨房。

第四章 培养孩子 要学会创造性地对付孩子

13. 沉着冷静,果断地去做

有时,沉着冷静,随着情况的发展,做出相应的行动,就不会发生权力之争,孩子也会受到教育,顺从父母。

5岁的罗伯特因为感冒,发高烧两天没有去幼儿园了。今天他稍好一点,想去游泳,妈妈说:"你不能去,你还没有全好,这样会很危险的。"罗伯特撅着小嘴很不高兴。一会儿妈妈听到后门响了一下,罗伯特穿好了游泳裤,正在下水。"对不起,罗伯特,你今天不能游泳。"妈妈走过去把罗伯特拉了回来。罗伯特又哭又叫,朝着门又冲了过来。妈妈走过去,关上门,什么也没说,她也没有制止罗伯特哭泣。罗伯特哭泣了一阵,开始咳嗽。妈妈还是什么也没说,继续挡着门,不让罗伯特出去。最后罗伯特叫道:"妈妈,我恨你。"然后到自己屋里去了,妈妈继续干自己的事情,并不理会罗伯特。

在一般的情况下,妈妈可以用结果法使孩子从结果中吸取教训。但对于加重孩子病情这样的后果妈妈与孩子都是难以承担的,没有哪一个母亲忍心让孩子生病以取得自我教育的结果,这样做是危险的。这种情况下,妈妈就需要利用一下自己的权威,保证孩子不再生病,这是她的责任。妈妈在这里采取了非常态度,没有激化矛盾,更没有为维护自尊而采取过激手段。罗伯特的妈妈很了解儿童的心理,罗伯特发脾气,因为他不能按自己的意愿行事,这并不表明他真的恨妈妈。妈妈知道这只是一时的执拗。坚持住了,罗伯特就会放弃。关键的是控制好自己的情绪,帮助罗伯特冷静下来,不使对抗升级。

刚开学不久的金病了,一个星期没去上学,现在病好了,他还是不想去学校。妈妈只好打车送他去上学,车停在学校门口,妈妈央求说:"快点,金,都快上课了,老师和同学样都在等你,做个好孩子。"金却缩在车座上,不肯下去。妈妈没说什么,也没发脾气,只是自己先下了车,然后又把金拉下了车。有时,沉着冷静,随着情况的发展,做出相应的行动,就不会发生权力之争,孩子也会受到教育,顺从父母。

小芹的爸爸是搞建筑的个体户,常年在外承包工程,家里只有妈妈和小芹两个人，从小母女俩都是同房而睡。现在小芹15岁了，再与妈妈同房睡很不方便。妈妈好几次叫她回自己的房间睡，但是她到了半夜又来敲妈妈的门，总这样下去，妈妈怕对小芹将来独立生活不利，却又没有办法能让孩子单独去睡。

要让孩子由与妈妈一起睡立即改为独自睡，是比较困难的，但做妈妈的一定要有决心。最关键的是小芹的妈妈态度要坚决，为了孩子决不心软。这件事可分3步进行：第一步，做小芹的工作，说自己长大了，应该自己在一个房间睡觉；第二步，答应孩子与自己同睡一个晚上；第三步，下不为例，履行诺言，让小芹自己去睡。

第一步和第二步进行得都很顺利，只是第三步进行得却十分艰难。小芹妈妈说："开始两小时还很平静，到了夜里12点钟，小芹就来敲我的门，'妈妈，我害怕，我要回到你的房间睡。'我想送孩子回自己的房间睡，就在她身边呆了好几个小时才离开。回来后我也睡不着，怕孩子醒来，见我不在身边又会害怕。果然，早晨5点，小芹又跑到我的房间猛敲门，两只手都吓得冰凉。我再次陪她返回她的房间，总算熬到了天亮。"

孩子去敲妈妈的门，这是预料之中的事。但做妈妈的千万不能太心软。她去敲你的门，你就叫她回自己的房间好了，你不理睬她，她就会回自己的房间。只要坚持两三天就能达到目的。要知道任何家长都不能陪孩子走完一生的路。让孩子单独睡，这是孩子走向独立的必经之路。

第二天，小芹半夜还是敲妈妈的门哭着央求妈妈陪她睡。妈妈听到后，特别同情孩子，眼泪直流，但还是硬下心没给孩子开门，劝了她几句，叫她回自己房间睡了。妈妈听到她回房间的脚步声，悄悄起床守候在门外，听着她睡着了，才回到房间。

一周后，小芹已经习惯一个人睡觉了。妈妈开玩笑地问小芹："你怎么夜里不再敲妈妈的门了呢？"小芹说："我看见妈妈态度很坚决，也知道这是妈妈为我好，忍一忍也就习惯了。"小芹的妈妈这样做是对的。父母心硬正是为孩子的成长负责。我们有责任训练孩子，使他有勇气、有力量去面对生活。

14. 孩子当众发难的处理方法

让孩子独自承担教训，让现实后果教育约束他的行为，比说教更有用。

4 岁的克里斯多夫喜欢将桌子上的东西扔到地板上。有时玩得高兴时，突然间噼噼啪啪把桌上的东西一扫而光。妈妈多次训导，甚至惩罚，他还是时常发作一番。有几次他把好看的玻璃杯还有其他用具都扔到地下摔碎了，妈妈很生气地教训了他一顿。圣诞节到了，妈妈带克里斯多夫到科技馆去玩。馆里布置着许多圣诞树，其中一个厅里还布置了舞台，要义务表演圣诞庆典节目。舞台的一张桌子上摆着做道具用的饼干。演出开始前，几个波兰小孩在舞台上玩耍，克里斯多夫也要上去玩。妈妈见他在底下转几圈也实在很无聊，就叮嘱他上去不要乱动，便由另外几个孩子将他举了上去。开始几分钟，他表现得还不错，随着另外几个孩子在上面蹦蹦跳跳，他也忘乎所以起来，走到桌子前一举手，把桌子上摆着的几个做道具用的饼干打到了地上。这时饰演老奶奶的演员急步走来，一边将饼干捡起，一边大声对克里斯多夫说："你要干什么？下去！"妈妈从来没有这样大声训斥过克里斯多夫，克里斯多夫一下子愣在那里，他眼里充满了惊恐，妈妈过来伸手将他接了下去。妈妈虽然有些怪那位老奶奶对克里斯多夫过于严厉，但一想这样可以给克里斯多夫一个教训，或许比自己以往讲的道理更有效，就抱起克里斯多夫，没有说任何安慰的话。克里斯多夫也并未哭，只是看着妈妈，想知道妈妈是什么反应。"老奶奶为什么骂你？""我打掉了饼干。""对不对？""不对。"克里斯多夫流着眼泪一副可怜兮兮的样子说。妈妈什么也没有说，只是用手绢给克里斯多夫擦了一下眼泪。演出开始了，克里斯多夫安静地坐在那里，没有再生任何麻烦。随后几天妈妈看到克里斯多夫在行为上有明显的改进。

克里斯多夫因为自己的行为尝到了当众受训的滋味。如果妈妈婉言安慰，用同情来维护克里斯多夫不受伤害，克里斯多夫会认为妈妈是站在他的一边，同情他，会保护他不受外界的谴责，自己的这种行为不但在家里可以逃脱责难，在公共场合也一样可以通得过。这种错误的理解会进一步鼓励克里斯多夫的行为。妈妈明智地让他独自承担了这一教训，没有指责老奶奶的粗暴，让现实后果教育了克里斯多夫应该如何约束自己的行为，显然是很有效的。

15. 用坚决的行动制止孩子的胡闹

孩子不懂自重，令大人十分尴尬时，家长就要用最坚决的行动，低缓简明的话语，制止孩子的胡闹。

妈妈和爸爸正在客厅里陪客人聊天，马克和汉斯先后来到客厅看了一眼，由父母给做了介绍，在父母的暗示下又分别离去。

一会儿马克又返回客厅，让妈妈给他的作业签名，妈妈照办了。不久马克又回来说明天要上游泳课，要妈妈准备游泳衣，妈妈告诉他在哪里能够找到。马克走了一会儿，又进来说找不到，要妈妈去找。"马克，等晚上妈妈再给你找，妈妈有客人。""不，我现在要！"妈妈很有些不好意思，但当着客人的面又不便发作，于是道歉，起身带马克离开了客厅。

"马克，你若想在客厅听大人谈话，可以找本书在客厅里一边看，一边听我们聊天，但不许说话，也不要生出什么事来打扰我们。不然，就待在自己房间不要再到客厅里来，你看怎么样？""好的，没问题。"马克高兴地与妈妈回到客厅。但是5分钟后，马克就开始忘记妈妈的话，很冒失地插起话来，使谈话变得很困难。妈妈没有再说什么，站起身拉住了马克的手，将他领出了客厅。

在过道里，妈妈轻声但严肃地对马克说："看来你更愿意回自己的房间去，去吧！"马克自知无理，便上楼回到了自己的房间。

有客人在场，不能花时间教育孩子，也不能当着客人发太大的脾气，而孩子又不懂自重，令大人十分尴尬的时候，家长就要用最坚决的行动，低缓简明的话语，制止孩子的胡闹。

16. 忽视也是一种力量

有人说沉默是金，其实这只说出了沉默内涵的一个方面，在对孩

子的教养中你还可以体会到忽视也是一种力量。

5岁的汤姆原来是很喜欢水的,对洗澡一直很积极,可近来不知何故总是不听调度。晚上睡觉前,妈妈把热水温度调好,过来抱汤姆去洗澡,汤姆总是借故拖延,无理取闹。妈妈好话说尽,又是哄,又是骗,可汤姆到卫生间一看到浴盆扭头就跑。为此,妈妈很头疼。

其实孩子的心理,是想和母亲较量一下,看看母亲到底能把他怎么样。如何解决这种母子之间陷入僵局的事,让孩子配合洗澡呢?千万不能用简单粗暴的方法,硬将孩子抱入澡盆中。可以先放放这个问题,暂且不洗澡,等双方平静以后,再讲道理。当孩子听明白又知错时,这件事就好办多了。要么,就先放好水,叫他一次,他不洗就不去理他,忽略他,看也不看他一眼,使他觉得僵持下去没有意思。由于他还是喜欢洗澡的,并已习惯了按时洗澡所带来的快感,就会要求洗澡,改正错误。千万不能求他,在表情和口气上都不能表现出乞求的意思。否则,他会认为这很好玩,和一场游戏一样,可以天天重演。如果父母之间因孩子洗澡发生分歧,事情会更糟,一方要坚持,一方要妥协,面对争执不休的父母,孩子也许会偷笑,由于他的行为引起父母的争论,他会觉得很得意,成了胜利者,从此导致更多的矛盾。

妈妈和4岁的米西尔在车站等车,米西尔看见旁边的饼干屋,一定要买一块来吃。"亲爱的,你今天已经吃了两块糕点了,我们回去马上就吃饭,不能再给你买了。""不,我要吃,我要吃。"他拉着妈妈的手扭动起来。妈妈将眼睛盯着路上来往的汽车,不再做声。"你在看什么?""看汽车,亲爱的。""我要买饼干。"妈妈没有回答,眼睛又回到汽车上。米西尔突然意识到再闹下去妈妈就要上车走了,他也许会被丢下,那可糟了,便很知趣地看了妈妈一眼说:"我们一起回家吃饭,米西尔不再吃饼干了。"

"米西尔对妈妈讲道理,这才是乖孩子,真懂事。"妈妈这一招很管用,米西尔被"震"住了,终于跟着妈妈回家了。

有人说沉默是金,其实这只说出了沉默内涵的一个方面,在对孩子的教养中你还可以体会到忽视也是一种力量。

第五章　培养孩子
要让孩子成为学习尖子

　　良好的学习习惯，对事物的注意力，对知识的好奇心，高效的学习方法，这些对孩子学习水平的高低有着相当重要的影响。我们应该让孩子的好奇心成为学习的原动力，而不是让孩子成为学习的奴隶；应该让孩子掌握高效实用的记忆方法，而不是让孩子"死记硬背"；应该让孩子可以举一反三，触类旁通，而不是让孩子进行"题海战术"。孩子的未来其实就掌握在父母手中，培养有出息的孩子，我们应该让孩子在起跑线上就领先一步。

1. 兴趣是最好的老师

成功与兴趣紧密相连,一个人感兴趣、喜欢做的事,往往也正是他的天赋之所在。

兴趣对一个孩子而言是成功的第一任老师。众所周知,获诺贝尔奖最多的是犹太人。想知道他们的秘诀吗?其实答案很简单,就是从幼儿的兴趣教育抓起。

也许犹太人父母深知兴趣对孩子的重要性,所以,他们几乎是在孩子刚一出生,便开始注意自己孩子的兴趣所在,并在此基础上加以培养。

众所周知,毕加索是个大画家,可是毕加索是怎么成功的呢?兴趣在他的身上起到了至关重要的作用。

毕加索的父亲是位画家,可能是遗传基因,也可能是受其熏陶,毕加索从小就对画画有着浓厚的兴趣,还迷恋上了剪纸。4岁的小毕加索便能凭着自己的想象力,剪出各种各样的花卉和小动物了。

可惜的是,当他被送进学校后,人们发现这个能灵巧地画毛驴和狗的"小画童"却是一个"白痴"。逃学和旷课成为家常便饭,捣蛋也成了他的习惯,除了美术课,任何课他都画个不停,只要有空白,课本、练习簿都被他画满了各种各样的人和动物。他甚至因为上课不专心听课而被单独关进了专门处罚"坏学生"的禁闭室,以此希望他能认真自我反省,懂得捣蛋的可耻。有趣的是,他竟在那间空无一人的禁闭室里作起画来,画了一张又一张,简直到了"忘我"的境界,等老师来放他出去时,他还有些恋恋不舍。从此后,他常常故意惹是生非,热切盼望再度被关进去。"这真是一个白痴!"老师和同学们都这样嘲笑他。

确实,对毕加索而言,世界上除了画画之外,其余的事似乎都是枯燥无味的。上课时,他的眼睛老盯着墙上的挂钟,盼望那该死的指针能走得快一点。

"先生,我得上厕所。"毕加索要请一会儿假。

"不是刚上课吗?"上课的老师被打断了非常恼怒,"去吧,去吧！"

毕加索很快溜出教室，东逛一会儿西逛一会儿，实在无处可去了，才回到教室，但是要不了多久，他又坐不住了。

"先生，我能为您画像吗？"他脱口而出。

"什么？你给我画像！"老师简直气坏了，瞪着他说道，"去吧，去吧，上厕所去吧！"

知子莫若父，毕加索的父亲最终理解了儿子的心思。"既然他不喜欢文法、数学和不相干的课程，那就让他去干自己喜欢的事吧。"不久，毕加索被送到当地最有名的美术学校，他的父母亲自担任老师。对于美术，毕加索表现出了惊人的耐力，他可以一连几小时不放下炭笔，这与以前的行为判若两人。此后，世界上便多了一位大画家。

这下您明白了吧，一个人感兴趣、喜欢做的事，往往也正是他的天赋之所在。

兴趣对孩子知识的增长、智能的提高、情感的调动、品格的形成、潜能的发挥，乃至成长、成功、成材等都起着巨大的作用。孔子对兴趣的重要性有这样精辟的论述："知之者不如好之者，好之者不如乐之者。"当孩子一接触到自己感兴趣的学习内容或活动，态度就积极，心情就愉快，思维就活跃。可以说，兴趣是人生存和发展的重要的内在动力。

常会听到人们用下列词汇去表述由于有了强烈兴趣而达到的境界：积极主动、如饥似渴、废寝忘食、持之以恒、夜以继日、手不释卷。一个人在最高昂的兴趣状态下，能够最大限度地发挥他的积极性。对孩子来说，他们会更加热爱学习，以满腔热情积极地进行学习。当孩子充满乐趣地从事学习时，无论环境多么困难艰苦，他都感到快乐，甚至感到无比快乐。

学习需要兴奋。而只有拥有了兴趣，人才能兴奋起来。人在兴奋状态下思维活跃，思路开阔，联想丰富，创造欲望强烈。同时人的分析、综合、抽象、概括等能力都会增强，这时的学习效率肯定高，学习效果肯定好。

当孩子经常处于"全神贯注"、"兴奋不已"状态时，非常有利于知识的理解和掌握，有利于学习成绩的提高，有利于学习能力和潜能的开发。

第五章 培养孩子 要让孩子成为学习尖子

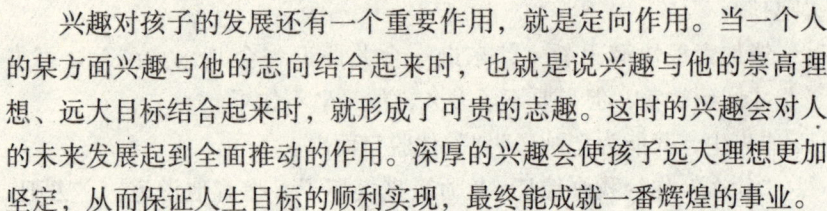

兴趣对孩子的发展还有一个重要作用，就是定向作用。当一个人的某方面兴趣与他的志向结合起来时，也就是说兴趣与他的崇高理想、远大目标结合起来时，就形成了可贵的志趣。这时的兴趣会对人的未来发展起到全面推动的作用。深厚的兴趣会使孩子远大理想更加坚定，从而保证人生目标的顺利实现，最终能成就一番辉煌的事业。

一般来说，只要父母从小就保护孩子的好奇心，他对生活的兴趣就会是广泛的，这时父母就应该针对孩子的才能而培养他特有的兴趣，或者结合孩子的才能巩固孩子的兴趣。如果孩子自己能保持对某一事物或某一学科的兴趣，那是再好不过的了。但很多情况下，兴趣也靠后天的培养。尤其是面对有时显得枯燥的各种文化知识时，兴趣就更需要培养了。这时兴趣也要靠意志力来巩固，因为孩子的兴趣具有跳跃性和情境性。因此，在给孩子一定自由的同时，要定规矩和"合同"，既能使孩子保持当前的兴趣，又不会忘记学习，增强固有兴趣。

家长要处处留心孩子，敏锐地捕捉孩子身上的闪光点，因势利导，培养孩子在某一特殊领域和学习上的浓厚兴趣。这对于孩子学习成绩的提高和将来的成就有着非常深远的意义。

孩子虽然很小，但他们对世界充满好奇心。因势利导地从小培养孩子的学习兴趣，父母义不容辞。

小学阶段是打基础的时期，这一阶段不在于能学到多少书本知识，重要的是培养孩子丰富的兴趣并加以鼓励发展。而对于孩子不感兴趣的，但又是必要的学习内容，应该不断地去培养引导，不可急于求成，脱离孩子的实际，把大人的意愿强加于孩子。

幼儿园和小学阶段是培养孩子各方面兴趣的黄金时期，父母应当"未雨绸缪"，采取先行一步的教子策略，在孩子幼小的心灵里，播下深厚的兴趣种子。

那么怎样培养孩子浓厚的学习兴趣呢？

童话对孩子而言魅力无穷，他们不仅会缠着大人讲，也会尝试自己阅读，初步体验阅读学习的乐趣。

活泼有趣的读书活动可刺激孩子的语言发展，启迪孩子进行创意思考。孩子学会自己阅读后，家长不要太早地放弃自己的责任，而应一直朗读给孩子听，直到孩子上中学为止。因为大多数孩子在12岁前，聆听理解比阅读理解能力高，从听书中孩子获得的教益极为明显。

专家指出，孩子感兴趣的书是适合他们年龄及能力的书，并且他们也不时要换换口味。3至6岁的学龄前儿童喜欢童话、诗歌、动物故事，以及跟他们日常生活有关系的书，一些琅琅上口的儿歌会受到他们特别的青睐；6至9岁的儿童喜欢按自己的兴趣选择读物，他们能够开始自己阅读之后，就选一些较深的书给他们，让他们的兴趣得以发展；9至12岁的孩子喜欢幽默小品、比较错综复杂的故事、惊险离奇的长篇小说等。

在孩子读书时，要把书放在孩子容易拿到的地方，让孩子无意间看到，这种自我发现而产生的阅读兴趣，肯定使孩子雀跃不已。如果你在读书前事先告诉他：书里都讲了些什么，读后讲给妈妈听，他会非常专心，一边看一边想看完后怎么讲给你听。

孩子有探索现实生活中千姿百态的未知事物的强烈愿望，他对周围一切都感到陌生新鲜，兴趣盎然。珍爱孩子的好奇心，进而将其转化为学习的浓厚兴趣，是促使孩子自主学习的关键。

在培养孩子的学习兴趣时，一定要保护和激发孩子的好奇心，使他喜欢学习，热爱学习。儿童的学习兴趣往往是和好奇心联系在一起的。我们不但要尊重、保护和正确引导孩子的好奇心，而且要努力激发他的好奇心，使幼稚的好奇心发展为强烈的求知欲。

要让孩子去了解丰富多彩的大自然和纷繁复杂的社会现象，让他大胆提出问题，并引导他通过自己读书、观察、思考，寻找正确的答案。

孩子对学习有了好奇心和探究精神，成功的希望就大。只有当孩子的心中对世界充满无限的好奇和无穷的求知欲望而自发地学习时，家长寄予他的良好愿望才有实现的一天。而我们家长应该做的就是不断地让孩子的兴趣之火越燃越旺。

2. 学会观察特别重要

历史上许多有成就的人，都以突出的观察力而著称于世。

观察是一种有目的、有计划、有步骤的知觉。它通过眼睛看、耳

朵听、鼻子闻、嘴巴尝、手触摸等有目的地认识周围事物。要培养细致入微的观察力关键在于方法,即使你没有过人的智商,没有突出的理解力,只要你细心观察、善于捕捉,你依然可能在他人之上!

历史上许多有成就的人,都以突出的观察力而著称于世。

良好的观察力是学习、工作、解决日常问题的基础。一般来说,孩子将来无论做什么都需要较强的观察力。因此,父母要从小就培养孩子的观察力。

制订观察的任务和计划

每次观察活动,预先规定好观察任务,定好明确的目的和指向,以保证观察的全面、细致、清晰、深刻。

做好观察的准备

做好充分的准备,可以激发孩子的观察兴趣,在观察的时候他就会主动地去认识事物、探究事物。因此,在要求孩子观察某个事物时,可以让孩子先做好准备,特别是知识上的准备。比如,在孩子观察猫的习性时,让他先看一些猫的相关资料,这样有利于孩子根据已有的知识去辨认事物,取得较好的观察效果。

"带着问题"观察

对孩子提出明确的观察目的、内容和要求,让孩子"带着问题"去观察。

注意观察细节

让孩子注意细节,观察到别人没发现的问题,久而久之,也就形成了勤观察、认真观察、会观察的良好习惯。

教孩子有意识地观察

父母要帮助孩子拟订观察计划,让孩子明确观察的对象、任务、步骤和方法,有计划、系统地进行观察。观察的事物应该从简单到复杂,观察的范围应该从小到大,观察的时间应该从短到长,这样有计划地指导孩子观察事物,有利于逐步提高孩子的观察能力。

例如,父母可以鼓励孩子自己种一盆花或其他植物,每天观察其变化,并写观察日记,父母则不断给予指导。这样,孩子由于在观察过程中充满了兴趣,因此,往往可以观察到丰富的内容,效果很好。再比如,父母可以让孩子观察父母怎样做菜,然后让孩子一边观看,一边学着做。这样,孩子不仅提高了观察力,而且还学会了做菜。

教孩子学会认真观察

敏锐的观察力需要观察者的有意注意十分稳定,以保证对事物全面、深刻的了解。孩子有时在观察时易分心，家长可在旁边多提醒，或为他理清一条思路来进行观察，或者在家庭中为孩子设一个安静的环境，让孩子能多思考，发现问题，再促使他去多认真观察。

教孩子有顺序地观察

从整体到部分、从上到下、从外到里、从主要、明显的特征到次要、不明显的特征。比如，让孩子观察一幅图画时，先教孩子看出整体是什么，再从上到下，从左到右，仔细看清画面的每一部分以及它们之间的关系，这样就能使孩子看得仔细、认真，对整幅画有全面细致的认识。

变换方式观察

由于孩子的稳定性不强，所以让孩子观察的时间不宜过久，要多变换方式，最好调动孩子的视觉、听觉、触觉、嗅觉等都参与观察，如看看、摸摸、听听、闻闻，使孩子的兴奋中心不断转移，但又不离开所观察的物体，这样孩子对事物的观察就会细致了。

培养孩子的观察兴趣

对于任何东西，有了兴趣，就会津津有味地去做；反之，不感兴趣，"走马观花"，必然只能获得肤浅的印象。所以，要培养孩子敏锐的观察力，首先要让孩子有观察的兴趣。一可通过言传身教，家长多注意观察，为孩子树立榜样；二可多鼓励孩子发现问题、提出问题，并给予赞赏的评价，使孩子持续感到成功的喜悦，也就增强了兴趣；三可通过尊重、信任孩子，促进孩子对观察兴趣的保持。父母应尽量让孩子观察那些新奇、有趣、生动的事物，往往他们对这些事物会很感兴趣。孩子对观察的事物不感兴趣时，父母应经过启发和诱导，激发孩子的观察兴趣。激发孩子的观察兴趣，应注意两点：一是父母用语言和情绪感染孩子，促使他对周围的事物产生兴趣。如父母可以用神秘的表情、绘声绘色的语言、生动有趣的故事，激起孩子的观察兴趣。二是创设观察环境。色彩鲜艳夺目的物体和会活动的物体更能引起孩子观察的兴趣。观察对象具体、生动、活泼，不仅使孩子兴趣盎然，而且印象深刻、牢固。

回忆法观察

这是达·芬奇常用的一种方法。他曾让学生先注意某个物体，然后闭目回想它的所有细节，之后重新看这个物体，检查一下头脑中的表象有多少和原物符合，有多少不符合。做这种练习，可以自我检

索，简便易行。如果有几个人一起互相问答，切磋琢磨，效果更好。

程序法观察

即按一定顺序观察。有人做过一个试验，让小学四年级学生，分两组观察一只小乌龟。甲组不做任何提示，然后让他们描述，结果只能说出4条腿、一个硬壳、脖子能伸缩等最粗略的特征，很不细致，也不准确。乙组让他们按头、躯干、四脚、正反面的顺序进行观察。结果大不相同，单是头部就能按顺序说出：头呈三角形、眼睛黑亮像一粒米大小、鼻孔细小像两个小针眼、嘴紧闭着像一条线一样……这种顺序，可按空间部位的不同，排出观察者或观察对象的观察顺序，也可以按时间来说，排出时间先后或情况变化的顺序。

教孩子多角度观察

观察事物，常常需要多角度、全方位进行。只有多角度观察，才有可能全面地观察到事物的各种特性，掌握事物的本质。

在达·芬奇14岁的时候，父亲送他到当时的意大利名城佛罗伦萨，拜大名鼎鼎的画家佛罗基奥为师学画画。

佛罗基奥的波捷卡画室是当时佛罗伦萨最先进的画室之一，佛罗基奥本人不仅是一个多才多艺的艺术大师，而且对数学、天文学等自然科学也有浓厚的兴趣。他非常重视几何学、解剖学、透视学等，喜欢用科学的理论和实践的方法来处理绘画、雕刻艺术，运用科学来进行艺术实验。

达·芬奇很高兴自己能师从伟大的画家。但是，令达·芬奇奇怪的是，老师不教他创作什么作品，而是要他先从画蛋入手。

达·芬奇心想：画蛋有什么难的？于是，他画了一个又一个，足足画了几十天。好学的达·芬奇终究无法忍受终日画蛋的生活，表现出了极端的不耐烦。佛罗基奥见他有些不耐烦了，对他说："这是在训练你敏锐的观察力呀。要知道，一千个蛋当中从来没有两个是形状完全相同的，你必须能够迅速而准确地在无数个鸡蛋中，发现它们细微的差别，从而抓住每一个鸡蛋的特征。"

佛罗基奥说："你仔细观察一下，这只鸡蛋如果这么摆放，阴影在这一面，鸡蛋偏圆一些；如果你从那边看，鸡蛋就好像扁一些。从其他几边看，都是不一样的。如果改变鸡蛋的摆放位置，光线的投射又是不一样的，产生的效果就更不一样了。只有从不同的角度把握这个鸡蛋的形状，你才能真正把它画好。所以，你先得学会从不同的角

度观察一个鸡蛋，反复地练习画蛋，这样画什么就都能得心应手了。"

在老师的指导下，达·芬奇茅塞顿开，他不仅学会了应该怎样观察事物，而且学会了应该怎样去思考问题。于是，达·芬奇继续苦练基本功，并创造了一种被人称为"薄雾法"的绘画技巧。

多角度观察不仅能够提高观察的效果，而且能够养成孩子多角度思考的好习惯。父母在日常生活中应该像上例中达·芬奇的老师一样，主动引导孩子多角度去观察事物。例如，当孩子在看一幅画的时候，父母可以说："站远点再看看，有什么不一样的感觉？"当孩子观察小鸡的时候，对孩子说："看看它的正面，再看看它的侧面，你发现了什么？"这样，经过父母不断的训练，孩子就会养成多角度观察事物的习惯。

帮助孩子避免错觉干扰

观察时常伴有错觉，其原因是中学生在看问题时常带有主观臆想，易做"白日梦"。因此，一方面，要求孩子观察事物时，尽量不带个人的"有色眼镜"去看；另一方面，在观察过程中让孩子时刻注意提醒自己不能东想西想太多；再一方面，鼓励孩子多思考，围绕事物的本质来展开想象、思考。

多开动脑筋思考

在观察时，要边看边想，学会分清主次、本质与现象，观察力也就从中得到提高。

做观察记录

记录有利于收集和整理，也能促进观察的细致和准确，同时表达能力也受到训练。记录的具体方法很多，可以灵活掌握，如做卡片、写摘要、记日记、整理分析材料等。

3. 让孩子掌握一些复习的方法

适度、适合、因人而异的复习法，会使你受益匪浅。

每个人有不同的特点，所以在考试复习的阶段也有不同的方法，有些甚至是截然不同的。下面介绍一些复习的方法，由于每个人的情况不同，在学习时可以选择最适合自己的复习方法。

五步连环法

就是指在识记时,都要按照"看清、熟读、理解、书写、回忆"五个步骤来完成,每两个步骤之间要紧密相连接。

第一步,要看清。在学习的开始,首先要看清楚、看准确所记材料的形象,在头脑中形成一个清晰而准确的形象。如记单词,第一眼就要看清楚、看准确单词是由哪些字母组成以及每个字母的结构及排列次序,看的时间约 3~5 秒。

第二步,要熟读。在看清楚、看准确的前提下,立即连续诵读、拼读或默念所记材料的音(拼音或念名称)。诵读或拼读的次数 2~3 遍,每次诵读的时间约 3~5 秒钟。

第三步,要理解。在连续诵读之后应立即理解所记材料的含义。反复理解 2~3 遍,时间 10 秒钟左右。

第四步,要书写。紧接前三步把看清楚、读准确、理解后的材料连续写 3 遍,如果是识记图类时可写、画 1~3 遍。写的时候要边写边念、边想含义(写 3 遍过程中可念数遍),用时 15~20 秒钟。

第五步,要回忆。紧接前四步,将前四步所记材料的形、音、义回忆默背一遍,使形、音、义三者在大脑里形成一个完整的形象和概念。如回忆不清,可立即重复一遍,重新建立一次完整的印象,用时 5~8 秒钟。

循环链复习法

当第一个材料按上述五步连环识记完后,立即开始用同样的五步法增记第二个材料,在记完第二个材料以后,立即回头复习第一个(复习时只念一遍读音和释义,暂时不写,下同)。第一个材料复习完后,立即复习刚记过的第二个材料,复习完第二个材料,立即增记第三个材料。依此类推直至第五个材料复习完后,回头总复习第一个和第五个材料(因第一个和第五个比其他三个少复习了一遍),接着把第一个至第五个材料从头到尾总复习一遍。如此链式循环复习,会有相当牢固的记忆效果。

循环链复习法可概括为以下公式(以连记五个材料为例):记一接记二,记二复习一和二,记三复习二和三,记四复习三和四,记五复习四和五,记完复习一和五,最后复习一至五。

在循环复习、逐步递进的识记过程中,要善于分配注意力,使注意力不时地由这一点转移到那一点。每识记一个材料都要界定清楚,不能含糊。

连环复习，按时按段法

连环复习是指当记完上述五个单个材料（第一小组）之后，紧接着用同样方法增记第二小组。记完第二小组后回头复习第一小组和第二小组。复习完第二小组后，增记第三小组。再复习第二小组和第三小组，接着回头复习第一小组和第三小组，然后将第一小组至第三小组从头到尾总复习一遍。

每个大组、单元、阶段的复习方法与小组的复习方法相同，不再赘述。按时按段是指按时间识记和按阶段识记。

"按时"复习的要求是，如全天进行大量识记时，早上记的早上全部复习一遍，上午记的上午全部复习一遍，下午记的下午全部复习一遍，全天记的晚上全部复习一遍。第二天开始记新的材料之前，要把前一天记的全部复习一遍。如果每天记的时间很少，数量不大，也应该当天记的当天复习。

"按段"复习的要求是，每个单元、每个阶段（或多个单元、多个阶段）识记完后，不管识记的时间长短都要进行总复习（包括整个材料记完后的总复习）。总复习的次数、时间可因人而异。如记过的材料比较熟，总复习一两遍即可正常向下进行；如不熟，应停止记新的材料，待复习几遍较熟之后再向下进行。单元复习时，要注意打乱复习，减少跟随关系，易于搬家；识字自学或教学，单元复习时要适当增加练习写字的次数。

在单元复习、阶段复习及总复习过程中，可把少数经过多次复习仍记不住的"难点"单拣出来，当作新材料重新"回炉"，重点复习突破。

整个材料记完后要根据自己的记忆能力，确定复习的间隔和次数。

识记与复习的定律是循环复习随记随习。复习的最佳时机是将忘未忘之时。

凡在脑子中停留时间超过 20 秒的东西才能从瞬间记忆转化为短时记忆，从而得到巩固并保持较长的时间。当然，这时信息仍需要通过复习来加强，一般来讲复习某一内容的间隔时间，应当是在信息尚未遗忘的范围内尽可能长一些。

过度复习法

过度复习法就是不见好就收，而是在记熟后，再次追加复习，建

立起更加牢固的联系。

运用循环链递进快速记忆法应注意的几个问题：一是要相信自己的记忆力，要有决心和信心，在进行大量材料的快速识记中，每个单元或每个阶段复习时，有5%～10%左右的遗忘，应视为正常，不必担心，更不必怀疑自己的记忆能力，要继续按照方法记下去。二是要有明确的学习目的和学习计划，做好识记材料的先期整理准备工作。三是学习时间要相对集中。该方法有一定的连贯性，自学（或教学）时要有点耐心，不宜走马观花地看一下就放弃。四是要集中精力，刻苦努力，保持愉快、振奋、积极向上的情绪状态。五是实验证明，按方法步骤去做的，识记效果都会很好。倘若有效果不够理想者其原因大致有以下四点：一是方法步骤不正确；二是没有坚持按方法做；三是识记的材料没有整理好；四是识记得过快，消化不了。

如属于第一种情况，那就对照方法步骤和要求检查一下，是哪个环节上走了弯路，常见的是，省略步骤、不按时复习影响了识记效果；如属于第二种情况，那就再次下决心，准备坚持按方法做下去；如属于第三种情况，那就应重新整理一下材料，编出适合于链式速记的材料，再开始大量识记；如属于第四种情况，那就应放慢些识记的速度，适当减少识记量，稳步前进。

多角度复习法

对记忆的材料进行多角度复习，增加记忆材料的多层次多角度联系。

自测式复习

一是交谈式互问互答：谈话使人敏捷，交流相互启发。二是定时自测：睡前测试当天学习的效果，周末测试当周的学习效果。三是默写式复习：随时自测，边复习边识记边默写。请记住写作与笔记使人精确。

考前三段复习法

就是将复习时间分成三段。第一段，把所有的知识掌握到及格的程度；第二段，进一步复习深化，把知识掌握到良好的程度；第三段，检查错误、弥补不足、精益求精、达到炉火纯青的程度。考前三段复习法好处是不用担心知识记不住；重复学习、重复记忆、有强化效应；有整体观，便于联系理解记忆。

四步复习法

第一步，泛读。初步泛读课文（材料），了解掌握它的主要思想和大体意思。必要时，可在主要意思下面画线或做重点记号，也可将主要意思摘录或概括下来，并在头脑中进行复习。

第二步，精读。泛读后再认真精细地阅读课文（材料）一遍，并用心找出次要情节。找出次要情节与主要意思之间的联系。并依据这种联系再次在头脑中复习主要意思。

第三步，检查。精读后再迅速把课文（材料）通读一遍，并检查一下前面对主要意思与次要情节之间联系的判断是否正确、全面。为了加深理解可以对主要意思提出若干问题。

第四步，巩固。在脑子里复述课文（材料），或者口头向别人复述，并同时注意回忆其主要意思，对所提出的问题做出回答。复习阅读的遍数不宜太多，在头脑中根据记忆来复习的遍数应适当增多，当靠回忆来复习发生障碍时可复习阅读原课文（材料）的内容。

根据遗忘规律，学习内容最好的巩固方法就是及时复习。复习的方法和策略很多，由于篇幅有限，我们在这里仅向大家介绍一种我们认为是比较有效的复习方法——四程序复习法。

四程序复习法

所谓"四程序复习法"，就是把一个完整的复习过程划分为上下之间存在程序关系的四个环节。

一是尝试回忆。所谓尝试回忆是将课堂学习的内容回想一遍。有人将它比喻为"反刍"，就像牛或羊一样，把已经进入胃里的食物再返回到口腔里细细加以咀嚼。这种方法实际上是在自己检查自己，逼着自己进行思维活动。尝试回忆的好处，至少可以表现为以下四个方面：（1）可以检查课堂学习的效果。在尝试回忆的过程中，如果能够正确回忆出课堂学习的全部或大部分内容，这就可以证明预习和课堂学习的效果是好的。为了正确地检验自己的预习和课堂学习的效果，在开始尝试回忆时，最好先不要看书或听课笔记，等到想不出来的时候再看书或听课笔记。为了加深记忆，还可以一边想一边把主要的内容写出来。这样尝试回忆的效果会更好。（2）可以提高记忆能力。由于尝试回忆是一种积极的思维活动，它可以把自己学过的知识，在尚未进入遗忘状态之前，就在头脑里再现了一遍，这当然是有利于记忆的保持。（3）可以提高阅读和整理笔记的积极性。通过尝试回忆，把课堂学习的内容在脑子里再过一遍，记住的往往是自己已经懂得的，没有记住的正是自己没有掌握的，这说明记忆恰好是对学习效果的检

查。对于那些想不出来的学习内容,自然就会急着去看书或笔记。这样,就激发了看书和整理笔记的积极性,并自觉地将忘记的内容作为复习的重点,使得复习有针对性。(4)可以培养思维能力。尝试回忆时会反省思维的过程,还要概括课堂学习的内容。而一旦想不出来,还要千方百计地寻找回忆的线索,这无疑是在做"记忆体操"。因此,一个经常尝试回忆的学生,不仅记忆能力会有所提高,而且思维的能力也会得到一定的提高。

二是认真读书。在复习的过程中,完成了尝试回忆的步骤以后,便要开始认真读书。当然,这时候的读书和预习与课堂学习时的读书是不一样的,它是在预习和课堂学习基础上进行的。因此,必须做到以下几点:(1)读书和思考相结合。所谓读书和思考相结合,是指不仅要在读书的过程中认真从头到尾、逐字逐句读,对基本概念、基础知识的内容绝对不能马虎,要全面过目,而且还要边读边思考,要多想想在回忆过程中出现的问题,思考内在联系,更要思考对知识的理解和应用。(2)要重点突出。复习中的读书,要有重点,要细读和思考。对于已经记住和理解的部分可以不必再花费很多时间,而把时间集中在回忆不起来和印象模糊的内容上面。在读书的时候,不妨边读边划。(3)重在精读、熟读。对于课本中的一些重要内容,必须做到精读和熟读。至于一些关键的章节和定义、定理和定律等内容,还要在精读、熟读的基础上,将其背出来。(4)适当看一些参考书。在复习的过程中,适当地看一些参考书还是很有必要的。看参考书当然是在复习好课本内容的基础上进行的,而且是结合课本去读参考书的内容。

三是整理笔记。在复习过程中的整理笔记,是指要把预习、课堂学习和复习等学习过程中所记的笔记串联起来进行一定的加工和整理,使其成为一份经过加工和提炼的复习资料。整理笔记的过程往往是一个知识深化、简化的过程。所以,它要求索引清楚,中心突出,内容精练,最好还有自己的独到见解。这样,可以使这份经过加工整理后的笔记成为阶段复习和重要考试前复习的得力助手。

四是探索和发现。复习的内容不能仅仅局限于重复课本的内容,而应该在复习旧知识的基础上不断地进行探索和有新发现。所谓"温故而知新"也就是这个道理。要在复习的过程中进行探索,最根本的办法就是"质疑",也就是提出问题。对于知识,不仅要懂"是什么"的问题，而且还要懂得"为什么"的问题。

网络式复习

复习冲刺的时间往往只有几个月，而要看要背的书可能有七八本甚至十几本，而且有的考试还比较细碎、全面，可谓时间紧任务重。面对这种情况，有人采取"网络式"复习法，即采用篇、章、节、标题、要点五个层次对教材进行梳理和编织记忆网络。最后做到脱离课本时只看大的篇，以篇想章，以章想节，以节想标题，以标题想要点。这样做，不仅记得仔细，对跨章节组织论述题的回答也十分有利。

提高"回头率"

复习过程中接触的知识很多，很多东西印象非常浅，看完一遍之后在脑中几乎不留任何痕迹。为了防止遗忘，就要采用提高"回头率"的方法，即看完一节、一章、一部分之后，再回头扫视一遍，这样知识得到了系统和巩固，效果很好。

空想法

所谓空想法就是不看课本回想看过的内容；或看课本的大纲填充细节。这种复习方法同盯着课本死记硬背相比，所用时间更少，但是却更容易找到记忆中的"盲点"。在回忆难以为继时，翻开课本，那么这一段知识对神经元的刺激非常强烈，因而也就容易刻入脑中。

理解法

文科中的事实和理论都需要记忆，而对理论的记忆和背诵，没有理解是不可想象的。根据同学的总结，理解时必须：能"从点到面"，"记重点，析难点"；看书时能"钻进去，跳出来"；"能画出知识结构的树形图在胸中"；最重要的，理解要达到"融会贯通"的程度。

树形图

在复习时，可以在每门考试科目众多的参考书中选出一本较有代表性的教材，通读全书后，理出该领域研究的主要线索。如：该学科领域研究涉及哪几大方面的问题？每一个大问题下又涉及哪些主要内容？每一个内容中关键的知识点是什么？等等。依据这些问题，可以画一个树型图，帮助你理解"树干"与"树枝"、"枝叶"等的内在关系。然后，依据这一树型图，再参考其他书目，对这一图式做进一步的充实完善，使得树型图更加完满。这样，通过这一"制图"过程，就会使你自己对于这一学科研究的整体情况有一个较为全面的了

解。而且，这一图式对最后"冲刺阶段"的复习也能够起到帮助你理清脉络、迅速回忆起细节的作用。

融会贯通

考题大体有两种类型，一种是认知性质的考题，另一种是理解与应用型的，而且以后一种居多。因此，同学们在复习时绝不能死记硬背条条框框，而应该能够力透纸背，看清它背后所包含的东西，并且加以灵活运用。所以在复习时，首先要把基本概念、基本理论弄懂；其次要把它们串起来，多角度、多层次地进行思考和理解。由于专业的各门功课之间有着内在的相关性，如果能够做到融会贯通，无论对于理解还是记忆，都有事半功倍的效果。

做笔记

由于专业课内容复杂、知识点较多，而且各个章节之间又存在着千丝万缕的联系，因此复习专业课最好也是最有效的办法是：先将教材精读两遍（精读的速度不宜太快，否则会有遗漏，大约1小时15～20页的速度最好），然后抛开书本，将书本中的知识点用自己的语言写出来，整理成精悍的笔记，然后再翻其他参考书，将新的知识点补上。

自测题

专业课要学会自己总结、设计题目。有些名词解释，可能书上没有明确，你可在准备时自己总结一下并写在书上后牢记；有些简答题、比较题，书上可能比较散，你可以集中归纳。在可能出论述题的地方，你可根据内容，自己先设计题，然后试着作答，最后自己对照书判分作出总结。

自己出题

因为考试的时候答题量很大，平时应该有意识地训练一下自己的笔杆子，每天抽出一个小时，自己给自己出一些题，然后尽可能地像在考试一样有条理、有内容地写出一份"答卷"来。这样在考试的时候就不会觉得笔头发涩了。

掌握几件利器

在充分掌握基本知识的基础上，整理出几个重要问题的论述并非投机取巧的权宜之计，甚至猜一猜题也并非坏事，而是一种主动应战的举措，身怀几件利器，到考场若能碰上现成或类似的题目，到时倾囊而出，岂不快哉？即使碰不上，也锻炼了自己分析和表述问题的能力，总不是坏事。

齐头并进

在复习过程中，由于要复习的专业课很多，所以必须合理安排时间。专业课和三门基础课不可偏废。可将每天的时间划分为大致相等的5部分，用于5门课的复习，弱科花的时间稍多一些。英语和数学一旦放下，就会感到相当陌生。所以，每天都要兼顾各门课的复习，做到温故知新。

逐门清

即集中时间，先复习完其中一门，然后再复习另一门。专业课的复习也是有先后顺序的，例如政治学专业中，最先可以复习中外政治制度，因为制度比较直观，抽象程度低，易于理解。复习中外政治制度时，应以制度设置的目的、基本原理及其运作过程为重点；其次可以复习政治学原理，它的抽象层次高于前者，复习的重点是概念和概念之间的逻辑联系；最后可以复习中外政治思想，它的理论性最强，内容也非常庞杂，所以一定要有耐心。复习过程中最好联系各位思想家所生活的时代背景，来理解他们的思想内涵，找出彼此之间的差别和内在的继承关系，一些核心命题应引起特别关注。

多做题

然而对于理科专业课复习，我的想法就和其他的老师可能不一样，我觉得理科需要多做题。我认识的很多高分同学，直到考试前十几天还在做题，多接触各种类型的习题对学好理科很有必要。理科的题型变化多，而且比较活，通过做题后归纳总结考试对哪些知识点的要求比较高，而这些知识点一般出题的深度如何，这样心里就有了谱。另外，课本上的概念一定不能放过，要把其来龙去脉搞清楚后再结合习题训练巩固。通过做题，还能发现自己的薄弱环节。不仅要知道错在哪个环节，还要挖掘出与此相关的知识点：它是和哪个定理相关？这个定理的证明过程又是怎样的？……如此一来才能把错处搞通透。然后再找一些相同或相似类型的题目来巩固练习，直到完全掌握为止。

提高复习效率

要立即行动，拟定复习计划。时间就像海绵里的水，只要你挤一定会有的。没有效率肯定不行。理解性的学科例如数学、物理等可提前进行，后期应该给记忆性的学科留出一定的时间。各科复习首先从

改正错题开始,当初做错的题都暴露出学习上的隐患或漏洞,再改正一遍事半功倍。错题改过后再进入知识归纳、题型归类、查漏补缺、巩固提高阶段。

立足课本

"问渠哪得清如许,为有源头活水来。"对课本中基本概念、基础知识掌握不到位是学习中好多问题的根源,所以应从源头抓起。但这绝不是简单地把课本看一遍,做例题就比看例题效果好;做题后发现问题及时回去看书就比单纯看书效果好;结合听课笔记看书就比单纯看书理解得深刻。

4. 让孩子掌握一些考试的方法

掌握有效的考试方法,对孩子的学习相当重要。

考试是评价学生和教师教学效果的一种方法,它不仅可以评价学生的学习程度和水平,还可以促进学生的学习活动,是"教"与"学"的重要环节。但不正确认识和对待考试,不但不能促进学生的学习活动,反而会影响孩子的学习和身心健康。《儒林外史》中的范进"中举"之后变得疯疯癫癫就是一例。所以,掌握有效的考试方法,对孩子的学习相当重要。

帮助孩子做好考前准备

做好考前准备,概括起来讲就是要"复习好、休息好"。所谓"复习好",就是复习好所学的内容,这既是考好试的基础和前提,同时也是减轻精神压力、预防怯场的最好方法。所谓的"休息好"是指考生在考试前要保持身体健康,以便有旺盛的精力、清醒的头脑去争取最理想的成绩。家长应帮助孩子搭配好营养,保证足够的休息时间,让孩子按时作息,这样有利于孩子在考试中正常发挥他的能力,争取理想的成绩。

帮助孩子消除考试焦虑

面对每一次大大小小的考试,许多孩子都会或多或少地产生情绪紧张、失眠、头晕等现象,这就是考试焦虑。它不仅影响学生在考试中的正常发挥,严重时还会影响孩子的身体健康。预防和消除孩子考试焦虑应从以下两点入手：

①让"平常"心为你的孩子赢得轻松。

父母"望子成龙"、"望女成凤"，凡有重大的考试，就会精神紧张，对孩子的一举一动就会表现出"无比的关心"，就盼着他拿名次、考高分，以便将来进重点中学、名牌大学。孩子的学习成绩甚至成为全家人的焦点，孩子的成绩单成为全家人喜怒哀乐的晴雨表。家长对孩子的考试抱有如此高的期望是可以理解的，但这种举动不仅对孩子的考试一点帮助没有，反而适得其反，加重孩子的心理负担，影响了孩子在考试中的正常发挥。我国当代著名作家贾平凹曾提出过一个观点，叫做"平常心"。所指虽然是以平常的心态做人和做文，但对孩子的学习和考试也同样适用。父母以平常心来对待孩子的考试，适当地调整自己的言行。比如，多抽一些时间和孩子交流在交友、课余生活和兴趣爱好方面的看法，给孩子营造一种比较宽松的学习环境，而不是过于看重和关注孩子的考试成绩。

每一次重要的考试，家长都要跟平时一样对待，让孩子在宽松的环境中安心地复习，考试时轻装上阵，只有这样孩子才能发挥好自己的水平。

②让自信心战胜紧张和焦虑。

要防止和消除孩子考试前的焦虑和紧张，可以对孩子说"这次考试你已经做了充分的准备，你一定会考好的"，或者"你不必太紧张，别人可能比你还紧张呢"，等等。体育界有一种防止怯场的方法完全可以用在孩子考试上。其方法是：回忆最成功的一次考试的景象和心境，以最佳心理状态去应考；回忆考试取得好成绩，受到老师、家长表扬时的愉快心情，使自己乐于参加当前的考试；把这次复习的主要内容在脑子里过一遍"电影"，使自己有把握，充满信心。

帮助孩子掌握考试策略

整体上把握"先易后难"，处理好"稳、准、快"的关系。"先易后难"是指先做前边分数少的、基础性强的、比较容易的题。所谓"稳、准、快"中的"稳"是指审题要稳妥，不要马虎，防止审错题目；"准"是指答题要准，要抓住重点进行答题，做到简单的题不丢分、难题少丢分；"快"是指书写要快，为答题和检查赢得尽可能多的时间。

根据题型灵活答题。考试题的类型一般可以分为客观题和主观

题。答客观题时考生要认真审题,领会题意,提高正确率和速度。如果题目中没有说明选错答案要扣分,就不要空题,实在不会的,也要凭直觉选上一个自己认为比较满意的答案。对于主观题,考生一定要认真、反复地阅读考题,仔细斟酌题目中的每一个关键词,以免遗漏或错误地理解题目所要求的答题内容。答题前,考生还要理清思路,抓住重点,宁多勿少,一定要在考试结束之前把自己认为比较接近的答案写在答题纸上。如果时间实在不允许,也要把要点或关键的步骤写上。

做好考后分析。考试结束后,家长一方面要帮助孩子认真地进行总结,明确今后的努力方向;另一方面还要帮助分析考好或没考好的原因,并跟孩子一起讨论改进方法,以提高孩子的应试能力和学习能力。

当孩子考试失败时要找到自己的角色和位置

每逢期末考试,总会有些孩子成绩不好,甚至有些平时学习较好的孩子,考试也会出现失误。尽管许多家长都明白"失败是成功之母"的道理,但此时他们往往失去理智,火冒三丈,轻者训斥、责骂,重者殴打、体罚。殊不知,孩子在失败时最需要的是家长的抚慰和帮助,它比训斥、体罚、殴打更有利于孩子接受教训,走向成功。

家长用训斥、打骂等惩罚的手段对待考试成绩差的孩子,会加重孩子的心理负担。特别是当着同学的面批评孩子,会伤害孩子的自尊心,因为每个孩子都有自己的个性,以别人的孩子做"参照物",批评自己的孩子,最容易引起孩子的反感。这是一种不明智的教育方式,孩子考得不好,也是孩子遭到挫折的时候,最需要的是父母的鼓励和安慰,要让孩子体会到家长相信他,使他增强自信心。

教孩子学会登个门槛

一个人一旦接受了他人的微不足道的要求,为了避免认知上的不协调,或想给人以前后一致的印象,就有可能接受更大的要求。运用这个方法使人接受要求,便叫"登门槛技术"。

这个效应来自于美国心理学家做的"无压力的屈从,登门槛技术"的实验。实验人员到居民区劝人们在房门前竖一块写有"小心驾驶"的大标语牌。在第一个居民区直接向居民提出要求,结果遭到数人的拒绝,接受者为17%;在第二个居民区,先请居民在一份赞成安全驾驶的志愿书上签名,这个容易做到的要求,几乎所有人都做到了，几个星期后，再向他们提出竖牌的要求，结果接受者竟达55%。

研究人员认为人们拒绝难以做到或违反意愿的请求是很自然的，但是当他对于某种小请求找不到拒绝的理由，就会增加同意的倾向，而当他卷入这项活动以后，便会产生认同感。这时，如他拒绝后来的更大要求，就会出现认知上的不协调，于是恢复协调的内部压力就会支持他继续下去，并使他态度持久。

当孩子考试失败时运用这门技术，会使孩子产生"登门槛效应"。如有个孩子期中考试，数学考了58分，母亲理智地分析了原因，并给他努力的空间，提出："期末能考63分吗？"孩子一口答应了。结果期末考了63分。母亲说："你进步了。下学期有信心考70分吗？"孩子说："没问题！"结果考了75分。

家长在运用"门槛效应"时，要注意提出要求的"度"，还要根据具体情况而定，尽可能发挥最佳的"门槛效应"。

方法的实质是按事物的规律办事，正确的考试方法就是按考试的规律办事，下面介绍一些比较普遍适用的方法供家长参考。

头脑清醒，情绪平稳

在考试过程中一定要保持健康的身体、清醒的头脑，考前要休息好。考试是一种深入而紧张的思维活动，不宜太激动、太惧怕、太紧张，需要保持一种平稳的心态，使答题过程达到并保持最佳的思维状态，才有可能实现自己正常水平甚至超水平的发挥。切忌进考场前说说笑笑、打打闹闹，答题过程中一定不要分散注意力。

按序做题，先易后难

一般重要的正规的考试试题，有难有易，难易兼顾，既有理论、知识的理解、记忆，又有理论、知识的分析、综合、推理等运用。整个试题的排列顺序是先易后难、由低分到高分。考生不必把试题通读一遍后再答题，直接按试题排列顺序的先后答题就可以。因为通读一遍，既浪费时间，又会因遇到一些难题而引起不必要的惊慌。假如在本该容易答的前面试题中遇到一些不会答的试题，也不要紧张，把一下子答不出的试题留下，继续往后答相对容易的试题，再返回来答，也许就会答了。

审题仔细，务求准确

审题是答题的前提，审题不准不全就会答错答偏，审题差之毫厘，答题就会谬以千里。试题大多数都不是简单明了、一目了然的，

看错了或理解错了一句话就会全错。

胸中有数，对号入座

所谓胸中有数，就是考生在考前对重点内容有一个全面的系统的理解和记忆，审题时把试题输入大脑，同已储存的知识信息相联系，进而判断试题所考的范围与要求，最后给出正确的答案。只有胸中有数，才能实现对号入座。

准确全面，防漏防偏

回答主观性试题要求紧切题意，不要以偏概全，而要"全"字当头，即方面全、点点全，而不在多。

积极应答，不留空白

所谓不留空白，是指即使没有把握答对也要答，因为不答就没有分，答错了也不倒扣分，而答对了或对主观性试题答对了一部分都会有分。开个玩笑说：不答白不答，不答是"傻瓜"。

思考要点，边想边答

这一方法是对主观性试题而言，不必打草稿，直接往答卷上写，只要要点回答出来，其顺序是无关紧要的，一般改卷大都是踩点给分。这样的答法可以节省时间。

字迹清楚，词要达意

这是对回答主观性试题的基本要求。有些考生答题的文字写得潦草又不整齐，用词又不当，给改卷者以不好的印象，肯定要被扣分。相反，字迹清楚整齐，用词恰当，表达清楚，就可能博得评判者的好感。

层次分明，合乎逻辑

这是对回答主观性试题的要求。考生回答问题时要按照试题要求的顺序逐点回答，可分出（1）（2）（3）……不要东拉西扯，颠三倒四。

稍息后查，不急交卷

试卷答完后，为了防止思维定式，不要立即就查，待休息一下再复查，也许能查出不妥之处。有的考生为了显示能耐，考试时间未到就急于交卷，这是不必要的。

回答材料题的方法或思路

材料题是给出一定的材料（大都有3个以上材料），要求考生运用所学知识分析材料，回答试题所提出的问题。材料题主要是考察考生运用所学理论、知识的能力,对给定材料进行分析、鉴别、比较、概括、综合。1993年文科试题中开始有材料题,1995年以来文理科试题都分别有两个考题。回答材料题的方法或思路:一是认真细致地阅读给定的材料,弄清楚表达的背景、立场和观点;二是把试题要求回答的问题同材料结合,确定材料所考的科目及有关原理、观点;三是运用有关原理、观点,按照回答要求,再看材料,进行鉴别、比较、概括、综合;四是要求考生要掌握理论的系统性、分清理论是非,掌握有关问题的时代背景、历史进程,并在备考过程中参阅和练习一些材料题,以提高分析、比较、综合问题的能力。

7. 只具有智慧是不够的,还需要自律

一个孩子要取得优秀的学业成绩必须具备两项特定的素质,一项素质是必须具有智慧,但只具有智慧是不够的,还需要有自律这项素质。自律对于日复一日地克服某些孩子认为痛苦和困难的事情,是必不可少的。

人们对一些尽管其能力足以完成学业,但在学校却是不成功的学生存在着明显的困惑和不解。然而,答案则与上述有关,即一个孩子要取得优秀的学业成绩必须具备两项特定的素质,一项素质是必须具有智慧,但只具有智慧是不够的,还需要有自律这项素质。一个有能力的孩子也许不会自律,而自律对于日复一日地克服某些他认为痛苦和困难的事情,是必不可少的。

智力和自律并不是经常地联系在一起的。孩子常常是具备一个方面而缺乏另一个方面,偶尔会有一个并不聪慧的孩子通过努力奋斗而取得高于预期的成绩,这种现象叫做超常发挥。与此相反的情况要普遍得多,称之为未尽力发挥,其典型表现是一个孩子有很大的智能潜力,但他却将它浪费掉。

我们常常认识不到学习需要艰苦的努力。让我们来了解一下一个中学生每天的家庭作业有什么要求。他在学校完成一天的学业回家后还必须明白老师的要求是什么,包括作业的页码及其他细节,由于书本太多,书包装不下,还必须记得把该带的书本带回家。他必须在晚

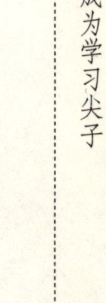

上关掉电视机，不理会电话，如果家长有打麻将的恶习他还必须忍受麻将或居室附近其他的噪音，必须在足够长的时间内集中精力以便正确地完成作业，还要将做好的作业带回班上交给老师。他必须记住所学的东西，直到下次考试乃至升学考试结束，而且必须坚持经常不停歇地一次又一次地做。达到这一点要求的不仅仅是能力，还意味着他能日复一日、周复一周、年复一年地发奋学习。有些孩子在小学的各个学年都很成功，但后来便放弃了努力。据估计，75%的学生在升至初中或高中的某个时段都经历过学业滑坡。尽管这种现象屡见不鲜，但无论是学校还是家庭都没有做好应对的准备。

父母普遍对未尽力的孩子以下列三种方式做出反应。一是将问题当作孩子的冥顽不化来处理。父母可能会恼羞成怒肆意贬损孩子的人格以至对孩子做出某种惩罚。这种反应不太可能促使孩子一贯地努力读书。在这样的情况下学校会对孩子进行威胁，这也几乎不能使孩子更加勤奋。第二种可能是给孩子许诺远期贿赂，这种远期贿赂也同样不会奏效。推迟强化等于没有强化。第三种反应是"他有时必须学会承担责任！我总不能老在那里帮他。所以，这是他自己的问题。"

如果父母每天处理这一问题的时候所抱的态度是不现实的，学校也不可能更有帮助。老师也许会说："不必担心这一点，孩子的年龄已经能够解决这一问题。"这恐怕是对孩子最大的谎言。孩子通常并没有长到能解决这一问题的时候。一些人观察到大多数未尽力发挥者有"终身"麻烦，他们常常做任何事都马马虎虎、杂乱无章。只有具备一种长久的品性，才能艰难地达到课堂的要求。

孩子们像所有年龄阶段的人一样，都希望能成为一个负责任的人。他们希望感受到成功所带来的愉悦和尊严。在学校中失败的人常常是最悲惨的，但是他们又无法用自律来克服自身的惰性。

对犯有这种症状的孩子有两种矫治方法。一是父母深深地投入到孩子的学校功课中去，使他除了完成功课外别无选择。不过，只有学校经常与家长交流学生的各种情况，这种方法才有可能行得通。因为小家伙肯定不会传递这种信息，特别是青春期的孩子，他会千方百计阻碍学校与家庭的沟通。

此外，在百分之百需要自律的领域，父母应该提供支持。晚上学习时间应该具有高度统筹性，例行学习时间不被干扰或尽可能少的干扰。父母必须知道给孩子布置了什么作业以及怎样检查已完成的作业。美国斯坦福大学"家庭·儿童·青年研究中心"正在进行的研究表明,能帮助未尽力发挥者提高成绩的一种方法就是父母参与进去,有规律地鼓励孩子,表扬做得好的事情,及时给予有意义的帮助,孩子学习成绩往往会上升。

做到这点并非易事,父母的热情参与很少能坚持两周以上,因为很多父母本身就缺乏那种不可缺少的自律,必须有某种办法补充父母的努力。

未尽力发挥者常常会在一种即时强化机制下取得成功,如果孩子对学校的奖赏与激励无动于衷,那么他还需要增加一些激励。就是那些积极的进步哪怕更小的行为,也应该给予充分肯定和鼓励。不要等到孩子期末考试得了 A 才给他奖励。你也许认为这是在对孩子进行贿赂,但只要为了孩子的学业能有一个好的成绩,试试又何妨呢,对猫的评判标准是抓住耗子的就是好猫,我们对孩子的教育方法也应该解放思想,能使孩子尽力发挥取得好的学业成绩的就是好的方法。

彼得是一个典型的未尽力发挥者,正在留级读二年级,学习动力已被早先的失败扼杀,他现在什么也不想干。他的妹妹在彼得留级的同年升入了二年级,而且,你也许不知道,她还是一个学习尖子。而相反,彼得却深深地陷入了学业绝望的泥潭之中。

我们在与彼得的母亲商议后,就一套在家里实施的激励方法达成了共识。在我们商讨的基础上,彼得的母亲很快制作了一个图表。

彼得只要每天随爸爸或妈妈花 5 分钟时间做当周的词汇拼写作业,就可以在图中用彩笔涂掉一个空格。当所有空格都涂满时,他就可以得到一个新的自行车座。同样,他每做 10 分钟的算术题也可以涂掉一个空格,50 个空格涂满后就有机会跟爸爸一块去玩一次保龄球。彼得的妈妈认为阅读是他最大的障碍,应该给予最大的奖励,于是确定阅读课的奖励是上游乐园玩一天,但这一奖赏的获得的付出更大的努力才能得到(涂一个空格得需要完成 15 分钟的阅读)。

由于每一个小的奖励都很明确具体,并能很快获得一个又一个愉快的奖励,而且学完还有一项大奖在等着,彼得很快领会到了这一游戏的激动人心。他放学后急着赶回家,跟妈妈一起做作业。以前妈妈没有办法让他打开书本,但现在取得了出人意料的效果。彼得的妈妈第一个星期就打电话给我,抱怨只要彼得在家里,她就无法完成自己的工作!

不久之后，奇迹出现了。彼得开始学习，尽管学习并不是他的真正用意。他第一次在周试中正确地拼写出了全部单词，享受到了由此而来的成功喜悦。当班上讨论他会做的算术题时，他会拼命地举手以证明他所掌握的知识。他的阅读能力进步显著，老师把他从阅读慢组中调了出来。尽管彼得没有刻意追求，但他还是发现了学习的乐趣，失败的恶性循环被打破了。

如果认为所有的学习问题都能像彼得那样轻松地解决那就错了，有些未尽力发挥者是死硬透顶的顽固分子，没有任何东西让他们开窍。但是强化原理还是提供了进步的可能性。这种方法已在全世界得到采用，常常会取得显著效果。

8. 怎样让孩子自觉地学习

"天将降大任于斯人也，必先苦其心志，劳其筋骨，饿其体肤，空乏其身。"孩子自然也不例外。如果孩子缺乏克服障碍或逆境的精神动力，往往会在过于满足的生活中，受到侵蚀而不自知。

"我的孩子凡事都提不起劲。""都要考高中了，孩子还不懂得自觉地读书！""孩子的成绩不好，我为此请了家庭教师，可是他自己却不用功，补习费等于白花了。"这是一般父母经常面临的烦恼。在这些问题中，也不乏杞人忧天的父母。比如说，父母担心孩子要考高中却还不用功，事实上，他们的宝贝孩子，现在还不过只是初中一年级而已！孩子没有干劲，主要是由以下几方面因素造成的：

孩子并不需要太多的干劲时，父母却强求他以十足的干劲去面对功课的挑战，孩子就会显得没有干劲。无论如何，一定要让孩子主动产生目的意识，认为这件事努力去做很有必要。这才是支持干劲存在的主要动力。

一件事做了之后对自己并没利益时，孩子也会提不起劲。报酬并不单指具体的物质或金钱，还包括此种行为能被肯定的精神性报酬。同时，当孩子产生这件事自己办不到，或是这件事太困难等先入为主的想法时，也会失去动力。不管任何事，只要能产生自己去做便能完成的达成感，就会成为支持孩子干劲十足的一个重要原因，这就是

"达成原则"。

一件事并不困难,完成之后也可得到报酬,可是有些孩子因为对此不感兴趣,所以不愿去做。反过来说,一件工作完成之后没有报酬,再加上有一点难度,但若是孩子对它感兴趣的话,仍然会干劲十足。

一件事就算拥有强烈的目的意识,完成后可得到报酬,也能享受达成感,然而工作者已对它产生厌烦之心,也无法持续干劲。认为自己已没有再做下去的必要,这种自大的心态,也是干劲的大敌。此外,太容易的功课或是要求太低,也会使孩子无法产生干劲。

那么,怎样使孩子增添干劲呢?如果你仔细观察用餐时的状况,便会发现成人和孩子间有一个很大的差异,那就是成人一般都会将自己喜欢的菜肴,留待最后再吃,而孩子却往往由自己喜欢吃的菜开始吃。孩子的学习也存在这种心理,每当遇到自己不喜欢的科目时,便会在课堂上打瞌睡,所以总是挨老师的训斥。孩子做功课总是先做自己喜欢的科目,而留下不喜欢的科目,这样那些科目自然一直没有起色。遇到这种情况,不妨让孩子先做完自己不喜欢的科目,再做自己喜欢的科目,这样才能较好地克服逃避不喜欢科目的心理。因为孩子若不先把不喜欢的做完,便不能做自己喜欢的科目,于是只有硬着头皮向讨厌的科目挑战。一般来说,孩子从自己讨厌的科目做起;做完之后再做喜欢的科目,这样更能提高孩子的学习欲望。

有时,孩子不想用功做事,不想用功读书,不想帮父母做家务,这时,最好利用"同步心理"让孩子去做原本不想做的事。举例来说,当迷你裙流行时,许多女性不管自己的腿部曲线是否修长,都纷纷一窝蜂赶时髦。这种和其他同伴一样心态的想法就是一种"同步心理"。人都有"同步心理",喜欢和他人有相同之处,以免受到朋友的排斥。

孩子的生活领域比起成人的世界,"同步心理"所占的比例更大,对孩子来说,没有一件事会比离群的感觉更可怕。例如,孩子央求父母买某种东西,而父母不答应时,他便会理直气壮地问道:"人家隔壁的小明都有,为什么我没有!"这是孩子最常使用的"理论"。做父母的不妨用这种孩子唯恐离群的不安心理,用这套方法激励孩子用功,可以说是以子之矛攻子之盾,这样能迅速击中孩子的心理,使其主动学习上劲。此外,这种方法也可以用在其他方面。比如说,孩子

不愿帮忙做家务事时，可以对他说："隔壁的小明都会帮忙做家务事呢！"相信大部分的孩子在听了这句话后，都会很乐意协助母亲的。

不要为孩子安排过于舒适的环境。有位小学四年级的小男生，他是家中的独生子，生性活泼，经过智力测验发现，他的智力比同年龄的孩子高出甚多，他的父母和祖父母都深深地以他为荣，决定要给他一个最好的读书环境。这位男孩子非常幸运地诞生在一个经济环境很好的家庭中，与学习有关的生活条件一样不缺。但是，他却慢慢开始改变了，读书虽然仍旧认真，但总是少了那么一点干劲，不再有向功课挑战的欲望了，成绩也逐渐退步了。后来经过专家分析，认为主要是由于物质条件过于优越的缘故。如果对一切都很满足，就不会产生打破现状、努力突破的进取欲望。

一般来说，欲成就大事业，便需要有"吃苦精神"。正如孟子所说："天将降大任于斯人也，必先苦其心志，劳其筋骨，饿其体肤，空乏其身。"孩子自然也不例外。而能克服障碍或逆境的精神动力，往往会在过于满足的生活中，受到侵蚀而不自知。

要经常鼓励孩子的自信心。孩子考试成绩不太好，心里很难过，再加上怕父母训斥，心里一定会忐忑不安。这时，如果父母再鼻子不是鼻子，脸不是脸地训斥一顿，效果不但不好，反倒还会产生副作用，使孩子丧失自信心。作为母亲应轻描淡写地说："我相信以你的实力，应该可以得到更好的成绩，这次考试大概没有完全发挥吧！妈妈相信你日后一定会大有作为的。"这样孩子不但不会丧失自信心，而且还会增加干劲，发愤图强，比把孩子训得发慷好得多。

不知是否因为母亲的这种鼓励，阿黄的成绩的确逐渐进步，后来竟挤进了好学生之列。大概是有知识的母亲常向阿黄表示："你应该做得到！"他产生了自信，一旦碰到困难的问题时，便会努力不懈一直到解决为止。偶然间解决了某个问题，知道自己还是有实力的。这种暗示愈来愈强，最后就成为真正的自信。只要带着这份自信读书，以后就不会再有问题了。

为人父母者，若能经常引发出孩子的潜在能力，孩子的成长有时会出乎父母的意料之外。对于不自信的孩子来说，这种鼓励方式，无疑是最有效的。

父母要慎说"反正"或"还是"。当孩子递给你一张满红的成绩单时，相信有不少的母亲，为了安慰沮丧的孩子，会无意识地说：

"没关系,反正这个科目你不行!"或"还是跟上次一样的低分数?"做母亲的也许是为了安慰孩子,但这样的言辞,不单不会给孩子带来安慰或鼓励,反而会使孩子灰心丧气。

"反正"或"还是",无疑表示要孩子放弃努力,若母亲经常把这句话挂在嘴边,当孩子想要做某件事时,心里就会升起"我反正做不成"或"大概还是做不到"的想法。这种不利的自我暗示,相当于不战而败,当然不可能产生学习的干劲,面对任何工作,都会以马马虎虎的态度应付了事。

比如说,某次考试得了高分,就会认为"这次算我走运!"容易产生此种否定性的想法。纵使师长或父母夸奖他,也不会从心底高兴,更不会将此种夸奖,化为下次努力的能量。使用严厉责骂的方式,企图激发儿童的反抗心,使他产生干劲,往往会让孩子产生挫败感。"反正我就是这么没用"的心理,无异于给了他不良的暗示。基姆对孩子说:"反正"、"还是",即等于是向他宣布了父母对你根本没有期望,一个相信自己没指望的孩子,是不可能产生干劲的。

9. 怎样让孩子集中精力

对事物能有集中的能力,在孩子成长过程中,占相当重要的地位。说得极端些,孩子所有的能力,包括读书和学习新鲜事物,都完全取决于孩子是否拥有集中力。

孩子在学习时,有时注意力很不容易集中,眼睛盯着老师,听着听着,思想却不知溜到哪里去了,结果老师讲什么也没听清。做作业也是这样,注意力老是集中不起来,结果时间也花了,效果却很差。不少孩子都为此而苦恼。注意力不集中的人,都会时间花了不少,收效却甚微。因为我们不论要看清一样东西,还是要听明白一件事,理解一个问题,都必须集中注意力。如果没有注意,就会视而不见,听而不闻,食而不知其味。

俄国的大教育家乌申斯基就曾很形象地把注意力比作一座"门",认为凡是从外界进入心灵的东西都要通过它。若不集中注意力就等于自己把这扇"门"关闭了,外面的东西(比如你所要学的知识,老师

所讲的话……）又怎么能进得了你的心灵呢？这样当然会对你的学习造成影响。要想克服注意力不集中的毛病，必须先找出造成注意力不集中的原因，有的放矢地去克服才会收到好的效果。注意力不集中大致有以下几种原因。

外界环境干扰

比如，学习环境不安静，外面不时有汽车喇叭声、建筑工地的机器声、窗外行人的谈笑声、脚步声、音响声……一切与当前活动无关的外界事物都可以成为集中注意力的干扰因素。如果你是由于这些因素造成分心的，那么对策就是要培养你的抗干扰能力。

有人说"心静，则境宁"，这是很有道理的。在嘈杂、吵闹、杂乱的环境下，首先自己要明白，绝对安静的学习和工作环境是没有的（你总不可能在密闭的隔音室里学习和工作吧），其实，烦躁本身对注意力的干扰比环境的干扰更强烈！

做一些力所能及的改变环境的工作使它在一定程度上掩蔽外界的噪音，也能使人心情平和下来。例如可以清理一下桌面和桌子周围堆放得乱七八糟的东西，还可以播放一些柔和的音乐等。

对所学的东西或所做的事不感兴趣

兴趣是推动人们去集中注意力的重要因素。比如对感兴趣的电视节目，对感兴趣的小说往往会全神贯注。相反，若对某种事物没有兴趣，就很难集中注意。如果是这方面的原因，你要想集中注意力就得培养自己的兴趣。为此你还得检查一下所学东西是否符合自己的水平，如果过深过难，恐怕还要补补基础，如果过浅，不妨请老师给点额外任务。

自控能力差

自我控制能力是意志力的一种表现。需要我们注意的东西不一定是我们都感兴趣的。对于不感兴趣的事，我们必须经过努力，才能对它集中注意。所谓"与分心作斗争"，实际上就是靠意志力，还得加强意志的锻炼。

疲劳

过于疲劳也是注意力不集中的原因。因此，在感到疲劳时，与其硬撑，倒不如休息一下。休息后，往往由于精力充沛，注意力集中，工作和学习可以事半功倍。

情绪波动

情绪波动也时常会导致注意力不能集中。比如，受到批评，会使人不高兴，或满腹牢骚；相反，有时太高兴，比如刚打胜了一场球而乐不可支。学习也是一样，在情绪波动状态下，要集中注意力去做些即使平时很感兴趣的事，也是困难的。因此，遇到这种情况，一定要使自己的情绪安定下来，要"消气"。重要的方法是使自己的注意力尽快从引起情绪波动的事件上转移开去，待情绪平静后再去干应该干的事。

下面从一些具体的问题和不同的角度介绍一下让孩子集中精力去专心用功的方法：

要让孩子有具体的时间观念

我们常说时间就是生命，时间就是金钱，耽误别人的时间就等于谋财害命。那么，对于孩子可不可以说，时间就是素质，时间就是业绩呢？答案是肯定的。不要让孩子总是对时间只有个大体的概念，而应该有更具体的时间观念。与其规定他每天读书到4点左右，倒不如规定4点15分，这么一来读书时间的长短，才更有具体性。换句话说，唯有通过严格的时间划分，才能让孩子了解时间的重要性，也更能让孩子集中精力专心用功。

用钟决定读书结束的时间

世界上最残酷的刑法，大概就是要人永无休止地工作。正值爱玩耍年龄的孩子，之所以能在上课时安静地坐在教室中，能在考试时集中精力考试，都是因为有下课铃之故。因为他们知道，只要铃响一切就都结束了。如果没有这种时间限制，只告诉孩子在今天要做这种考试，孩子绝不会产生认真答题的集中力。

当孩子在考试前，以不安的表情做最后冲刺时，不妨把闹钟设定好睡觉的时间，然后告诉孩子："今天晚上若不好好睡觉的话，明天考试时脑筋便会转不过来喔！"把闹钟当作"睡眠钟"，指示孩子何时该结束读书上床睡觉。孩子在想到只要一听到铃声响起时就必须结束读书，便会不自觉地紧张起来，拼命集中精力用功。

让孩子内心充满宁静

所谓注意力涣散，指的是对于自己置身的状况感到厌恶，使得内心产生动摇。若是能"心静"地埋头于书本之中，便不会感受到痛苦。只要内心充满宁静，便不会出现注意力涣散的情况。

一个人注意力涣散，要想恢复会相当困难。即使得道的高僧，有时也会为了无法达到无我的境地而苦恼。为了去除心中杂念，他们便

以诵经、坐禅等方式,在诵经声、木鱼声、风吹过树梢的沙沙声等规律而单调的声音中,使心灵平静、精神专一。

对于注意力涣散、无法专心读书的孩子,可以让他们暂时闭上双眼,静静地听时钟"滴答滴答"的声音,也很有效果。这种暂时的冥想,可以使人的心情平静下来,每天坚持这样做,就可以培养孩子的集中力。

孩子坐在书桌前却无法集中精神,这大多是因为没有具体学习科目的关系,孩子只是在脑海中想着要读书的内容,因此精神无法集中。

遇到这种情形时,除了让孩子脑海中做思考作业外,同时也让他做具有具体形态的作业,这样或许能使孩子的精神集中。比如说大声念课文、抄写课文。

玩时要玩

到野外或游乐场时,往往可以看到一些带着书本去的孩子。其实既然出来玩了,就应该尽情地放松自己,孩子带书来,大概是不愿意破坏自己的读书进度。结果孩子玩乐时,由于担心着功课,所以等于没玩,这点作为父母应该值得注意。

这种难得的意志力,表面上似乎值得大为夸奖,可他们却忘了一点,制订工作或读书计划,只是一种使工作和读书有系统地进行的手段,而非目的。但像前述的例子,手段成为目的,如果不遵照读书计划来进行,孩子内心便会感到不安。当孩子无心读书时,若是只因预定的计划而逼着自己去书桌前,那么一定无法达到预期的效果。这时,不妨改变读书计划,孩子为了赶上落后的进度,便会自己找时间用功,把落后进度补回来。

读书计划表只是预定的,它在任何情况下都可变动的。比如说,平常孩子在放学回家后,总是按照做作业、复习、预习的顺序进行,有时刻意把这个顺序颠倒的话,也许更能集中精力去用功。告诉孩子"机会只有一次"。王山为孩子购买了翰林汇多媒体课堂光盘,想让上初二的女儿利用电脑学习。可孩子在电脑上学了几次,却把光盘放在自己的书桌上,并没有如他想的那样使学习更进步。在她看来,反正是咱家的东西,早学晚学还不都一样。有位喜欢看电影的朋友,他为了收看电视上播放的电影,买了一台录像机。他使用定时录像装置,把所有的电影都录了下来,朋友问他是不是看得很过瘾,可是他却说:"真糟糕,最近我几乎没看什么片子。我总是想反正随时都可以看,今天不看明天还有时间,结果反而慢慢就没有想看的念头了。"

这种"随时可看"的心态是夺去集中力的原因之一。如果消除了这种想法,孩子自然会产生集中力。

有一所幼儿园便是利用人的这种心理,而得到惊人效果的。这所幼儿园的园长热心地制作了幼儿教育的录影带,供孩子们观赏。每天观看的时候,都对孩子们说每天只能看一次。如果孩子要求再看一次,园长绝不答应。

如此一来,原先抱着好玩心理来看录像带的孩子们,由于影片只有看一次的机会,所以个个都专心地看。这种预先宣布的"限制效果",在培养孩子的集中力方面,效果相当惊人。

让孩子在短时间内做完一件事。欧洲的孩子最让人佩服的是,他们都会帮忙做家务,现在中国的小孩子却很少如此。父母一切以念书为优先,完全不让孩子去插手家中的任何杂事。孩子也习惯了父母的这种态度,一遇到父母叫做一点小事,他便会以要念书为借口来推托。其实这正是造成孩子集中力衰退的主要原因。

刻意地让孩子做一些家事,乃是消除时间过于充裕的一种手段。因为心里想着时间不够用,人才会特别集中精神,培养孩子在短时间内做完一件事的习惯,对于增强集中力相当有效。

"考前猜题"。这里所指的"猜题",并不是指投机性的行为或者类似赌博之类的东西。它是一种"省力读书法",必须要具备相当的智慧和技巧。

所谓考试,就是要让学生知道从前所学过的课业,到底了解了多少、重点是否能掌握。若能猜中题目,即表示孩子已掌握了学习的要点。任何知识都以死记的方式去读的话,便会完全没有乐趣。如果用这种方法读书的话,孩子自然会感兴趣,尤其是考期逼近时,没有充分的时间把每一科都仔细地读过,集中力便会随之降低。此时,母亲不妨告诉孩子不必全部记住,只要了解其中的重点就可以了。这样反而可以提高孩子的注意力。在掌握重点时,等于也把整体浏览了一遍,这样便收到了真正的功效。

用"仪式"使孩子快速进入学习状态。有一位书法家,在检讨最近的书法教育时,认为我们有重新评估磨墨意义的必要。他认为所谓的书法或习字,不光是为了要写漂亮文字,还有助于品性的修养,尤

其是培养集中力方面，书法具有很大的效果。而研墨的步骤，最能培养此种修养。很多人写书法，只想尽快地写完，所以便使用方便的墨汁，这样等于是本末倒置。

这不是否定使用方便墨汁的价值，从教育方面考虑，这位书法家的话确实有其道理存在。其实不单是书法，其他像读书、修行、工作等需要高度集中精力的事，在开始进行前，借着一种固定的"仪式"，也可以使心理保持集中，更快进入这种状态。

因失眠而困扰的人，需有"就寝仪式"，每天在睡前做一些固定的动作，做完之后也许便会感到较容易入睡。孩子在念书前，不妨让他削铅笔或静坐一分钟，孩子便会在不知不觉中，进入容易集中精力的状态。

用学习时间做标准不如用完成量来要求。孩子的集中力，并不是靠念多少时间书的限制产生的。我们只要稍加思索便可以知道，时间的流逝和孩子的集中度与达成度，是全然没有关系的。

尤其是平日就无法集中精力的孩子，这种方法更不适合。因为他们的注意力不集中，即使长时间坐在书桌前，也是一件无意义的事。甚至还会妨碍孩子的身心健康。如果要对这样的孩子以时间设定标准的话，只能以30分钟、1小时极短的时间为单位。

但即使使用这种短时间的方法，孩子是否就真能集中精力，谁也不能保证。对这种孩子，与其用"时间"来做标准，倒不如以几页、几题、几十次等"量"做标准，更容易使他集中精力。此外，再加上暗示，他若是专心的话，便可提早完成，这也会成为孩子产生集中力的动机。

10. 怎样排除孩子的厌烦感

人类在心理上觉得与目标的距离愈短，就愈有持续紧张感和动力。

在使孩子产生厌烦感的各种原因中，以单调为首要因素。连续做相同性质或简单的工作，最容易引起厌烦感。

此外，孩子不知道作业的意义、做自己不想做的事时，也很容易产生厌烦感。

不单调、做起来也有很多兴趣，但"做的时间太长"也会使孩子厌烦。

以上诸项是造成厌烦的原因，如果父母能在事前便预防消除掉的话，孩子便不会对自己课业或学习的事物感到厌烦，而会长期地持续下去。

"单调感"与"做的时间太长"有出乎意料的密切关系。不论是多么富于变化性的作业，只要做的时间太长，便会陷于单调。它带给精神上的疲劳，远较肉体上的来得大。

话虽如此，但每个人对持久的界限并不尽相同。当一个人对某件事产生厌烦感后，可让他改做另一件性质完全不同的工作，让内心饱和状态消失，而产生另一种新的"空腹状态"。

对孩子如果能巧妙地排除"厌烦感"，则孩子废寝忘食地努力读书，并不是不可能的事。

制定具体阶段性的目标，让孩子读书。从前在美国工厂，曾做过这样的实验——将从业人员分成两组，一组指定他们在一个月内，制造某一数量的产品，而另一组在告诉他们最后的目标时，也告诉他们每周必须达到什么目标。这项实验的目的，是为了调查给予目标方式不同，在工作效率上是否会有差异，结果前一组只达到预定目标的八成。而后一组却超出了预定目标。

人类在心理上觉得与目标的距离愈短，就愈有持续紧张感和动力。如在登山时与其鼓励对方"加油"倒不如告诉他马上就爬上一半了，这种"下限目标"会使他产生继续坚持的动力。

对一个做事感到厌烦的孩子，给予他下限目标要比鼓励他更有效。若是想让孩子读一个小时的书，可以告诉他："试着读 30 分钟看看！"孩子会觉得这样的小目标应该不难达成，便较易接受。只要他持续读了 30 分钟的话，再读个 30 分钟则并非难事。

巧妙地转变孩子的情绪，也是一种防止孩子产生厌烦感的有效方法。在孩子读书的休息时间，孩子大多只会坐在书桌前发呆，这样的话，刚才用功时的紧张感便会一直持续下去，休息等于毫无意义。不妨让孩子做剪指甲、买笔记本、洗脚踏车等杂事。与其让孩子坐在书桌前发呆，倒不如做些与书本无关的事，能够转变孩子的情绪，而产生新的干劲。

让孩子吃糕点后读书也会使孩子再次振作起来。让孩子吃糕点为的是慰劳孩子念书的辛苦，同时还有提高念书持续力的效果。孩子知道再过20分钟便有糕点可吃，原本松懈的心理，就会再次振作起来，于是糕点便成为厌烦感的抑制剂。如果母亲在孩子饥饿时就给他吃糕点，那就对孩子没有吸引力了。

有一点必须注意的是，吃糕点的时间要尽量缩短，以免成为连续读书的障碍。此外，确定让孩子吃糕点的时间，要精心安排。

学会运用"中断效果"。电视连续剧总在情节的高潮处打住，这样观众便会产生欲知下情的期待感。这种技巧，也可应用在防止孩子产生厌烦感上。

比如说，当孩子陶醉于书本或玩乐时，父母可以故意说："好了！今天到此为止！"也许有人会觉得，孩子正在兴头上，为什么要去阻止呢？其实孩子对某件事感兴趣的时间，还不像大人想象中的长。很多时候他们表面上看起来认真，实际上那只是一种习惯性的状态，所花的时间和读书或游戏的效果并不成正比。

著名心理学家西格尼曾经进行实验，结果发现被中断的读书或工作内容，特别容易被记住，而且被想起的几率也较高。原因就在于进行中的工作被中断，使得工作的紧张感持续。善加利用这种"中断效果"的话，不仅可防止孩子的厌烦感，还可以在最短的时间内，产生最大的效果。

告诉孩子"读书并不苦"。一位小儿科医师曾肯定地说："小孩的'疾病'大半是由母亲造成的。"比如，孩子跌了一跤，膝盖轻微擦伤，母亲便会心疼地说："好痛吧！"然后赶忙把孩子送到医院去。孩子一早起床无精打采，母亲又会关心地问："是不是发烧了？我看今天请假好了！"自己就认定了孩子不是感冒就是头痛，母亲不知不觉中为孩子制造了疾病。

如果孩子受了点小伤，母亲说："不痛吧！"让孩子觉得那只不过是轻伤而已！孩子有一点发烧，便对他说："没什么大碍吧！"然后充满信心地将孩子送去上学。因为询问方式不同，会使孩子产生病了或精力充沛这两种截然不同的反应。当孩子厌烦读书，抱怨读书辛苦时，母亲是否表现出赞同孩子的反应，将会产生两种不同的结果，一种是孩子愈来愈觉得读书痛苦，一种是觉得读书并不算什么辛苦的事。

心理学家有一个实验，拿一幅人的性别不详的画给受测者看，然后问他画中的是男是女，结果答案是男女各半。但是若以相同的画给其他受测者看，然后问："像不像男人？"结果大多数的答案会偏向"是男人"。这就是诱导询问法的可怕之处。因此，当孩子产生厌烦感时，绝对不可以赞同他，而应该告诉他："读书并不苦。"

危机意识会使孩子的学习效率提升。孩子读书或写功课的效率低下，陷入懒散状态时，除用情绪转换法使孩子重新进入读书状态以外，还可以用危机意识使孩子学习效率迅速提升。

成人也往往逃不过危机意识的煽动，而会在"现在不要明天就没有了！"、"今天不去看医生明天就来不及了！"等危机言辞的诱导下，不自觉地采取行动。许多人在看了百货公司海报写着"请把握折扣的最后机会"后，便拼命地大采购，也是这种因素的表现。

因此，当孩子懒散时向孩子说："你现在不做，以后就会很麻烦的！"会使孩子产生危机意识，这样孩子便会抛弃厌烦感，使效率提升。

让"失败感"驱逐孩子的厌烦情绪。对已了如指掌、一成不变的工作，产生厌烦感是很自然的事情。相反，一件工作若是常能激起您的求知欲、又具有挑战性的话，便不会那么容易使人失去兴趣。孩子的读书也是一样，无论原来多喜欢的科目，也难免会感到厌烦。因此，即使是完全相同的学习内容，也不妨大胆地改变做法看看，这样便会产生也许会失败的危机感。比如拿几道孩子还没有学过的问题考考孩子，孩子会立马知道天有多高，地有多厚，轻浮会马上消失。孩子便会多下一些工夫以避免失败。这样的话，即使是原本不感兴趣的科目，因为新做法、失败的危机感等因素，也会使孩子做下去，而不会感到厌烦。

平时孩子总是被告诫："不可失败。"但若是孩子失败时，你可以告诉他"失败也是一种经验，不妨换个新方法试试看"，鼓励和诱导孩子，会使孩子觉得"失败"只不过是一种"新体验"和"挑战"，这样他自然不会产生厌烦之心。

不断更换学习科目避免产生厌烦。日本有一所幼稚园，以教学方法著名。他们的教学方法是，老师准备了许多不同的教学题，然后依学童的反应，以极快的步调，让孩子做各式各样不同种类的学习。比如说，先是大声地朗读诗词，然后又教数字，接着又背九九乘法，之

后紧接着再介绍各国的国名、国旗、首都等。

使用这种方法，孩子直到中午都能集中精神，完全没有厌烦疲劳的感觉。这样长时间下来，孩子等于在一年内读几千本书。

这种不断更换学习科目以避免产生厌烦的方法，是很值得我们参考的。不要让孩子不停地读相似的科目，在孩子感到厌烦之前，立刻更换另一科目，使孩子的情绪产生转变，这样可以使孩子继续读下去。

不同的场所和时间读书，可以转变孩子的厌烦情绪。在孩子读厌烦时，用"场所"或"时间"来区隔脑中思想，可以防止孩子读书产生厌烦。王明学生时代有一个朋友，在夏天很热的日子，他会视时间而更换读书的场所，一天之中他总是换好几个地方来念书。有时在树下，有时在屋后的背阴处放一圆桌，有时在室内的桌案旁，有时在林荫路上，每换一个地方，都会使自己有一种新的感受，使自己始终保持一份好的读书心态。他以优异的成绩考上了一所名牌大学。

不管是多么舒适的房间，如果读书时间孩子就一定得关在里面的话，孩子想不产生厌烦感也难。相反，如果认为孩子只有乖乖待在书房中便会努力用功的话，这种想法也太过一厢情愿了。倒不如劝孩子随心坐在一边或踱着步看书，反而会是一种防止孩子产生厌烦感的好方法。

11. 怎样指导孩子读书

爱书的孩子，其人格特征是温柔、善良、开朗、快乐、幽默、自信、有气质、有同情心、语汇丰富、人际关系良好。从小帮助孩子建立阅读习惯，培养孩子读书方法，面对将来的考试和学业，他就能轻松地应对。

第一种方法：读故事回答问题

您可先找一个简短的小故事或一则寓言，自己阅读一下文章，再找一张有横线的纸，按下面的形式列出以下几项：题目、主要人物、场景、矛盾（或问题）、结局。

先让您的孩子读一小部分，找出人物。例如：玛丽是故事的人物吗？她是主要人物吗？对了，这个故事主要是关于玛丽和她的科学项目。让孩子把玛丽写在"人物"一栏。

然后，让孩子告诉您故事发生的时间、地点（今天、以前或将来，发生在一个小城镇或某个国家）。

当您的孩子读了大半个故事时，叫孩子停下来问他："在这个故事里，主要人物面临的问题是什么？"让孩子把答案写在标有"问题"的地方。

孩子在读完故事后，问问他故事中的问题是怎样解决的，把结局写在纸上。

第二种方法：一分钟冲刺

轻松、快速的阅读是非常重要的，但是，像跑步一样，轻松快速的阅读需要大量的练习。要想成为一名熟练的读者，您的孩子必须进行快速阅读的训练。但也要记住，过量的练习有害无益。您自备一块有秒针的钟表，一本您孩子能读懂的书。您可对孩子说："我们来做一个'一分钟冲刺'的游戏，我想看看你在一分钟可以读多少字。"然后，在书中找个片断，以便让孩子开始游戏。再告诉他："当我说开始，你就开始读。一分钟后，我会叫停。"孩子准备好后，就喊"准备——开始！"这时，您开始计时。一分钟后，让孩子停下来。数一下您的孩子读过的字数，如果您不嫌麻烦，可以做个表，比较一下孩子在第一周、第二周……一个月后的阅读速度。

第三种方法：字词积累

无论是校外学习还是校内学习，识字都是非常重要的。认识的字越多，孩子学习的兴趣就越浓。

让您的孩子在一张报纸、一本杂志或书上找出他以前不认识的字。例如，您的孩子可能不认识"卜"这个字。您的孩子有可能会发现他认识的字有其他的意思。例如，这个字是指写字绘画的用品，但是，当"墨"字用在下面中，它的意思就变了：他胸无点墨。

您还可以让孩子在跟别人谈话时，注意辨别出新的词，或者在报纸上找出生字，记在笔记本上。

第四种方法：拼接连环漫画

当您的孩子阅读事件性故事时，您一定要让他把主要事找出来，找一本您和孩子都爱看的连环画，在看之前，把连环画打乱顺序，让孩子重新排列。排列完毕，让孩子讲一讲连环画说的是什么故事。

第五种方法：复述故事

孩子们喜欢读离奇的故事，也喜欢讨论这类故事。

您找一本离奇的故事书，让孩子自己挑一个故事默读，然后让他思考一下故事中的事情。

过些时候，再让孩子复述故事内容，不过，要他添加一些原来故事中没有的事情。告诉他您会仔细地听，并能找出他添加的内容。

第六种方法：总结故事主题

阅读的一个重要步骤就是总结故事的寓意和主题，您可用一本寓言集，挑一个简短的寓言故事，读给孩子听。在故事寓意揭晓前停住，让孩子说出故事的寓意，然后，把故事中原来的寓意读给孩子听。读完之后，再跟孩子讨论一下，问问他从这个故事中学到了什么。

第七种方法：自编故事

编故事很有趣，如果您愿意跟孩子一起创作，写出一个你们自己编的故事，您的孩子肯定会非常高兴。

跟您的孩子一起想一个题目，然后把选好的题目写在纸上，接下来让孩子写第一句，您写第二句，交替进行，直到故事写完。

故事写完了，要请您的家人或亲朋好友听听你们的故事，请他们评论一下。

第八种方法：旅游日记

如果您想让您的孩子把自己的思想、行为认真记录下来，您可以让他写旅游日记。您可以带孩子外出旅行，不一定要到郊外，可以参观博物馆、动物园，去看体育比赛，也可以带孩子到他想去的地方。让您的孩子随身带着日记本，把路上的所见所闻记录下来。

告诉您的孩子您也会写旅游日记。旅行结束后，把您的日记和孩子的日记比较一下，看看有什么不同。

第九种方法：把书读厚了，再把书读薄了

平时学习，要多读多看多听多练，尽可能地拓宽知识领域，这样知识才能掌握得扎实巩固。这种方法不单适用于文科学习，同样适用于理科学习。其主要方法是结合学习内容阅读课外读物，查阅相关资料等。这时的读书，要把书读得越厚越好。但是，"编筐编篓全在收口"，当对学科进行总结时，就要学会归纳整理，抓重点，捞"干"的，把书读得越薄越好。现实的情况也容不得你劳精费神，面面俱

到。所以，平时学习时学会把一本书读厚了，并在这厚中记下将来复习时的重点难点，临近考试复习时，才会把一本书读薄了，抓住那些关键环节关键部位。只有这样才不失为一个读书高手，才可拿到高分，拥有一份出类拔萃的学业。

此外，父母还可以从以下一些细节上帮助孩子去亲近书籍而享受读书的乐趣。

经常念书给孩子听。如果你能坚持经常念书给孩子听，孩子的吸收力像海绵吸水一样相当可观。

听孩子叙述白天的活动。让孩子简要地把一天的活动说一遍，可以在培养亲子感情的同时训练他的记忆力和语言表达力。

经常和孩子讨论在周围看到的人、事、物。多和孩子谈心，多诱导孩子的兴趣，把我们认为是当然的事情告诉孩子，使他增加不少见识，多懂得不少道理。

给孩子一些小差事让孩子独立去做。

每天念一则新闻给孩子听或讲漫画给他听。

选择好的电视节目和他一起欣赏，一同讨论内容。

经常表扬孩子的行为及表现，建立他的自信。

和孩子玩文字游戏或说话游戏，训练他的听力。

鼓励孩子养成良好健康的习惯，每天有充足的睡眠、作息和均衡营养的饮食。

经常带孩子去图书馆或参观画廊、美术馆、博物馆，以开拓孩子的视野，提高孩子的观察力和审美能力。

最重要的是父母的态度，若父母能以身作则，引领孩子在浩瀚的书中世界，久而久之也会自己坐下来开卷有益，在书的王国里流连忘返的，这对孩子的一生都会有莫大的帮助。

12. 孩子学习成绩不稳定的原因

贪玩好耍是孩子的天性，有些孩子的自制力不强，一旦家长和老师放松了对他们学习的监督，他们就管不住自己，上课不认真听讲，放学后因玩耍忘记做作业等便成了家常便饭……

应该说聪聪是个聪明的孩子，他的理解能力和记忆力都很强，做事情也挺灵活的。可不知为什么，在学习上他可没少让父母操心。这不，开家长会时老师又反映他的成绩下降了。唉！上一次考试他的成绩不错啊，怎么又下降了？从一年级到四年级，聪聪都是这样，成绩总是忽上忽下的，开过家长会，爸爸妈妈抓得紧一点，他的成绩马上就赶上去了，可还没等父母高兴多久，他的成绩又开始一落千丈，真让老师和父母伤透了脑筋。

孩子成绩偶尔上下波动是正常的，但老是忽上忽下地摆动，肯定是有原因的，只有找到真正的原因才能采取有效的补救措施。心理学家分析了大量的实例，发现造成这种现象的原因主要有以下方面。

贪玩好耍是孩子的天性，有些孩子自制力不是很强，一旦家长和老师放松了对他们学习的监督，他们就管不住自己，上课不认真听讲，放学后因玩耍忘记做作业等成了家常便饭。有的家长因为平时工作忙，顾不上管孩子的学习，有的甚至一个星期才能见到孩子一面。一旦他们发现孩子的成绩大幅度下降后，才紧张起来，他们有的可能狠狠地批评孩子，有的可能抽出点时间来监督孩子的学习。有的孩子为了能有更多的时间和父母在一起，他们发现只要自己学习下降，就会得到这种额外的"奖赏"，于是，就出现了成绩忽上忽下的现象。

有的孩子成绩不稳定是由于没有端正学习态度，认为学习是家长和老师强迫给自己的任务，在家长的逼迫下不得不努力学一段时间，只要考试成绩一上去，家长稍微放松一下，他们马上就把学习的事情放到了一边。

更多的孩子是因为情绪不稳定影响了学习成绩。有的孩子生活在成员关系紧张的家庭中，有的还面临家庭破裂、经济困难等问题，孩子幼小的心灵随着家庭气氛的变化而战战兢兢。当家庭成员和睦相处时，孩子感到特别愉快，情绪稳定，能把心思都放在学习上；而当家庭出现危机时，孩子整天胆战心惊，生怕自己一不小心就失去了某位亲人，这样的心情必然会带到课堂中，上课不能集中精力听讲，放学后也没有心思做作业，成绩当然就会下降。有的孩子由于没有掌握好考试技巧，可能平时成绩还可以，一旦有比较重要的考试就感到害怕、紧张，结果考试成绩不理想。

当你的孩子总是出现成绩忽上忽下的情况时，家长一定不要掉以轻心，因为孩子正处在打基础的阶段，成绩不稳定会影响到今后的学习。家长应和老师、孩子一起找出真正的原因，及时采取补救措施。家长要多关心孩子，不要等孩子出现成绩大幅度下降后才想到批评教育孩子。孩子的学习是一天一天地进行的，家长对孩子的关心也应是每时每刻的。不仅要关心孩子的生活、学习成绩，更要关心孩子的个性品质、情绪感受等。不管有多忙，家长每天都应抽哪怕十分钟的时间给孩子，主动询问一下孩子的思想活动，看看孩子想些什么，需要什么，情绪上有何变化，孩子的性格有什么特点等。这样，家长就能及时发现孩子的变化，采取有效的措施。多与孩子沟通是孩子情绪稳定的重要途径，所以，家长要主动了解孩子在学习上有无困难，需不需要父母的辅导？孩子在学校遇到什么烦恼的事情，家长能不能指导孩子解决问题等，以便和老师配合，加强教育。

良好的家庭氛围有利于孩子学习稳定发展，家长应努力营造一个安定和谐的家庭环境。家长还可以教给孩子一些学习的方法，如怎么准备考试以及考试技巧等。孩子在每次考试后，应提出下一次争取的目标，要求他每次考试能有所进步。孩子有了一点进步时，家长要及时给予鼓励；成绩下降时，家长也不要着急，一味地责骂反而会使孩子反感，产生自卑。

13. 怎样让孩子高效率地学习

当一切先天的素质相差无几，速度和效率决定胜负。

一、要重视自学。现代社会新知识、新技术层出不穷，旧知识和旧技术的老化周期日趋缩短，"未来的文盲不再是不识字的人，而是没有学会学习的人"。在老师的指导下不断提高自学能力，不仅有助于学好中学课程，而且将来能更好地适应科学技术飞速发展的需要。

二、要重视思考。俗话说："多想出智慧"，"眉头一皱，计上心来"，就是说明我们要勤于思考。学习是复杂的脑力劳动，只要在学习上勤于动脑，具有"锲而不舍"的精神，才能学得深，学得扎实。

三、要重视质疑。读书要有疑，疑是探究知识的起点，所以要学会质疑，提出问题。学问学问，连学带问。一个人要博学多才，既靠学又靠问。大胆地向老师提出疑问，不是愚笨的反映，而是追求真

知、积极向上的表现。

四、要重视循序渐进。循序渐进是掌握知识的规律，也是学习文化知识的捷径。在学习中，要像攀登台阶一样，步步稳重拾阶而上，不断地借助"旧知"去获得"新知"，温故而知新，慢中求快，稳中求好。如盲目追求速度和数量，其结果必定是"欲速则不达"，多学而不获，事倍功半。

五、要先预习，后听讲。对自感困难的学科进行课前预习是变被动为主动的重要途径。通过预习，对能看懂学会的内容，可从中获得成功的喜悦；对已感生疏的有关旧知识，复习之后，可为学习新知识打好基础；对个人看不懂的难点、疑点，心中有数，便于课堂上集中精力听讲，破难解惑。对基础较差的学科长期坚持预习，就会逐步变被动为主动。

六、要先复习，后做作业。知识是形成技巧的基础，只有知识掌握得正确，才能形成正确的技能技巧。保证作业不出错误或少出错误，迅速完成作业，作业前必须先读书，将知识很好地消化理解。很多同学不懂这个道理，也没养成这个良好习惯，总是急于完成作业。由于对知识理解不深，记忆不准，常常发生错误，从而降低了作业的质量。虽然增加了作业的时间，却没有达到复习巩固知识的效果。

七、要先自己用脑，后请教别人。实践证明，通过自己用脑学到的知识，印象深，记忆牢；即使有些问题自己用脑解决不了，仍须请教别人，然而一旦弄懂，其记忆效果仍然是深刻的。"信心比天才更重要"。自己用脑解决问题，可以坚定信心，锻炼意志，这就是克服困难，争取胜利的重要品质。

八、要养成自我总结的习惯。每做完一道习题，要总结本习题有哪几种类型，每种类型的一般解法或证法是什么，在运用基础知识方面有哪些重要技巧，通过练习对基础知识有哪些新的认识等等，从而提高综合运用知识分析问题和解决问题的能力。

九、要学会绘制知识网。在学完一章或一单元后，应会根据教科书的内容，以某一原理或某一概念为线索，绘制知识网（也叫知识结构网），从而使自己能更加全面更加深刻地理解和掌握已学的知识。

十、要编制复习提纲。每学完一单元，要在认真看书的基础上，对本单元基础知识总结出简单的复习提纲，然后离开课本顺提纲默想或重点默写，力求把课本知识变成自己的东西，做到融会贯通、准确熟练。对重要思路和推理方法及运用技巧等，要归类对比，转变为自己的实际技能。

14. 家长怎样帮助孩子学习

只有在一个好学上进的家庭，才能培养出积极进取的下一代。

父母有责任也有能力帮助孩子，培养学习兴趣和提高学习能力。那么，家长该怎么做呢？

1. 要保证孩子遵守学校的学习纪律。
2. 要密切家庭与学校的联系，树立学校及老师的权威。
3. 要帮助孩子制订学习计划。
4. 告诉孩子做作业时先做最难的一门课。
5. 给孩子讲清解题的方法，而不是代替他做作业。
6. 不要让孩子把难题作为借口而停止写作业，可以让他活动片刻，再来"攻关"。
7. 帮助孩子学会阅读的方法，注意标题、前言和编后等，然后一一理解。
8. 提高孩子分析和归纳的能力，帮助他掌握学习技能。
9. 鼓励孩子晚上整理和复习当天的笔记，过几天复习一遍，考前温习一遍。
10. 在猜谜语或做游戏时，教孩子如何动脑筋。比如，如何找出规律，如何划分类别等。
11. 遇事而教，比如上街买菜，问孩子应付多少钱，乘公共汽车应该注意什么。
12. 帮助孩子制订一个阶段性的目标，这目标富有挑战性，但并非高不可攀。鼓励孩子树立自信心。
13. 孩子有进步应予以肯定和表扬，同时告诫他不要骄傲。孩子学习退步了，家长不要骂他"笨蛋"，应善于诱导和鼓励，不要过分地注重他某些小的失误。
14. 孩子刚进门，不要马上询问学习情况，否则孩子可能会视之为一种干预。家长先讲讲白天自己的一些情况，再引导孩子讲讲他的

事情。

15. 在家庭中应大力营造两代人共同学习、互相学习的好气氛。

16. 订阅一定量的报刊，拥有一定数量的藏书。

17. 重视兴趣、气质、意志、性情等非智力因素对孩子学习的影响，重视培养孩子的学习兴趣和刻苦学习的顽强意志。

18. 因材施教，培养特长。

19. 引导孩子通过阅读、参观、实践等活动，拓展他们的知识面。

20. 满足孩子的好奇心，有问必答，并注意给予启发和诱导。

21. 对孩子充满期望，不因孩子考分一时低下而灰心泄气，也不为考分高而得意自满。

22. 潜移默化，暗中影响，如读书、读报，做剪报。

23. 多记忆一些常规数据，形成记忆后随时提取，会使知识丰富，理科做习题会使速度加快。

24. 看书不强求速度，有恒心就行，要养成互相参照的习惯，这样容易形成知识链，学一点、知一点、进一点、用一点。

25. 要根据孩子的年龄、学习进度、科目和状态随时调整学习方法。

26. 有时家长的半瓢水供不上孩子用，要叫孩子学会自己挖掘，告诉孩子在哪挖，用什么方法挖。

27. 支持孩子沟通，培养孩子的自豪感。

家长在督促孩子学习的同时，要让他做一些力所能及的家务。不要担心这样会影响孩子的学习，恰恰相反，这有利于增强孩子的自信心，有利于促进孩子的身心发展及学习进步。还有，一个勤奋上进的家庭氛围对孩子的学习也是非常重要的。一个疏懒成性的家长去要求孩子勤奋学习，是缺乏说服力的，只有在一个好学上进的家庭，才能培养出积极进取的下一代。

15. 家长怎样辅导孩子作文

要善于捕捉，积累素材，发挥想象，认真思考。

孩子把作文写好，这是家长的共同心愿。生活中常有这种情况：

有些家长看到孩子的作文分数不高或老师批语不佳，便为之苦恼。他们或埋怨孩子不用心写作，或认为孩子不是写文章的材料，有的家长则埋怨老师教学水平不高。其实，孩子何尝不想把作文写好？殊不知他们有他们的困难，需要家长帮助。据笔者的观察和体会，孩子能否把作文写好，除了依靠老师的课堂教学、课外辅导外，还要依靠家长的帮助。这一点往往被一些家长忽视。其实，家长也是孩子作文的辅导老师，家庭应是孩子作文的第二课堂。

写好作文，要具备两方面的基本功：一是会从生活中积累素材；二是掌握一定的基本知识和技能。在对作文感到头痛的中小学生中，大部分遇到的难题是面对作文题目感到没有内容可写。出现这种情况并不奇怪，因为写作方法老师结合语文课教学都讲到了，对每个学生来说，只是掌握和运用的熟练程度不同而已。而每篇作文的内容却要常换常新，这内容要靠学生平时的积累。

学校的作文课，是以课堂集体训练为主，老师所出的作文题，不可能兼顾到每个学生的具体情况。这样，平时对生活善于观察的学生，作文时不觉得困难；而生活积累少的学生作文时便抓耳挠腮，一筹莫展，勉强写出的文章必然枯燥无味，得分也不高。

孩子作文时感到没有内容可写不足为怪，因为他们的生活毕竟有一定的局限。每天从家庭到学校，从学校到家庭，上课、活动、做作业所占的时间比较多，即便是星期天，属于孩子自己的时间也少。这对孩子通过生活搜集、积累素材有一定的影响，为此，家长必须投入一定的辅助力量。建议从以下几方面进行尝试。

有意识地帮助孩子积累作文素材

平时在茶余饭后，根据孩子的接受能力，家长可介绍生活中一些有意义的新鲜事及社会见闻等，尽可能讲得情节完整、生动有趣，并加以分析，让孩子知道写哪一类作文时可以运用这些内容，必要时，还可以让孩子把事情简要地记下来。要做到这一点，家长就必须做有心人，首先自己要关心周围的生活。帮助孩子积累写作素材，要持之以恒，日积月累，切忌一曝十寒。

孩子写作文时家长要启发帮助他们寻找素材

一些家长看到孩子写不出作文来，就包办代替，特别是在晚上，为了让孩子早点休息，第二天好向老师交作业。其实，这种方法很不可取。

不如根据题目要求帮助孩子寻找素材，引导、启发孩子回忆自己熟悉的人和事，让他们自己动笔练习。

带领孩子参加一些社会活动

平时父母不仅要关心孩子的吃穿，在星期天、节假日中，也要有目的地带领孩子参加一些社会活动，或是逛逛市场，以拓宽视野，增长见识，丰富生活。家长还要注意在活动中启发孩子关心生活，热爱生活，体察生活，学会从丰富多彩的生活中积累作文素材。有些家长总是喜欢把孩子整天关在家中看书做作业，结果，孩子的生活面很窄，孤陋寡闻，这不利于孩子积累作文素材。

经常检查孩子的作文本

有些孩子接到老师发下来的作文本，往往只看一下得分和评语就过去了，他们不太关心文章中老师批改的内容。因此，家长要帮助孩子消化老师的评语，真正理解老师提出的优缺点；同时要引导孩子琢磨老师的修改，使他懂得其中的字、词、句、标点符号修改的原因。只有这样，才能逐步提高孩子作文的水平。

形成有利于孩子作文的氛围

在家庭中，家长要经常关心孩子的作文情况。业余时间可与孩子谈谈有关写作文的事，或就生活中双方都熟悉的事件命题，一起讨论文章的写作方法，拟出写作提纲，作为一种口头练习。另外，要培养孩子看书读报的良好习惯。家长发现书报上对孩子写作有帮助的文章，要推荐给孩子阅读。一些家长反对孩子阅读课外书，担心影响学习，这是因噎废食。孩子在课堂学习之余适当地看些有益的书籍报刊，有利于丰富知识，激发写作兴趣，能起到辅助课堂教学的作用。

培养中小学生的写作兴趣，激发写作热情，提高写作水平，是一项具体、细致的工作。在学校作文课堂教学的同时，家长若能同时进行课外辅导，孩子的作文水平将会得到较快的提高。

第六章　　培养孩子要让孩子养成好习惯

日本教育学家说：家庭是习惯的学校，父母是习惯的老师。教育是更多地把上一代逐渐积累下来的那些优秀的文化积淀传承给下一代人，它应该是很有规律的。良好的习惯是孩子所储存的资本，会不断地增值，而人的一生就在享受着它的利息。教育归根结底是培养习惯，行为养成习惯，习惯形成品质，品质决定命运。

1. 要培养孩子自我保护的习惯

青少年容易受到伤害，有时看似偶然，但实际上是一种必然。危险处处存在，家长应时时提防，重视培养孩子自我保护的意识。

陌生人敲门开不开？

如果你一般的问一问，学生们都会说："决不开门！"

在实际生活中，这些学生又是怎样的呢？

第二天老师随访了3个学生。结果是敲一家，开一家。

青少年容易受到伤害，有时看似偶然，但实际上是一种必然，是多种因素造成的，但其中一条是教孩子自我保护意识时，重说教，轻演练。若是在真实情景的环境下进行实际演练，他们可能会感到在无助的情况下，生命是多么脆弱，从而激发他们潜在的能力，学到从说教中学不到的东西。再遇到坏人，心里就有把握不再觉得那么无助，那么慌张。再乘公共汽车，若有不地道的人在旁边蹭来蹭去时，就知道怎么对付他们，保护自己。当生命受到威胁时，才知道怎样发出最关键的一击。

对生活热爱，就会真心关注自己的生存环境。现在大家对环境越来越重视了，是因为黄沙一次次地向我们袭来。安全环境也一样，生活中各种危险也会随时向我们袭来。若有了这种意识，就会想很多的办法，采取一定的措施。

自我保护教育实际上也是一种素质教育。人从出生起，面临的最低需求就是生存。人们在未受外界自然、刑事犯罪分子侵害，没有面临生与死的威胁时，似乎感受不到生命与保护生命的重要性，而当真正遇到危险时，才会意识到，生命以及如何保护生命是多么的重要。

生活是美好的，但生活中也处处存在着危险。

据有关部门调查统计：1997年到1999年，全国0~14岁少年儿童非正常死亡人数，平均每年都在16000人左右。用这个数字除365天，平均每天都在消亡一个教学班。这里面排在第一位的是交通事故，90%以上的交通事故是由于人的交通意识，也就是主观认识上的偏差造成的。

研究人员有项调查发现，60%的事故是发生在家里，或者在家的周围。家是人过日子放松的地方，往往更容易出问题。比如前一段时间接二连三地有小孩儿从楼上掉下来的事发生。另外，还有小孩掉进附近的臭水沟淹死的事。如若父母早有良好的保护意识，就不会发生这种事情了。

进入青春期的少男少女，他们觉得自己大了，不再需要父母带着外出了，能独立到商场、活动场所了。可是，别看他们的身体发育已接近成年人，父母仍应肩负保护职责，父母不仅应有自我保护及保护孩子的意识，还应教给孩子一些自我保护的常识。

儿童自护自救的十种方法：

1. 注意获取感觉

在紧要关头，应该相信直觉。父母不仅要告诫孩子留神从接触的人或事中获取不安的感觉，还要注意倾听，鼓励孩子讲出使他感到不安的人和事。

2. 学会识别诱惑

平时，家长应告诉孩子，对陌生人问路或请求协助寻找丢失的宠物之类的事应保持警惕，这是犯罪分子诱拐儿童的两种普遍的策略。如：有的罪犯装作认识你，叫出你的名字；有的罪犯自称是消防人员，编造你家房子着火的紧急情况等等。父母应告诉孩子，任何人甚至是警察和消防员，在未得到孩子监护人允许的情况下，孩子都不能跟他们走。

3. 不要只关注陌生人

父母要经常叮嘱孩子"不要跟陌生人说话。"什么是"陌生人"？孩子并不一定真正懂得，若让孩子画出陌生人的面孔，一般他都会画出一副可怕的面孔。其实，想想侵犯孩子的人一般都会装出一副和蔼可亲的面孔。

据有关方面调查，对儿童进行性犯罪的嫌疑人中，90%是儿童认识的人。家长应特别提醒女孩儿不要单独外宿或跟异性到任何地方。

4. 要学会大声呼救

小孩子身单力薄是很难打败罪犯的，但是孩子却能做许多吸引周围人注意力的事情，比如大声呼喊："救命！他不是我的爷爷！"骑自行车的儿童可以利用自行车为掩护物，让罪犯难以将你劫持走，同时大声呼救，这样会引起围观者的注意和警惕，争取得到其救助的

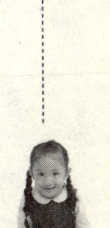

可能。

5. 要勇敢地说："不!"

每位父母都想培养一个有教养的孩子，但也应让孩子知道，什么时候可以打破常规。比如，有人威逼孩子做危险的事时，要勇于说"不!"

6. 让孩子尽情倾诉

在日常生活中，父母与孩子要经常交流。如果孩子对某人有所不满，家长不要简单地说，"不许说某人坏话"，而要和孩子一起予以分析，这样孩子才能畅所欲言。一旦他遇到不如意的事，或有人骚扰了他，孩子能够向他信赖的人尽情倾诉。孩子知道有人时刻在关心着他，就能排解心理压力，减轻心理伤害，并能及时让坏人得到应得的惩治。

7. 明确不可触摸的地方

孩子到了四五岁，家长就应向孩子说明泳衣遮盖的部位是个人隐私区，任何人都无权接触。即使是医生做检查，也应要求监护人在场监督，这是儿童的正当权利。

8. 能帮你的人很多

遇到麻烦找警察，是最基本的常识，但仅此还不够。假如警察不在附近，孩子就不会求助任何人。应让孩子知道，公园、商场、电影院等地方的工作人员都可以求助，多一个机遇就多了一点生存的希望。

9. 无论家里有没有计算机，家长告诉孩子注意电子领域的安全事项也非常重要

孩子可能在学校、图书馆和同学的家里使用因特网，因此，应告诉孩子要注意保守家庭及个人的一些秘密，不轻易约见网上结识的任何人。

10. 在游戏、演练中增强自护自救本领

仅跟孩子讲述一些自护自救的方法是远远不够的，说了当时可能记住了，过后一会儿就忘记。唯一能使孩子掌握的途径是通过角色游戏和演练。孩子经过多次演练就能领悟要领。在家庭游戏中父母可设计多种可能发生的环境，向孩子提出问题，测试他的反应能力，同时，还要演练父母和孩子之间如何保持通讯联络的内容。

在日常生活中，人们不免会遇到一些紧急情况。当遇到危险时，

及时正确地报警是首要环节,一旦报警出现失误,不仅会使公安机关贻误战机,而且还会使受害者受到更大的损失。因此作为家长不但应该熟练掌握常用的报警、急救方法,还应该教会孩子正确使用这些方法和注意事项。

遇事拨打"110"

"110"是警方为了更及时地打击犯罪而设立的报警服务台,全天候接受公民的报警求助。打"110"是最快捷的一种报警方式。

报告主要内容

发现、发生案件的时间、地点,现场的原始状态,有无采取措施,犯罪分子或可疑人员的人数、特点、作案工具、车辆情况(颜色、车型、牌号等)、携带物品和逃跑的方向等等。打"110"报警时还要讲清你所在的位置、使用的电话号码、联系方式。

就近迅速报警

如果身边没有电话,或者遇到情况危急,要到距自己最近或最方便的公安机关报警,也可以向巡逻、交警求助。这样既可以节省时间,也便于警方出击。

灵活机动报警

万一你遇到歹徒的袭击,无法自己报警,或因行动不便,要及时委托家人或周围的人报警。对一些非现行案件,也可以通过书信形式报警,注意书信内容要真实,字迹要清楚。

及时医治身体伤害

如果你遭受不法侵害伤情十分严重,在请他人报警的同时,可以先及时到附近的医院就诊,要注意保存好病历、各种辅助检查(如X光、CT检查等)的结果,及时报告公安机关。

准确提供物品损失情况

说明是什么物品、它的颜色和形状如何及损害程度如何,陈述得越详细,对破案越有利。如果你被盗抢的是移动电话、寻呼机或存单、存折等物品,要及时到有关部门办理停机手续或挂失手续。

正确保护现场

报警完毕后,被侵害人或目击者应当在现场等候民警的到来。对一些杀人、抢劫、盗窃等案件现场,还要及时采取保护措施,在民警到来之前,除搭救伤员外,不让任何人进入。

注意事项:教育孩子不得在没出事的情况下因为好奇或好玩而随

意拨打上述几个特别重要号码或虚假报案，否则是要承担相应的法律责任的。

为了能及时掌握未成年孩子的情况，在紧急的情况下要与有关亲友、学校、派出所、急救站等方面取得联系，作为监护人的家长应当常备一些必要的联系电话，以便应急使用。

2. 要教育孩子尊重别人

人类最不能伤害的是感情和自尊；人类最脆弱的地方也是感情和自尊。

尊重别人，是一种境界，一种修养，一种美德，一种人格力量，一种最珍贵最美好的感情。尊重别人，是沟通心灵的一把钥匙，是联结友谊的一座桥梁，是维系良好人际关系的一条纽带。只有尊重别人，才会获得别人的理解、尊重和信任。可以说，尊重别人，对自己、对他人都是一笔财富，是人生必不可少的重要素质。要教育孩子尊重别人，我们首先就应该教育孩子尊重父母、尊重老师，这对教育孩子尊重别人，将起到基石性的作用。

要让孩子尊重父母，家长首先应该让孩子从小就在思想感情上热爱和尊敬父母，对父母的养育之恩应心怀感激之情；要让孩子在行为态度上虚心接受父母的忠告和教诲，对父母要有礼貌；要做到关心父母，为父母分忧解难。

有无孝敬父母的习惯，不单单是子女对父母的关系，其实质是一个能否关心他人的大问题。

要重视亲情教育，孩子重亲情自然就会有颗爱心和孝心。要在民主的家庭气氛中树立合理的长幼有别的家庭观念。父母要尊重孩子的独立人格，尤其是在处理孩子自己的事情时，一定要充分听取他的意见，尽可能按他合理的意愿办事。父母是家庭生活的供养者，而且他们有丰富的生活经验，自然应当成为家庭的核心和主事人。孩子（尤其是未成年人）应当在父母的指导帮助下生活、学习。现在，不少的家庭中，孩子是"小太阳"，家长却变成围着孩子转的"月亮"、侍从，这就为孩子形成以我为中心的"小霸王"性格提供了土壤，更谈不上培养孝敬父母的好习惯。因此，我们要让孩子明白自己与父母的关系，知道父母是长者、是家庭生活的主事人，而不能颠倒主次，任孩子在家庭里逞强胡闹。现在的不少孩子不知道父母工作情况，不知道父母的钱是怎样挣来的，只知道向父母要钱买这买那，认为父母给孩子吃好、穿好、用好是天经地义的。这样的孩子怎么会从心底孝敬父母呢？为此，父母应当有意识地经常把自己在外工作和收入的情况告诉孩子，说得越具体越好，从而让孩子明白父母的钱来之不易。自然，孩子会逐渐珍惜自己的生活，也会从心底里产生对父母的感激和尊重。

教育子女孝敬父母的一般要求是：教育孩子要听从父母教导，关心父母健康，分担父母忧虑，参与家务劳动，不给父母添乱。要把这些要求变为孩子的实际行动，就应当从日常小事抓起。如关心家长健康方面：要求孩子每天要问候下班回家的父母亲；当父母劳累时，孩子应主动帮助或请父母休息一下；当父母外出时，孩子应提醒父母是否遗忘东西或注意天气变化；当父母有病时，孩子应主动照顾、多说宽心话、替他们接待客人等。孩子应承担必须完成的家务劳动，哪怕是吃饭时摆筷子。根据孩子的年龄、能力、学习情况合理分配，具体指导，耐心训练，热情鼓励。这样不但有利于孩子养成家务劳动的习惯，也有利于孩子不断增强孝敬父母的观念："父母养育了我，我应为他们多做事。"

有些家长认为：在孩子小的时候，家长只要多在孩子身上投入金钱，孩子在心里就会深深地记住父母为他的投入，长大以后，也就必然心怀感激之情，会很好地孝敬父母。

但是，事实上却恰恰相反。许多未成年人走上犯罪道路的事实证实：从小就饱受父母溺爱的孩子，会认为自己从父母身上所得的一切是应该的，而且会养成一种"一切需求从父母身上寻求满足"的观念与习惯。

这部分孩子常说的一句最没有志气的话就是：你们既然生了我，就应该养着我。父母一旦由于经济实力或其他能力达不到，而不能满足孩子需求的时候，孩子就会埋怨父母没本事（而不是埋怨自己没本事），甚至会怨恨父母没能给自己提供一个完美的外界环境，"让自己在世上受苦"。面对这样"不懂事、没良心"的孩子，父母必然感到自己多年的养育之恩付诸东流，必然对孩子不满意。于是，两代人之

间必然会产生尖锐的矛盾。

当父母的如果反思一下，为什么会走到了今天这一步？其结论不言自明：家长只是培养了孩子高消费的欲望，而没有培养孩子获得高收入所需的意志，没有教会孩子获得高收入的本领。孩子低下的谋生能力无法满足其高额的消费需求，必然导致孩子怨恨父母，甚至怨恨社会。

还有一部分父母为了让孩子少受苦，总想替孩子做一切事情。这样的孩子长大以后，会缺乏自立于社会的精神与能力，遇到困难的时候，首先想到的不是如何用顽强的意志、刻苦的努力去战胜困难，而是去求助于他人。同样，孩子的要求一旦得不到父母的满足，孩子也必然会埋怨父母。

由此可见，在今天，要想让孩子真正能够做到尊敬父母，当父母的必须注意从小就要培养孩子的自立精神，让孩子尽早地学会自己照顾自己。这样经过生活磨炼的孩子，长大后便会具有较强的独立自主性，懂得生活的艰辛，能更具有爱心，两代人的关系才会亲密融洽，家庭才会和睦。

有时，孩子对待父母的态度，直接受父母对待长辈态度的影响。有一个故事是值得借鉴的。

从前有一对中年夫妇对年迈的父母很不孝顺，他们把老人撵到一间破旧的小屋里居住，每顿饭用小木碗送一些不好吃的东西给老人。一天，他们看到自己的儿子在雕刻一块木头，就问孩子刻的是什么，孩子说："刻木碗，等你们年纪大时好用。"这对中年夫妇猛然醒悟，把自己的父母请回正屋同自己一起居住，扔掉了那只小木碗，拿出家里最好吃的东西给老人吃。小孩因此也转变了对他们的态度，从此一家三代和睦相处。可见，父母的榜样作用对孩子的影响有多大。现在中年夫妻冷落自己父母的情况还是存在的。有些中年夫妻不仅不照顾自己的父母，反而千方百计"刮"老人们的财物，这给自己孩子的影响更不好了。因此，我们不仅要管好自己的小家庭，还要时刻不忘照顾年迈的父母，决不能添了儿子就忘了老子。如果说平时因居住得较远，工作较忙不能和老人朝夕相处，那么在节假日要尽量抽时间带上孩子去看望老人，帮老人做些家务，同老人共聚同乐，尽一份子女应尽的责任和义务。如此日长时久，孩子耳濡目染，潜移默化，也会逐渐养成尊敬长辈、孝敬父母的好习惯。

还曾经听说过这样一个故事。

父亲到儿子家去小住了几天,临走的时候,儿子给父亲一些钱,当他把父亲送出门时,他自己的儿子便认真地说:"爸爸,以后不要再给爷爷钱了,你把钱都给了爷爷,我们自己都没得用了。"看着儿子那认真的样子,这位年轻父亲的心顿时凉了半截:这难道就是自己将来老有所靠的儿子吗?

为了教育孩子,这位父亲将儿子拥在怀里,认真地问他:"谁最关心你?谁对你最好?""爸爸妈妈呗!""将来爸爸妈妈老了,挣不到钱了,你给不给爸爸妈妈钱用?""当然要给!""这就对了,爸爸小的时候,爷爷奶奶也像我们关心你一样地关心、爱护我,辛辛苦苦地种地、挣钱,勒紧裤带送爸爸上学念书。现在他们都老了,我该不该报答他们的养育之恩?该不该给他们钱用啊?""该!"

孩子虽然明白了这样一个简单的道理,但是,这件事情却给所有的父母都敲响了警钟:父母们不要用自己无私的爱,养育出一个自私的孩子。

老师在孩子的学习生涯中有着非常重要的作用,对孩子的一生都会产生相当大的影响。孩子尊敬老师,尊重老师的劳动,不仅仅是师生和谐相处的基本前提,更是每一个有良知的孩子应该具有的最起码的品德。

课上课下老师批评学生,这都是很平常的现象。有些情况由于老师不明原因也可能让孩子受了委屈,可是有的孩子在课堂上与老师争执起来,有的委屈得说不出话,有的怨气冲天,以后和老师做起对来,有的孩子不好好听这位老师的课;有些时候,个别孩子的冲撞使老师下不了台,面子难堪,尊严受损,这些都不是成熟理智的做法。要知道冲撞老师最伤老师的面子,学生必须尊敬老师,这是对学生最基本的要求之一,有了尊敬,才能建立良好的师生感情。教师也是人,难免有缺点、有错误,如果因为教师工作中有缺点、有错误就不尊敬,那是不对的。作为父母,在教育孩子尊敬老师之前,应该先检查一下自己的态度,一旦父母对老师失敬,评头论足,再教育孩子是很难的。

老师把所有的知识毫无保留地传授给学生,如果他们希望得到什么回报的话,就是希望看到学生长大成材,在知识的高峰上越攀越高。有时老师的话孩子一时不理解,父母要对孩子做一些开导性的工

作，理解老师的苦心，树立老师的威信，从而使孩子从心里尊重老师。即使是老师反映了孩子有不好的表现，父母也要心平气和地询问孩子，如果是孩子的过错，要弄清孩子在其中应承担的责任，也不要加以训斥，而应摆事实、说道理，使孩子在这一过程中受到启发、教育与提高，让孩子从内心接受意见和建议。

总之，我们要让孩子始终记住：人类最不能伤害的是感情和自尊；人类最脆弱的地方也是感情和自尊。

3. 培养孩子爱劳动的习惯

劳动实践是学习知识、了解认识世界的重要途径。

根据有关调查，在现在的中小学生中，有将近三分之二的学生不爱劳动或不太爱劳动。缺乏劳动意识的孩子会养成依赖成人的习惯，而且，由于很多孩子没有经过劳动的磨炼，当他们长大之后，也会难以胜任社会上的工作。

随着孩子年龄的增长，独立性逐渐增强，看到大人劳动，也产生了自己动手跟着干的愿望和要求。做父母的要抓住孩子的这一特性，鼓励、放手让孩子也跟着自己一起干，使他们增强独立劳动的能力，以养成热爱劳动的品德和习惯。当然，孩子有时会显得笨手笨脚，甚至反而把事情弄糟，这是不奇怪的。只要父母热心又耐心地教给他有关的知识与技能，鼓励他去做，他最终是能学会并做好的。

孩子的劳动，通常是指家务劳动。不做家务劳动的孩子，往往不知道去珍惜劳动成果。如果孩子没有经过最基本的劳动锻炼，就不会懂得劳动成果得来的是多么不容易。如果一个孩子没有亲手洗过衣服，他就不会知道大人洗衣服的辛苦，也就不会注意保持衣服的清洁。即便是父母告诉他几百次、几千次，他仍然不会注意。如果让他亲手去洗一次衣服，他就能够体会到父母洗衣服的辛苦，对于父母的劳动成果也就会知道爱惜了。

对于孩子来说，劳动实践是学习知识、了解认识社会的重要途径，孩子日常的家务劳动锻炼，正是一次难得的学习机会。如果一个孩子的记忆中只有书本知识，而没有运用这些知识指导实践的体会，也很难激发孩子进一步的求知欲望和热情。不做家务劳动的孩子,往往动手能力差,眼高手低,依赖性强,缺乏自立性,缺乏同情心。

有关分析表明,家务劳动时间与孩子的独立性有显著关系,孩子的劳动时间越长,其独立性就越强。一个没有任何劳动机会、在家里什么活儿都不会干的孩子,当他离开父母的时候,对复杂的社会适应能力差,也会影响在社会中的发展,更体会不到父母劳动的艰辛,父母为家庭、为孩子的付出,他会认为是理所当然的。孩子这样的思想就会在无形之中为亲子间的体谅和沟通设置障碍,使得父母终日辛劳而不得解脱,难以得到孩子应有的情感回报。

培养孩子爱劳动的习惯主要应从以下几方面着手:

1. 让孩子了解劳动的意义和价值

父母可以引导孩子观察周围人们劳动的情景,城市街道的变化,科学技术的发展,让他们知道这一切都与劳动分不开。父母还可以在节假日的时候,带着孩子观察工人早早地来到工厂生产,农民在田野里劳作,让孩子体验劳动的光荣、美好。

2. 让孩子从事适合其年龄特点的劳动

有时候,孩子会突然想做某件事情,但是这件事情却不适合孩子做。这个时候父母既要给孩子劳动的机会,又不能因此让孩子对劳动失去兴趣。比如,一个3岁的孩子想要洗衣服,这根本就是一件孩子做不到的事情,如果真的给他一件衣服让他洗,可能到最后会因为有难度而放弃,从此就对劳动丧失了兴趣。这个时候父母可以给他一条小手绢让他洗,这样既没有给孩子造成难度,又满足了孩子的兴趣。而如果孩子想用水果刀削水果,或是提开水壶,这些都是很危险的事情。这个时候,父母要告诉孩子,这样的事情要等他长大以后才能学着干。

3. 教给孩子一些劳动的方法

孩子有着超强的模仿能力,因此,父母可以让孩子在游戏中仿效成人劳动,学习一些实际的劳动方法。比如,父母可以让孩子给布娃娃洗澡、洗衣服、铺床、收拾自己的玩具等。这样既符合孩子的兴趣,又让孩子从中学到了东西。对于一些难以掌握的劳动技能,父母要耐心地讲清方法并给以示范,比如稍大一些的孩子想学着自己炒菜,缝布口袋;或者是小一些的孩子系鞋带只会打死结,这个时候,父母需要用正确的方法对孩子进行指导和示范,并创造条件让孩子反

复练习。另外，在教孩子做一些事情的时候，父母不要急于示范，更不要代劳，而是让孩子先动脑筋，看他能否独立地想出办法来。

4. 增强劳动的趣味性

增强劳动的趣味性，是调动孩子劳动积极性的一大法宝。比如采取竞赛的形式，既可以满足孩子争强好胜的心理，又可以使劳动富有情趣。父母还要通过劳动来发展孩子的观察力、注意力、记忆力、表现力和思维能力，因为孩子的劳动离不开这几种能力。正确地组织孩子参加劳动的过程，也就是发展其智力的过程。例如，孩子试着洗衣服，就可以让他观察肥皂在水中会溶解、起泡，能够洗净东西等，以此来发展孩子的观察力。

5. 和孩子一起做家务

和孩子一起做家务能够促进父母和孩子之间进一步加深了解，让孩子学习如何与人合作，并且能够建立亲子间更加牢固的情感纽带。父母给孩子安排家务，应该安排一些孩子可以独立完成的，但是其中要有一两件需要父母和孩子一起完成。父母可以先让孩子做一些简单的家务，慢慢地，再让孩子做一些复杂的工作。当孩子无法独自完成这些工作的时候，父母就可以参加进来了。在这种情况下，父母要对孩子特别有耐心。要知道，让孩子做这些事情的目的不仅仅是成功地完成这些任务，而是培养和孩子之间良好、长期的伙伴关系。

让孩子参与劳动，从心理学上讲，对孩子的成长也大有帮助。通过做一些家务而受到大人赏识的过程，是孩子在心中找到自我存在价值的契机。

总之，一个人有无劳动的兴趣和习惯，将影响他的一生。大量事实表明，不论知识水平、家庭背景、经济收入、种族肤色如何，凡是从小爱做家务、热爱劳动的孩子长大以后往往特别能干，工作成就大，生活也很美满。凡是从小就好吃懒做、不爱劳动的人，长大了多不能吃苦，独立谋生能力差，工作成绩平平。

4. 让孩子养成独立思考的习惯

独立思考与行动是人类创造力的重要基础，是人类富有智慧的重要条件。

独立思考，才能有自己的见解和灵魂；独立思考，才能有自己的个性和深度；独立思考，是我们拥有能力才华的标志，是我们对所生存的社会有所建树、有所作为的根基。正如一位老人教育他的儿子所说的：独立思考是一个人在这个世界上能够直立行走的基础，如果一个人的脑袋长在了别人的脖子上，那将无异于一具行尸走肉。特别是在纷繁复杂的社会环境中，独立思考的意义将直接关乎一个人的命运前途，因此，我们从小就应该养成孩子独立思考的好习惯。

要养成孩子独立思考的习惯，首先要让孩子"生活在思考的世界里"。这就要求我们要创造条件激发孩子思考的欲望，明确思考的目标，还要提供适量的思考依据。只有孩子不断地体验到思考的乐趣，才能逐渐养成独立思考的习惯。

在班上，如果思考时间太短，多数学生还没有"想出来"，甚至后进生还没有"想进去"，老师就让思维敏捷的同学发表意见，势必会挫伤多数学生独立思考的积极性。为使全班每个学生都进入思考之中，必须留有充裕的思考时间。经过五六分钟的独立思考，试算练习，许多学生有所发现，神情兴奋，跃跃欲试，产生了"说想法"的要求。在独立思考之后要及时组织议论、讨论、争论等多项交流活动，让学生在交流中，表现自我，交换思考所得，体尝独立思考的乐趣。只有独立思考才能产生见解，有了见解就有交流的愿望，有交流以后又可激起新的思考。在这样的循环和交流中，思维的灵活性、深刻性得到训练，思考能力随之提高。学生有了思考的兴趣，就会逐渐形成独立思考的习惯。

一间教室中坐满了 10 岁的学生，他们被要求去试着解决孩子上学途中穿越街道所遇到的问题。孩子们回答了各种在其他方面成功应用的方法，诸如交通缓解设施、天桥、荧光色的夹克，以及对汽车限速等。这些观点是很寻常的，也是老师希望听见的。

只有一个人例外，一个学生建议学校董事会卖掉学校，并且在线移动学校，这显然不是老师所期待的。

这个观点可能不实际，不常见，甚至不可行。但在它被整个班级所嘲笑的同时，它也是这名学生所敢于表达的一个独立思考的观点。

所谓独立思考，简单地说就是个人在遇到问题或困难时，不再依赖别人，自己独自思考或行动，以解决问题。这么说，并不是指具有

独立性的孩子一点儿也不听取别人的意见,而是指孩子自己判断别人的意见,不再轻信与盲从。恐怕很多孩子一直都在盼望着这一天的到来,希望自己能够自由自在地做自己喜欢的事情,看自己喜欢看的书,不用老师或家长在旁边催促。然而,独立是要付出代价的,世界上几乎没有白白奉送的东西。

当你得到独立的时候,你必须在此之前付出时间与精力,锻炼自己自立的技能,同时,要准备承担因自己的判断失误而可能付出的代价。尽管如此,千百年来,人类的每一代青年依然会不顾后果地去追寻独立的梦想,宁愿去接受风吹雨打而直击长空,也不愿永远生活在长辈温暖的怀抱中。正因为此,人类才能够不断诞生具有创造力的人才,也才能够从茹毛饮血发展到今天的现代文明。因此,可以说,独立思考与行动是人类创造力的重要基础,是人类富有智慧的重要条件。

5. 让孩子养成写日记的习惯

写日记能锻炼孩子的书写和语言表达能力,也是对自己成长过程的一个记录。

写日记能锻炼孩子的书写和语言表达能力,也是对自己成长过程的一个记录。孩子写日记,能培养他的恒心和毅力。

孩子们写日记总是缠着父母,要求"出谋划策"。毫无疑问,中小学生应该写日记的,特别是刚刚开始学写作文的小学生,更应该把写日记作为一项经常性的练笔。孩子不但可以通过写日记养成认真观察的好习惯,学会捕捉素材,而且还可以巩固学到的知识、提高语言运用的能力。日记是人的随笔记录,生活、学习、工作情况都可以记。如果从孩子会写字、造句开始就教他写日记,一直让他坚持下去,那将是一笔巨大的财富。许多优秀的教师都十分重视学生日记的写作指导,部分学生作文能力强的其中一个原因,就是平时勤于写日记。那么,家长应该如何教孩子写日记呢?

首先,教孩子写日记的内容。

孩子怕日记,主要原因就是觉得没有东西可写。他们不知道什么东西可写,他们总以为日记的内容是很难找的。其实,日记内容无处不在，非常丰富，可以教孩子从日常生活所见所闻中最简单的记起，从自己记起。比如记下面这些内容：

1. 记自己的身体发育变化的情况，如身高、体重、胸围、视力等的变化，从中可以看到自己身体成长。比如二三岁时照片中自己的形象与现在镜子中自己的相貌发生了什么变化。

2. 记自己的学习变化的情况，如当天所学知识，什么地方懂了，什么地方还不懂，这样可以巩固和加深记忆，可看出自己掌握知识的变化与规律。也可以记课外看到的知识和心得，包括好的电影电视节目内容及想法。

3. 记自己生活及家庭的变化。每个家庭每天都在发生着变化，新添了彩电或手机，旧的自行车卖给旧货收购站，或者来了一位外地客人等等，都可以写。通过对自己生活中点滴小事的记录及家庭发生变化的记录，长大以后可以从家庭这个社会的细胞看到社会的部分变化及规律。

4. 记自己的所见所闻。除了自己的学习、生活及家庭情况外，一天当中所见所闻很多，选择印象最深，自己认为有意义、有价值的记录下来。比如在大街上看到了一起车祸，就可以记下来：什么地点、什么时间、谁和谁、现场如何、结果如何、自己想到了什么等等。又比如某条街上新开了一家有点特别的店，开张的时候很热闹。

5. 记自己的思想认识和感情变化。在学习和生活过程中，每一个人都会产生一些思想，原来没认识到的，现在认识到了；原来不是这样想的，现在这样想了。在成长过程中，每个人在感情上也会发生变化，原来对某人感觉不大好，现在好起来了；原来对某件事总是有点烦，现在感觉不怎么烦了，而且渐渐喜欢做了。这些，都可以用夹叙夹议的方式把它记录下来。还可就某一件事、某一个问题根据自己的看法和掌握的知识发表议论。

总之，可记的东西很多。生活中有趣的、新鲜的、特别的都可以记，不一定都要有积极的思想意义，不一定只能记好人好事，自己快乐的、烦恼的、伤心的、矛盾的、担心的、期盼的、想象的、后悔的、想不通的等都可以记。

其次，教孩子写日记的方法。

1. 记的事件要真实。要多记自己看到或经历过的事和人，多记身边发生过的现实生活中的事和人。只有真实地反映事件和心情，真实

地叙述问题，才有参考价值，才是有效的积累，才能反映规律。

2. 记的事件内容要具体些，尽量不要用概括性叙述，而要有一定的描写。孩子写日记主要是练笔。它不同于一般的史料记录。孩子作文最大的毛病是不具体，因此，要教孩子通过仔细回忆和重新观察，把事件或人物的细节写出来。

3. 要有选择地记。一则日记一般只记一件事，不能太杂，不能拖泥带水地在一则日记中什么都记。也就是说，一则日记要围绕一个中心。这个中心可以是一桩事、一个场景、一段对话、一处风景、一个外貌、一种心情、一个动作等，日记不是流水账。

4. 记事件的感受不要牵强附会。每个人都会对身边发生的事产生一些感受，都会有自己的想法。在记叙过程中，可以穿插自己的感受。但这种感受一定要真实，自己是怎么想的就怎么写，不要老是考虑这个想法对不对。有些孩子，在自己的日记中搬用套话大话，说一些违心的假话，这种心理是很不好的。

5. 要妥善地保存日记。日记是私密性极强的，要孩子注意保存。每过一段时间，可翻一翻以前的日记，这样，既可以回忆比较，也可增强对记日记的信心。

为了让父母们明确教孩子写日记的具体做法，有人特意请了部分作家，对培养孩子写日记的情况进行了讨论，我们不妨从中感受到一些适合自己孩子的主意。

1. 从孩子感兴趣的事情入手培养

9岁女孩的母亲李玲告诉我们：我的女儿觉得写日记很有意思，放学回到家里，有时间就拿出她的日记本，按照日记的格式，一行行地写上在学校发生的事情。有时候，女儿也犯愁没什么内容可写，产生了厌烦心理。我告诉女儿写日记有很多好处，应该坚持，女儿一点反应都没有。我发现女儿喜欢摘录名人名言，就借机提醒她："你每天在日记本上记下一两句名人名言，用不了多长时间就会积累成百甚至上千的名人名言，那多好呀！"女儿对这个倒是很感兴趣，每天都找名人名言，有时还让我们帮助查找。我在孩子记录名人名言的时候，不失时机地告诉她记日记的一些要求。孩子从摘录一两句名人名言开始，养成了习惯，每天放学回家都要动笔写下一天发生的事情。我觉得孩子比以前勤奋了不少。

2. 告诉孩子日记要分清主次

我的孩子每天放学回家都能把家庭小日记写完。但是我发现孩子像记流水账似的记日记，日记上写的往往是：妈妈送我上学。同学上课讲话了。晚上放学了。妈妈接我回家了。妈妈做的饭很好吃……我觉得孩子应该写得更好一些，便想指导孩子一下。

一次，我在孩子写小日记时说："写得不错，可是不能打100分。"孩子不解地问："妈妈，我哪里写得不对了？"我说："日记不能什么都记，也要有主次。比如，昨天上课迟到了，为什么迟到？今天没有迟到，说明自己自觉了，比昨天有进步。能帮助妈妈洗碗，妈妈夸我懂事了，我很开心等等。"我还和老师沟通，老师也对孩子的进步给予肯定。孩子慢慢改变了流水账记法。虽然他在小日记本上写下的内容仍很幼稚，但我觉得孩子比以前有了不小的进步。

3. 告诉孩子写日记有什么好处和一些写日记的方法

孩子在写日记时，我从不对孩子写的内容妄加评论，但我经常提醒她、督促她。我还到书店买怎样写日记的书送给她。我告诉女儿，写日记对提高作文水平有很大的帮助，世界上有很多作家，最初就是从写日记开始走上写作道路的。女儿对此将信将疑，似懂非懂。女儿有时不知该写什么了，我告诉她，可以写一两件自己认为最重要的事。我还给她举了一个例子。我说："你上学路上看到有很多家长送孩子，你可以观察那些家长都穿什么衣服，是外公外婆，还是爸爸妈妈。"我还说，"你也可以写写妈妈爸爸呀！比如妈妈今天穿了一件什么颜色的衣服，有什么表情，这不就锻炼观察能力了嘛！"宽松的环境，热心的父母，使写日记没有成为孩子的负担。

4. 若想养成自觉的写日记习惯，督促是必要的

10岁男孩的母亲岚芳说，我的孩子学会了写日记，开始还新鲜，每天写上几句话，但他没坚持几天就把日记变成了周记。我觉得孩子有懒惰习惯，若想让孩子养成天天记日记的好习惯，我们必须勤督促，这样才能使孩子由不自觉变成自觉。孩子有时犯愁，不情愿，我们一边不放松要求，一边启发、帮助、指点他应该怎样写。孩子进步不是很快，总是写他愿意吃什么饭、写他今天作业做完交给老师了。有时三言两语就对付过去。我没有斥责他，只是天天提醒他要坚持下去。我想，先帮助孩子养成记日记的习惯，孩子写得多了，会找到窍门的。

5. 共同参与，让日记成为沟通的桥梁

小波讲，为了鼓励孩子写好日记，我和孩子商量，我要在他每天的每篇日记开头写上一句名人名言，或者是优美的诗句，孩子十分高

兴。我在他第一篇日记上，写下了这样一句名言："人贵有志，学贵有恒。"这种方式孩子感到很有意思，既不耽误写日记，还能天天学到一句名人名言等，甚至还可以在同学面前"炫耀"，当然开心了。当我看到孩子日记写得不尽如人意时，也没有责怪他。我告诉孩子，日记不是什么都记，选择自己感到重要的和有意义的事记下来，这样的日记才有意义。我在孩子动笔写的时候，经常和他一起回忆一天发生的事情，帮他选择"题材"。孩子在和我的"合作"中，渐渐入门。现在，他已经不用我给他"题词"了。但他写的内容由几十字增加到了一二百字。

孩子愿意在自己的日记本上写一些他的所谓的小秘密，这是一件好事。好的文章，诞生于主动的表达，而非被动的挤压。要从孩子心灵深处调动孩子写的欲望，给孩子写的动力。引导孩子把当天发生的事情、感受去记录下来，稍微施加一点压力，每天坚持去写，自然而然，他自己就会有这样的习惯了。

6. 培养孩子爱读书的习惯

一个人养成了爱读书的习惯，他才会一生都不感到寂寞，他才会完成终身学习的任务，他还会是一个不断提高自己、不断成长的人。

德国哲学家尼采曾说过："读书，能引导散步在别人的知识与灵魂中。"一个人养成了爱读书的习惯，他才会一生都不感到寂寞，他才会完成终身学习的任务，他还会是一个不断提高自己、不断成长的人。如果一个人养不成读书的习惯，他就是一个很容易寂寞、很容易烦躁的人，是一个眼界不宽的人。

科学研究也表明，孩子的阅读量只有达到课本阅读量的四五倍，才有可能形成语文能力；一个人拥有的词汇量和他的智商成正比。大量阅读是提高孩子能力，发展孩子智力的重要途径。孩子有了读书习惯，学会和运用读书方法，进而形成个人特长，面对将来的考试和学业，他们就能轻松愉快地应付自如，进一步在社会上脱颖而出。

俄国教育家苏霍姆林斯基经过多年的研究证明：正确的阅读方式和大量的阅读实践能直接促进人的大脑发展，有些小时候聪明伶俐的儿童，随着年龄的增长，反应越来越迟钝，很重要的一个原因就是小时候没有养成正确的阅读方式和良好的读书习惯。美国伊诺斯大学的研究者德·多金教授对205名各方面比较出色的儿童进行调查，结果表明，这些儿童都在学龄前就已经具有相对独立的阅读能力，他们的共同之处是：从很小的时候起，父母就使他们养成了爱读书的习惯。这使我们想到，为什么世界上很多伟人都是痴迷读书的，假设他们从小就不喜欢读书，或许就不会成为伟人了。

那么怎样才能使孩子养成读书的习惯呢？很多父母在面对这一问题时往往束手无策。其实做父母的如果肯用心研究、用心操作，培养孩子读书的习惯并不是太难的。

一、读书习惯要从小开始培养

培养孩子读书的习惯最好是从小开始。孩子刚出生不久，就可以念书给他听。不要以为孩子听不懂，浪费时间。其实，当婴儿瞪着眼睛听你念书的时候，他的语言和理解能力正在悄悄地得到发展，对书的初步认识在他的意识里逐渐形成。读书的时间要选在孩子安静的时候，最好每天在大体固定的时间给孩子读书，每次要保持10到15分钟。这样坚持不懈，就会产生令人意想不到的效果。研究证明，常听父母读书的孩子，智商较不听读的孩子高50%，并且容易养成读书的习惯。好奇、好动、缺乏耐心和持久力是孩子普遍的心理特点。他们喜欢的阅读方式是一会儿翻翻这本，一会儿翻翻那本。对此，父母不必过多地去管他。通常，在这一阶段，只要是孩子愿意把一本书拿在手上津津有味地翻看，父母就应该感到心满意足了。因为，这类表现完全符合孩子的早期阅读心理，是孩子在阅读求知的道路上迈出重要一步的标志。如让孩子在生活中学习，想让孩子认识动物的生态习性，就可以带孩子到动物园或宠物店，用来辅助书本上的学习，把"严肃的认知"，转化成活生生的经验。又如对于孩子感兴趣的问题，家中藏书查不到，为解决几个问题买很贵的百科全书没必要，就可以为孩子到附近的图书馆办一张借书证，教给他借书的程序，培养他求知和收集材料的习惯。

二、培养孩子的读书兴趣

兴趣是人从事实践活动的强有力的动力之一。任何人，只要对从事的某项活动有很大兴趣，他就能积极地、创造性地完成这些活动。在给孩子们读一本新书之前，你可以先让他了解封面的内容，并让他

去猜想这本书将要讲述一个什么样的故事,然后你可以一边读一边指着书中的图画和人物问他:"你认为这是什么意思?"读完一本书后,你还问他:"这个故事中,你最喜欢什么?"你认为或者希望以后的故事该如何发展?这种积极的阅读方式特别有助于孩子语言能力和思维能力的发展。纽约州立大学的一项调查表明,对学龄前儿童来说,在父母的帮助下采取积极、投入式的阅读方法,其语言和思维发展水平要提前6—8个月。很多父母埋怨自己的孩子不喜欢读书,而实际上很多孩子读书的欲望正是被父母扼杀的。比如有些孩子常常没完没了地缠着父母讲故事,很多父母对此不耐烦甚至恼火,对孩子往往不予理睬或者训斥。其实,孩子喜欢听故事,正是喜欢读书的前奏和萌芽,许多这样的萌芽就是在父母的不理睬或训斥中枯萎了。正确的做法是,珍惜孩子的求知欲,选择些优美有趣的故事,不厌其烦地给孩子讲,并告诉孩子这些美好的故事都是从书上读来的,识字以后就可以自己读这些故事了,使孩子对读书有一种美好的向往。孩子不爱读书,不一定是孩子的问题,也许是选择的书不适合孩子,选择孩子自己有兴趣的,他就会去读了。

三、鼓励孩子读课外书

孩子上学以后,有了固定的学习任务,千万不要以为读课外书会影响孩子的功课。相反,要认识到喜欢读书是孩子学习能力和聪明的源泉。要更加有意识地强化孩子的读书欲望,帮助、指导孩子选择那些既符合他的年龄特点,又对孩子有良好影响的书籍。有的孩子由于各种原因不喜欢读书,但偶尔一次却对某本书或对书中某一部分读得入迷,父母要立刻抓住这次机会,巧妙地对其引导、激励、小心翼翼地保护这稍纵即逝的兴趣火花,循循善诱,直至燃烧起来。或许这就是孩子喜欢读书的开始。专家认为:人类从书本上获得的知识和能力,仅有三分之一来自教科书,其余三分之二主要来自课外书。鼓励孩子自己选择读物,和孩子讨论哪些是适合他看的读物,哪些是他自己特别感兴趣的读物,并以此为标准选择读物。给孩子一定的选择读物的权利。鼓励孩子记笔记。随便写什么都可以,写个简单的书名也好,可以培养孩子从阅读中、获取一些东西的习惯。要让孩子爱惜图书,保持图书整洁,不撕书,不折页。鼓励孩子保存看过的图书。

四、营造良好的读书环境

要根据家庭的居住和经济情况给孩子创设较好的读书条件。如房间、桌椅、书橱、书籍等。孩子读书时要尽量保持室内安静，电视、谈话等声音要尽量少对孩子产生干扰。在平常谈话中，可以有意无意地讲一些伟人读书的故事。要经常带孩子逛书店，只要家庭经济条件允许，应尽量满足孩子购书的愿望，但购书时要根据孩子的阅读能力、兴趣和书本内容慎重选择。不要一口气购买大量的书回家，这样反而会使他们不知道先看哪一本好，或者每一本都匆匆翻过，急着看下一本，无法细细体味读书的乐趣，从而减低对书籍的兴趣。应该要求孩子买来的书一定要看，否则就不能再买。家里什么地方都要有书，要经常和孩子讨论书，讨论读书的体会心得，影响孩子。孩子读书不像上课一样有计划，他往往是很偶然的状态下拿到这本书，突然兴趣所致，拿到那本书了。双休日，可带孩子逛书店，让孩子在书店里呆上半天，就在那里看书。

五、父母要成为孩子读书的伙伴

身教重于言教，只有热爱读书的父母才能培养出爱读书的孩子。父母首先要喜爱阅读，懂得阅读的方法，了解书籍的内容，这样才能指导孩子阅读，用自己的行为潜移默化地带动孩子喜欢阅读。培养孩子养成阅读习惯的初期，最重要的是要多读文章给孩子听。这样不仅可以延长孩子有意注意的时间，增加孩子的识字量，激发孩子的想象力，促进他的情感发育，更重要的可以培养孩子读书的兴趣，从而使他自觉自愿地想去读书。对于这一点，美国著名教育家吉姆认为：读书给孩子听的作用"仅次于拥抱"，在这样的"拥抱"下，孩子的读书兴趣上来了，热情高涨了，慢慢地，对读书的态度就变成了"我要读"。与年龄较小的孩子一起阅读和创作（如编故事等）；与年龄较大的孩子一起讨论和交流。如果孩子在阅读中提出问题，尽量回答孩子的问题。同时，在家里，最好常备一些少年儿童百科全书类的书籍。当儿童提出问题时，引导儿童从书籍中寻找答案。启发儿童讨论思想、艺术方面的内容，尽量让孩子发表自己的见解。

培养孩子读书的习惯对于孩子独立思考和自我教育能力的发展有着极其重要的意义，是少年儿童开发智力、发展能力的重要手段，也是家庭教育工作中非常重要的内容。真正爱孩子的父母都应该对孩子进行耐心细致地训练和培养，使孩子养成这一终身受益的习惯。

7. 培养孩子的乐观精神

乐观是人永远携带的加油站。开朗乐观既是一种情绪，也是一种性格。

乐观是人永远携带的加油站。你可以说，我的孩子不一定要万众瞩目，也不一定要成为世界首富，但他一定要快乐，因为这种快乐与智慧可以让人学会以健康的心态来热爱生活，并温暖地度过一生。那么，怎样培养孩子的乐观精神呢？

1. 让孩子从成功中体验快乐

快乐随完成某种成就而产生。例如孩子脚步蹒跚地从远处走到母亲面前，他体验着的是真正的快乐，因为他做完了一件事情，体验到了力量和信心，收获成就的同时也得到了快乐。

2. 给孩子决策权

不要对孩子"控制"过严，尽量给孩子一个自由活动的空间。快乐是一种基本的情绪，人本性中就有快乐的成分。对于孩子的想法、兴趣爱好，作家长的不要过分限制、压抑孩子的天性，要尽量给孩子一个自由自在活动的空间。父母应设法给孩子提供机会，让孩子决定选择什么、做什么。一个能掌握自己命运的人自然会是一个快乐的人。

3. 密切同孩子之间的感情

不论父母工作有多繁忙，都要尽量抽出时间来陪陪孩子，让孩子感受到父母的爱。从小无感情体验和感情依恋的孩子长大后不会对他人施以爱和同情，他们将发展成冷漠无情的性格，很少体验快乐，难以与人相处，当然也就不会具有乐观精神。不要依赖于孩子的祖父母，甚至保姆，也不能把所有教育孩子的责任都推卸给老师。

4. 鼓励孩子多交朋友

不善交际的孩子大多性格抑郁，因为享受不到友情的温暖而孤独痛苦。性格内向、抑郁的孩子更应多交一些性格开朗、乐观的同龄朋友。

5. 生活不宜过分优裕

人生的快乐并不取决于占有物质财富的多少，给孩子太多会令他误以为追求物质就是快乐之源。物质生活的奢华反而会使孩子产生一种贪得无厌的心理,相反,那些过着普通生活的孩子往往只要得到一件玩具,就会觉得十分快活。有人发现拿走了孩子大部分玩具后,他们反而变得更学会动脑筋去玩,因而也更快乐。不重物质的孩子即使拥有得少一些也会很满足,因为他们能够更灵活地运用手头所有的东西。

6. 让孩子爱好广泛

如果孩子是个书迷,但同时他还热衷于体育活动、饲养小动物或参加舞蹈训练,那么他的生活将变得更为丰富多彩,由此他也必然更为快乐。

7. 让孩子全身心投入

专家研究发现,全身心投入到一项充满挑战的任务中,会给人带来很大的快乐。对于孩子而言,培养他的兴趣爱好,例如集邮、绘画等,让他投入其中,会让他很快乐。但这里的投入并非给孩子安排满满的绘画课程或者舞蹈练习等,因为那样只会让孩子失去兴趣,失去从中得到的快乐。而兴趣爱好也不一定是指某种技能,例如集邮、拼图等,并不是竞技,却同样可以开发孩子的智力,更能让孩子学会投入的快乐。

8. 让孩子运动起来

无数研究表明,经常参加体育运动不仅有助于孩子的身体健康,还有助于孩子的心理健康。健康强壮、体力充沛会带给孩子良好的自我感觉,让孩子快乐。另外,对孩子来说,跑、跳、游泳、骑车等体育运动本身就十分有趣,而这恰恰就是快乐的源泉。

9. 有快乐的父母,就会有快乐的孩子

保持家庭生活的美满与和谐也是培养孩子快乐品质的一个主要因素。有关资料表明,幸福的家庭中成长起来的孩子,成年后能幸福生活的比在不幸家庭成长起来的孩子要多得多。儿童从成人那里得到的快乐,使他相信成人。父母不仅要尽量在孩子面前表现出乐观,营造快乐的气氛,更重要的是要真正拥有一颗乐观的心。父母乐观处事的实例不仅会感染孩子,而且是孩子最好的教科书。

10. 保有一颗平常心

告诉孩子,人生不如意事十有八九,要坦然地面对一切。

在孩子受到某种挫折时,父母要让他知道任何困难都会有一线转

机,前途总是光明的,并教孩子注意调整心理状态,使他恢复快乐的心情。倘若出现经过孩子努力也没能扭转的情况,父母便应该帮助孩子寻求安慰自己的办法,可听音乐、看书、向别人倾诉心声等。

8. 让孩子懂得珍惜时间

懂得并学会珍惜时间,这本身就是人的一种素质、一种能力。

从一定意义上来说,教育孩子珍惜时间,比让他们早期获得大量知识更为重要。因为,懂得并学会珍惜时间,这本身就是人的一种素质、一种能力。相对论的创立人爱因斯坦说过:"人的差异在于业余时间。"由于个人对时间的处理态度、安排内容、使用方式各不一样,必然会给个人的成绩或成就带来各种不同的影响,导致人与人之间差异的产生:有人杰出、有人平庸、有人沉沦。古今中外珍惜时间,刻苦钻研,从而创造辉煌业绩的人不胜枚举。

韩国著名的蔚山和玉浦船厂建厂期间,为了缩短建设期,抓住造船业景气的时机,都一反造船业的常规,不是先建厂,再造船,而是边建厂边造船。性急的韩国人甚至在船厂还无踪影、手中只有一片未建厂的荒凉海滩的时候,就已经想方设法地把船卖了出去。

大人们如此工作,在教育孩子时,也不免加上了一些急性子。美娇的妈妈就是个典型的急性子。不过这倒是件好事,这让美娇在吃饭时不能边吃边玩,穿衣服时比幼儿园的小朋友都要快,就连跑步也要比别人快上几小步呢。这天,妈妈想带着美娇去奶奶家,可又想去儿童商场为她挑几件合适的衣服,而美娇自己则只想玩橡皮泥,哪儿也不想去。由于这个小人儿怎么也请不出家门,于是妈妈对她说,一路上允许她玩橡皮泥,到了商场就要停止,在去奶奶家的路上也可以玩,可是到了奶奶家就不要玩了,要跟奶奶多说说话。小美娇想了又想,这才答应。妈妈的每一件事倒是都办了,可是小美娇看着手中歪七斜八的小泥猴,却嘟起了小嘴,怪妈妈太着急,让自己把送给奶奶的小礼物做成了这样。

素素对于时间的概念总是很模糊,除了关注动画片播出的时间外,其他时间一律不会放在心上。为了这事,妈妈不知提醒过素素多少次，要珍惜时间，做事情不要浪费时间。可是素素抬起腕上的小表说，我知道了。转眼间，素素上小学一年级了。上学那天早上，小素素一脸的兴奋，在屋里转来转去，找找铅笔，翻翻水壶，昨天明明放起来了，今天怎么全藏起来了。妈妈在门外喊她校车来了时，她还是不紧不慢地找着。当爸爸进屋告诉她，车没有了，今天上学要迟到了，小素素才着急起来。她让爸爸开车送她去，可是爸爸说开车只是去较远的地方才用，这样可以减少污染。到学校的话，只能让爸爸骑自行车送她去。小素素说来不及了，一定让爸爸开车。可是爸爸告诉她，这是她平时不珍惜时间带来的后果，现在只能接受这样的惩罚了。小素素这才知道时间是多重要，浪费了就再也找不回来了。

虽然那天她让爸爸用自行车带去的，并且是新生中最后一个到的，可是后来，全班中唯一不迟到的人就是小素素。因为，她在上学的第一天真正知道了时间的宝贵。

我们的孩子将来面临的是一个讲时间、求效率、快节奏、高速度的时代。要立足于社会，获得事业上的成就，现在就必须教育他们生活起居有规律，抓紧时间学习，锻炼成为一个勤奋好学、刻苦上进的孩子，在德、智、体、美诸方面协调全面发展。

孩子并没有多么强的时间观念，他们往往不能按问题的主次和事情的轻重缓急来安排时间，而是凭自己的兴趣来安排，结果不但造成了不必要的时间浪费，而且还会影响许多事情的处理。比如有的家长说，孩子都已经上中学了，总是没有节制地玩，东张西望，无目的地乱翻书，与同学闲聊。在家时，坐一会儿，站一会儿，无所事事，心神不定，或被电视机、录音机所吸引，在各种节目中消磨时光。到了晚上八九点，作业还没有写完，又得磨蹭一两个小时。因此，在孩子不善于利用时间时，父母应该运用一定的方法帮助孩子养成合理安排时间的好习惯。

1. 让孩子从小就具有时间观念

让孩子认识时钟，懂得时间与生活的关系，知道做事不能拖延、浪费光阴，要珍时如金、争分夺秒。同时向孩子介绍古今中外名人珍惜时间的名言和故事，让孩子知道时间的作用和价值，逐步理解"爱惜时间，就是爱惜生命。"珍惜时间，能使孩子养成雷厉风行的作风，干什么事都会有责任感和紧迫感。学习时能集中精力，神情专注，不丢三落四；做事时有板有眼，快捷利索，不磨磨蹭蹭。同时，能使孩

第六章 培养孩子 要让孩子养成好习惯

子学会合理安排时间、支配时间，使自己的生活过得充实而富有意义。

2. 培养良好的作息习惯

父母可以和孩子一起制定一张作息时间表，什么时间起床，洗漱要多长时间，吃早餐要多长时间，放学后先做什么，然后做什么，几点睡觉等，都可以让孩子做出合理的安排。只有把作息时间固定下来，形成习惯，孩子才能对时间有一个明确的认识，才能养成良好的时间观念。

3. 按时完成任务

帮助孩子养成在规定时间内完成任务的良好习惯。要有意识地培养和训练孩子的意志，以增强孩子的自我控制能力，学会排除干扰，不为外界刺激而分心，以致影响办事效率，妨碍正常工作。

4. 以身示范，给孩子树立惜时如金、守时有信的好榜样

这是教育孩子、强化孩子惜时意识的有效措施。当然，家长在言传身教、以身作则的同时，对孩子行为的正确与否，应多观察，良好的行为予以鼓励；不良行为应让孩子在辨别是非的前提下，予以戒除。

5. 引导孩子正确利用零碎时间

可提醒孩子课前花一分钟想想自己复习、预习的内容，课后用一点时间"过电影"，乘车船或在安全路段行走，也可记忆相对独立的知识。

6. 在家的小块时间，可以指导孩子切割使用

记忆、计算、分析、归纳各用一段。最忌一算老半天，一背几小时。因为大脑皮层的任何一个兴奋点使用时间一长，便进入抑制状态。看起来他在背诵，实际上那个记忆点在"罢工"，而其他兴奋点则处于闲置状态。交替运作的好处是使大脑的不同区位的有效兴奋和必要休息同步进行，单位时间内的学习效率便提高了。

7. 讲究学习方法是挖掘时间资源的有效手段

阅读是学习的重要手段。要告诉孩子，阅读前首先确定读法。一般说来，慢读法适合于认真细致地揣摸内容；快读法可用于掌握文章框架结构；跳读法可迅速找到重点句段；猜读法是发现自己与作者思路异同的方法……要善于运用工具书。可检查一下孩子有哪些工具书，再看他是否会用。工具书的作用是解答问题、辅助记忆、提供资料。要善于使用工具书，可节省大量时间。例如修辞方法几十种散见于从初中到高中的十几本语文书中，如果孩子手头有一本关于修辞的工具书，便省去了逐本查找的时间。要告诉孩子预习功课的重要性。督促孩子落实预习内容，检查预习效果，懂得不打无准备之仗的道理，懂得预习好了，听讲质量便会提高，带着问题进课堂，思想不易分散。要教会孩子做笔记。听讲笔记两不误，时间利用率自然高。如果对重点、难点、疑点分别用不同颜色的笔区别开来，那么课后复习就方便多了。

8. 掌握一些节省时间的小窍门

找人指教，可用电话；纠正发音，可用磁带；留存大段资料，可借助复印机。您还可教给孩子复合工作法：边做饭边听录音，边听音乐边阅读文章，边走路边背单词等。你大可不必怕他"一心二用"。

9. 找到自己的最佳学习时机

每个人都有生物节律，孩子也是如此。孩子常常会有这种感觉：在相同的时间段，心情好的时候学习效率就高；情绪不稳定的时候，学习效率就低。在一天当中，早晨和夜间学习效率高，下午和傍晚学习效率低。可见，孩子的学习往往存在一个最佳学习时机。当然，每个人的具体情况又有所不同，父母可以让孩子注意观察自己的特点，掌握自己的最佳学习时间，然后把重要的学习内容安排到最佳时间里去学习。

10. 避免不必要的干扰

对于没有时间观念的孩子，父母尽量不要干扰他的学习，孩子的书桌上尽量不放平日他最感兴趣的非学习用品。家中不要有太多的噪声，要给孩子提供一个相对安静的学习环境。父母也不要陪读或监督，只需在孩子学习结束后进行检查，看孩子是否按规定的时间完成作业，看孩子完成作业的质量如何。如果孩子已经能够在一定的时间内保质保量地完成学习任务，父母就应该及时给予肯定和鼓励，当孩子没有按规定去做时，父母则必须给予应有的惩罚。

9. 让孩子学会与他人分享

分享是一种美德，更是一种快乐。分享能够让人减少痛苦，获得快乐。

在美国作家玛丽·安·赫伯曼写的《一人一个》这本书里,奥里弗-陶利夫住在一间房子里,房子里任何东西都是一人一个。但是奥里弗很快懂得不要每人一个,和别人分享自己的东西,比自己一个人拥有一样东西更有乐趣。分享是一种美德,更是一种快乐。分享能够让人减少痛苦,获得快乐。一个人在生活中需要与人分享自己的痛苦和快乐,没有分享,他的人生就是一种惩罚。教给孩子分享的习惯吧!孩子将能够从分享中获得快乐!

许多父母习惯于过度溺爱孩子,把孩子放在家庭的主导地位,在这种情况下,父母看到的孩子却是心中没有他人的孩子。他们不会关心父母,不会关心他人,更不会关心社会,这样的孩子是值得父母焦虑的。

如今的孩子通常会有一种"自我中心"的心理,这种自我中心的心理根源于父母的私爱和溺爱。为了不让孩子的爱心枯竭、泯灭,父母不仅要爱孩子,更重要的是让孩子学会爱。千万不要只知一味地给予孩子爱,这种爱恰恰是对孩子没有好处的。溺爱是父母与孩子关系中最可悲的事,用这种爱培养出来的儿童不肯把心灵献一点儿给别人。

与别人分享好吃好玩的东西,对别人说一些关心体贴的话,同情并帮助有困难的人,不计较别人的过错,对别人能够宽容和谦让,孩子的爱心就是通过这样一次次的行为模仿和强化而逐渐形成的。

那么,怎样培养孩子分享的习惯呢?

1. 让孩子从小就品尝做了有益于他人的事而带来的喜悦

从孩子还只有几个月大的时候,父母就要让孩子学着与别人分享东西。孩子渐渐长大了,在餐桌上,可让他学着给长辈夹菜;鼓励孩子给爸爸妈妈拿东西;教孩子给客人让座,让孩子做这些力所能及的事,从中品尝做了有益于他人的事而带来的喜悦。

2. 从小就教孩子怎么做而且要坚持不懈

在教孩子学会分享的时候,可以同孩子商量,让孩子学会轮流玩一样玩具,用其他东西与孩子进行交换。美国马塞诸塞州的玛丽·贝斯·瑞道尔说,最近,我在教2岁的孩子如何和别人分享东西。我认为最重要的是从孩子很小的时候就开始教孩子这么做,而且要坚持不懈。无论什么时候孩子说"我的书"。我都会这样回答,"是的,但是你愿意和我分享吗?"我还学会让儿子玩他8个月大的小弟弟的玩具——但是我会首先告诉他,"这是查理的,但是他愿意和你分享。"这种方式让儿子明白了分享是双方的事情。另一位母亲凯瑞·尼曼说:女儿快到1岁半了,在她和其他孩子一起玩的时候,我会注意观察女儿,如果她对其他孩子做了什么不公平的事我就会进行干涉。比如,如果她从其他刚学步的孩子那里抢玩具,我就会对这种情况注意,把玩具还给那个孩子,而且我会向女儿解释玩具被别人抢走的孩子会非常伤心。另外,我知道让孩子看到妈妈把玩具给另一个孩子是非常困难的,所以我试着找点什么让孩子兴奋的东西来代替还回去的玩具。

3. 用换位思考法让孩子与他人分享

许多孩子都不愿意与人分享自己的东西,但是,他却希望能够分享他人的东西。父母应该充分了解孩子希望获得他人东西的心理特征,让孩子站在他人的角度去思考问题,引导孩子与他人分享自己的东西。

4. 父母要学会分享孩子的东西

生活中经常会发生这样一幕:孩子诚心诚意请父母一块吃东西,父母却坚决推辞说:"你吃,妈妈不吃!""让你吃你就吃,装什么样子?"就这样,孩子与人分享的好意被父母给扼杀了。久而久之,孩子也就没有了谦让与分享的习惯。许多父母宁可自己受苦也不愿让孩子吃苦,好吃的、好玩的、好用的尽数都往孩子面前堆。虽然也担心孩子会发展为不关心别人的冷血儿,但在行为上却不会与孩子分享。事实上,我们所说的"分享"有两层意思:既要教孩子学会分享,还要家长学会分享——而这一点却往往被忽视。对于大部分父母来说,最重要的还是自己首先要学会分享,坦然地与孩子分享,成为与孩子分享的伙伴,让孩子分享的对象。在家里,可以让孩子为家人分苹果、分橘子等,教给他先分给爷爷奶奶等长辈,再分给爸爸妈妈,然后才分给自己,即使到最后自己没有了,也要坚持这么做。在这种分享的过程当中,孩子不仅学会了与人分享,而且明白了应该尊敬长辈,关心父母。

5. 用交换的方法让孩子学会分享

一位妈妈说:"我只有一个孩子,我不希望我的孩子很自私,希望他能够学会与人分享。每次我给孩子买了他喜欢的玩具、动画片或者图书,我都鼓励他带到学校去,并且鼓励他与其他同学交换自己的

玩具、动画片或者图书。我是这样跟他说的:'孩子,把你的东西借给别人,再向别人借你喜欢看、喜欢玩的东西,这样,我们花很少的钱就可以玩很多的玩具、看很多的动画片和图书。'我的儿子很能理解这种行为的结果。现在,他已经12岁了,我给他买的玩具和图书等并不多,但他总能用仅有的东西与别人分享,并获得别人的信任,借来许多我们没有的东西。我还非常注重教育孩子,注意保护别人的东西,不能损坏别人的东西,要像对待自己的东西一样。"

6. 允许孩子有自己的宝贝

每个人都有不愿意与人分享的宝贝,孩子也一样。这些东西也许是孩子特别喜欢的,也许是孩子认为重要的人送给他的礼物,对孩子来说有特殊的意义。总之,我们提倡孩子与人分享,但是,并不是任何东西都应该与人分享。父母应该允许孩子有自己的宝贝,并教育孩子珍惜自己的宝贝。在其他小朋友来家里玩的时候,父母可以允许孩子把他认为重要的宝贝"藏"起来,不让其他人分享,但是,对于大多数的东西,父母应该要求孩子与人分享。只有孩子藏好了自己的宝贝,他才会大方地把其他东西借给别人。如果父母强迫孩子把任何东西都与人分享,不但不合理,反而会激发他的逆反心理,做出相反的行为。

10. 让孩子学会与人合作

如果一个人不能与人真诚合作,他就不可能成功。

合作是现代人的一项基本素质与品格。如果一个人不能与人真诚合作,他就不可能成功。要知道,未来的社会是一个充满激烈竞争的社会,这种社会需要的是一种"复合型"人才。不仅要求具有丰富的科学知识和较高技能,还必须要有健全良好的心理品质,具有独立人格,自强自信,敢于拼搏,勇于创造,有合作意识和竞争意识,会团结他人。因此,父母应该在积极教导孩子学好各种本领,掌握多种能力的同时,特别注意培养孩子的团队合作精神,引导孩子去积极竞争。

孩子怎样学会合作呢?

1. 让孩子懂得与人合作的重要性

在日常生活中,有许多行为必须要两个或两个以上的人合作才能完成,只凭一个人的力量是无法做到的。父母可以利用这种机会让孩子体验一下个人无法完成的挫败感,从而懂得与人合作的重要性。父母可以在家庭生活中玩一些需要合作的游戏,或是做一些需要大家一起合作才可以做到的事情。比如,家里的家具需要挪位置,父母可以让孩子一个人先试试,孩子肯定是搬不动的。这个时候,父母就可以适时对孩子讲解与人合作的重要性,然后与之一起搬动家具。

2. 要教会孩子与同伴友好合作的方式

爸爸妈妈应教育孩子在活动时对同伴有礼貌,用别人喜欢的名字招呼他们。要与同伴互相谦让,友好相处,分享玩具、图书;对大家都喜欢的玩具不争抢,可以让别人玩一会儿,自己玩一会儿,大家"轮流玩"。这样,可以使孩子遇事想到别人,知道有了同伴,才能玩得更愉快。例如,活动中有四个小朋友,只有三件玩具该怎么办?引导孩子一起商量,遇到矛盾时,要协商解决,材料不够用时,可相互谦让,轮流或共同使用;当同伴遇到困难时,要主动去帮助他;当自己遇到困难时,可以主动找小朋友协助等,通过这些具体的合作情景,帮助孩子逐渐习得合作的方法、策略,尝到合作的甜头,从而渴望与他人合作。

3. 让孩子在游戏中学会合作

游戏是培养孩子合作能力最有效的活动,在游戏中孩子可逐步摆脱"自我中心"。不少游戏是集体进行的,许多孩子分成几组,按照规则以小组为单位争胜负。这时,同一小组的孩子需要齐心协力,共同合作才能取胜。如果孩子自以为是,不顾别人,其他孩子就不愿意再与他一起玩,他就会感受到不合作的滋味,从而想方设法与其他人去合作。日本人非常重视培养孩子的合作精神。

其中有一个叫"人工桥"的游戏是这样的:全体学生弓着腰,拉着手,形成一个人工桥,其他学生就在这个"人工桥"上踏过去。这是一个非常感人的场面,做桥的孩子们都弓着背,让自己小组的选手往上跑,一个接一个地。跑过后的孩子则在队伍前面弓下腰,再来充当人工桥。这个游戏需要较强的合作精神,每一个做人工桥的孩子都要站得牢,才能让其他孩子从自己的背上跑过去。也许父母会心疼自己的孩子被别人踩,但事实上,孩子在这个游戏当中却学会了怎样与

人合作。

4. 要教会孩子解决合作中遇到的问题

孩子与同伴在活动中意见不统一时或玩得不愉快时，父母应及时引导孩子相互商量用什么方法可以使大家都玩得愉快，协调关系，确定共同的目标，使活动顺利进行。

5. 让孩子体验合作的乐趣

成功的合作可以让孩子产生良好的体验，这种体验能够带给孩子无穷的乐趣，进而促进孩子的合作意识和合作行为。大家都熟悉的拔河竞赛，让孩子们尽力通过合作去战胜对方。如果孩子一时没有取胜，父母也不要责怪孩子，而是让孩子明白，成功的合作不一定要达到现实的目标。虽然有些合作的结果是失败的，但是，在合作过程中，参与者都尽了自己的努力，同时，每个参与者都感到非常愉悦，这就是一种成功的合作。

6. 教孩子在合作中竞争，在竞争中合作

人与人之间，合作与竞争是并存的。许多父母总是教孩子与人竞争，希望自己的孩子超过他人。确实，竞争具有一种神奇的力量，能够调动孩子的积极性，激发孩子的上进心。

有一个学生学习成绩非常差，有一次居然考了个全班倒数第一。他的父亲意识到孩子缺乏竞争精神，于是对他说："失败是成功之母，现在你已经是最后一名了，你再也不会退步，而是只会进步了。只要你找一个竞争对手，你就能慢慢赶上去。"然后，这位父亲教孩子找一个比自己的学习成绩稍微好一点的同学作为竞争对手，并努力去赶超他。结果，孩子暗暗努力，很快超过了这位竞争对手。在孩子成功后，父亲又叫孩子找一个学习成绩更好一些的竞争对手，这样，孩子又开始了暗暗努力，结果也成功了。就这样，这个孩子靠不断竞争取得了优异的成绩。

一项问卷调查显示，家长最关心的是孩子的学习成绩，最高兴的是孩子在班级中学习成绩名列前茅。这种片面强调智力竞争，忽视合作精神培养的现象是很有害的。事实上，不管是竞争还是合作，都是非常重要的。孩子不会与人合作，对其将来非常不利。

美国一位经纪人、谈判高手斯腾伯格认为，只要你有合作的精神，对手往往可以成为朋友。他总结自己的经验，认为化敌为友的办法主要有：

（1）与分享自己价值观的人密切合作；
（2）尽可能多地向对手学习；
（3）创造一个合作而冲突的气氛；
（4）在面对威胁时，表现出不畏惧；
（5）学会聆听，习惯于沉默，避免妥协折中；
（6）绝对不要将一个看来要失败的争论推向极端；
（7）发展关系，而不是征服。

作为父母，要教育孩子端正竞争心理。竞争目的主要在于实现目标，而不在于反对其他竞争的同学。父母要教孩子把其他同学作为学习上的竞争对手，生活上的合作伙伴，千万不可一味地把他人当成竞争对手和敌人，不顾一切地对立他人，这种思想是不健康的。

同时，父母要教给孩子与人合作的技能，教育孩子考虑集体的利益，学会在关键时刻要约束个人的行为，牺牲个人的利益。如果孩子缺乏这种意识或者精神，与人合作是不可能成功的。

7. 让孩子了解一些合作的规则与技巧

父母要常给孩子灌输这样一种思想：任何一个人都有他的长处，要学会真诚地欣赏别人。人无完人，三人行必有我师，切不可因为别人有这个缺点或那个毛病，就嫌弃他、疏远他。要教育孩子善于发现别人的长处，并真诚地加以肯定与赞美。教孩子学会关心，学会善解人意。任何个人对他人的关心都是形成其合作能力的前提，而合作能力则是市场经济条件下生存与竞争能力的重要体现。在合作中既要尊重对方，服从大局，讲统一，又要有自己的立场。容忍和随和是有尺度的，也就是说在合作过程中不能唯我独尊，只想着自己，要充分顾及他人的要求与需要，必要时甚至做出一定的让步与牺牲；与此同时，迁就与让步是有限度的，不能放弃自己的原则，在合作中要有自己的立场与个性，要知道取得同伴的信任与尊重是合作成功的前提。

如果一个孩子没有学会合作之道，他必定会走向孤僻之途，并产生严重的自卑情绪，影响一生的发展。孩子总不能跟爸爸妈妈一辈子，只有让孩子逐步适应外界环境，学会与同伴的交往合作，他才能健健康康、活活泼泼地成长。

11. 要培养孩子的责任心

责任心是一个人立足于复杂社会,能担当重任的重要条件。

几乎每一位家长都希望自己的孩子有责任心,而且相信责任心是一个人立足于复杂社会,能担当重任的重要条件。那么,作为爸爸妈妈应该怎样培养孩子的责任心呢?

1. 让孩子学会自我服务

许多父母把无限的爱都倾注到了孩子身上,对孩子的关怀可以说是无微不至。孩子衣服从来就没有自己洗过,吃完饭就把饭碗推到一边,玩过的玩具随手就扔,被子要让妈妈代叠,洗脚要让妈妈打好温水,写作业要让妈妈给念题目,上学时书包也要让妈妈给背……孩子们就这样过着衣来伸手、饭来张口、养尊处优的生活,本来是他应该自己做的事情全都由家长代劳了,应该自己负的责任全都由家长承担了,难怪孩子们只懂得索取而不懂得付出,普遍缺乏责任心了!因此,培养孩子的责任心首先就要求家长放弃对孩子的溺爱,让孩子去做一些他力所能及的事情,让孩子学会自我服务,让孩子去为自己多承担一些责任,比如玩完的玩具要自己收拾好,自己的房间要自己打扫,穿脏的袜子自己去洗干净,起床后要自己整理床铺,早晚洗漱要自己照顾自己,家庭作业要自己独立完成,自己说过的话不能食言,自己应当做的事情必须有始有终。

2. 要对孩子"从小抓起"

"从小抓起"有两个含义,一个是指要从孩子年龄较小的时候就注意责任心的培养;另一个是指培养孩子的责任心要从生活中的小事抓起。孩子责任心的培养宜早不宜迟,其实孩子在幼儿时期所表现出的一些自主的意愿,如吃饭不让大人喂、鞋子要自己穿等,都可以说是责任心的萌芽,家长这时要注意给孩子以积极的引导,不要因为怕孩子不会吃不会穿而随意剥夺了孩子为自己承担责任的机会,我们不能等到孩子长大以后的某一天突然要求孩子要对自己的事情负责任,这时孩子一定会觉得很茫然,因为一直以来所有的责任都是由大人承担的,他已经习惯成自然了,想改变也是很困难的了;对孩子责任心的培养应该从小处着手，从孩子日常生活的点点滴滴开始，比如孩子做完作业后让他自己整理书桌，吃完饭后帮着收拾一下碗筷，家里的地面脏了拿拖把擦干净，所谓"勿以善小而不为"，孩子这些事情做得多了，做习惯了，他的责任心自然就培养起来了。

3. **让孩子品尝一下苦果**

孩子尚处于成长之中，他对一些事情表现出没有责任感也是正常的，因为他许多时候的确不太清楚这样会对他有什么不好的影响，所以为了培养孩子的责任感，家长可以适当地让孩子品尝一下办事情不负责任的苦果。孩子如果一而再地受到了自然后果的惩罚，他自然就会提高警惕，下次做事情的时候自然就不再会马马虎虎、草率了事。比如孩子上体育课忘了穿运动鞋，他打电话央求你给他送去，这时家长就可以拒绝孩子的要求，尽管让他去挨老师的批评好了，孩子尝到了苦头之后就会多长点记性。孩子平时东西喜欢乱拿乱放，提醒他多次也不起作用，某天孩子的作业特别多，而且又急需一本参考书，可是找了半天也没有找到，家长这时不要顾忌影响孩子的作业而帮他找，尽管让他去费时费力地去找好了，反正作业总归是要完成的，他耽误的时间越长他就只能休息的越晚，给他留的印象也就会越深刻。

4. **给孩子一个好的榜样**

孩子有对自己喜欢和崇拜的人进行模仿的心理倾向，而父母在孩子心目中一般都具有绝对的权威，所以父母的言行举止对孩子的影响是深远和巨大的，很难想象，一个对孩子、对长辈、对爱人、对家庭、对社会毫无责任感的家长，能够培养出具有很强责任心的孩子。然而在现实生活中，有的家长为了自己的逍遥自在把孩子交给爷爷奶奶、外公外婆抚养，一两个礼拜才与孩子见上一面；有的家长在工作单位吊儿郎当，抓到机会就跑回家做家务、上网、看电视等；有的家长不孝敬自己的父母，孩子的爷爷奶奶生病住院了也不在医院看护，依旧与牌友在一起豪赌；有的家长缺少爱心，一遇到捐款、献血等就退避三舍，寻找种种借口为自己推脱；有的家长对自己的爱人一点儿都不负责任，经常在外面拈花惹草，桃色新闻不断。父母的这些所作所为，孩子会看在眼里、记在心上，长期的耳濡目染不由得孩子不受影响，不由得孩子不去效仿，这样的父母即使想教育孩子做事要有责任心，孩子也会很不服气，也会很不以为然。所以说，父母只有在生活中严于律己，给孩子做好表率，才能更好地去影响和教育孩子。

5. 让孩子参与家庭生活

家庭是孩子成长的最重要场所，是孩子日常生活的出发点和归宿所在，而且孩子每天在家里的时间要远多于他在学校和户外的时间，因此培养孩子的责任感可以从家庭这块阵地入手，家长要增强孩子对家庭的主体意识，提升孩子在家庭里的主体地位，让孩子积极地参与到家庭生活的方方面面，让孩子感觉到他不是家里的客人而是主人，当孩子体会到了他在整个家庭里并不是可有可无的，他确实是被整个家庭所需要的时候，他对家庭的责任感便会油然而生。要做到这一点，家长首先必须转变观念，要把孩子当作与自己地位平等的人，而不能老把他当作什么事情都不懂的小孩子，家里的一些事情，无论是否与孩子直接有关，都可以让孩子发表一下意见，让孩子帮着出谋划策，对孩子提出的好建议好想法要积极采纳并加以表扬和鼓励；家里的家务活也要有一个明确的分工，每天爸爸应当做什么，妈妈应当做什么，孩子应当做什么都要事先规定好，当然孩子可以少承担一些，但决不能因为怕耽误孩子学习而大包大揽；家长也可以让孩子在家里充当检察官的角色，对家里每个成员的行为进行监督，看看大家做事是否都有责任心；家长还可以在孩子寒暑假期间让他当一段时间的家，这期间家里大大小小的事情，只要不会给家庭带来巨大的损失，都可以由孩子来做主，都可以由孩子来安排，孩子从自己当家的经历中能够学到许多，也能够提高许多。

6. 不要让孩子逃避推卸责任

美国总统里根小时候踢足球损坏了邻居家的玻璃，他父亲为了使小里根明白要对自己的过失负责，不惜让他打了半年的工才把赔给邻居玻璃的钱如数还给父亲。在中国的家长看来，里根父亲的做法似乎对孩子太残酷了，然而后来里根回忆说，正是父亲的这种做法才使得他懂得了什么叫责任。因此，要想培养孩子的责任感，家长应当要求孩子勇于对自己的言行负责，不论孩子有什么样的过失，只要他具备承担责任的能力，就要让他去勇敢地面对，不能让他逃避和推卸，更不能由大人越俎代庖。比如孩子损坏了别的孩子的玩具，家长就应要求孩子自己去帮人修理或照价赔偿；孩子一时冲动打伤了人家，家长就应要求孩子自己去登门道歉；孩子早晨磨磨蹭蹭上学要迟到了，家长也不用着急慌忙地送他，让孩子自己去面对老师的批评好了。

7. 要求孩子做事有始有终

良好的责任心是要靠坚强的意志力和持之以恒的态度来维持的，

而这恰恰是许多孩子所缺失的。孩子往往好奇心很强，兴趣爱好也很广泛，但就是做起事情来只有几分钟的热度，不是虎头蛇尾就是半途而废，稍稍遇到一点困难和挫折就打退堂鼓，不愿意再坚持下去，在别人看来就是缺乏责任心。因此，为了增强孩子的责任心，家长平时就应当注意培养孩子做事有始有终、负责到底的良好习惯，交给孩子去做的事情，不管是大是小，家长都要全程地监督，发现问题及时地纠正，决不允许孩子做到一半就随意放弃，直到孩子从头至尾认认真真地把事情做完做好才能罢休。另外，为了使孩子能够更好地坚持把一件事做完，家长可以给孩子选择一些比较容易的任务，如果一下子就把孩子给吓倒了，他就不会再有信心去努力了；交给孩子的任务可以经常换换花样，要给孩子一定的新鲜感，不要老让孩子总是重复地去做一件事，那样孩子迟早会失去兴趣的。

8. 对孩子要重过程轻结果

孩子毕竟是孩子，他的手或许很笨，动作或许很不麻利，做事情时或许会经常出错，这些都是很正常的，要不然他就不是孩子了。家长在让孩子做事的时候，一定要沉得住气，一定要学会等待，一定要能够容忍孩子的不完美，决不能因为孩子床铺叠得不整齐、收拾书桌不够利落、袜子没有洗干净、清扫地面丢三落四而越俎代庖。要知道，孩子只有通过不断地实践体验才能逐渐提高自身的责任意识。这里最重要的是孩子做事的过程，是孩子通过做事所得到的对"责任"的一种宝贵的心理体验，只有这样的心理体验多了，孩子的责任意识才能不断地得到强化和提高。如果家长过于看重结果，势必就会在孩子做得不够快不够好的时候，对孩子进行埋怨和责备，或者忍不住地去取而代之。这一方面会打击孩子的积极性，另一方面也会给孩子留下逃避责任的可乘之机。因为有的孩子一旦发现自己事情做得不够快不够好的时候家长会及时出手，他就会故意表现得能力不足，以此来逃避本来该做的家务。

12. 让孩子养成做事有计划的习惯

做事没有计划，没有条理的人，无论从事哪一行都不可能取得成绩。

一个在商界颇有名气的经纪人把"做事没有条理"列为许多公司失败的一个重要原因。做事没有计划,没有条理的人,无论从事哪一行都不可能取得成绩。做事情缺乏条理、没有计划是儿童时期的一种自然现象。如果父母不加以引导,孩子往往会养成不良习惯。做事有计划,对孩子来说之所以重要,是因为它可以帮助孩子有条不紊地处理学习和生活中的事情,而不至于手忙脚乱,无从下手。做事没有条理的人,不仅无法很好地料理自己的生活,也无法很好地进行学习和工作。如果孩子在长大后,依然做事没有条理,没有计划,将来肯定会在成功路上遇到障碍。那些取得杰出成就的人,常常得益于做事有计划。

菲菲的学校组织了一次为期一周的军训,要从城市到100公里以外的山上原驻军驻地。学校向他们介绍了营地的一些情况,并且为他们的准备工作提出了一些建议,然后就让孩子们自己回家去准备营地生活用品了。

到了家里,听到消息的妈妈问菲菲是否需要帮忙。菲菲说自己已经长大了,已经能够照顾自己了,不需要妈妈担心。于是,菲菲自己收拾了行李。在他出发前,妈妈检查了他的行李,发现他没有带够衣服,因为山里要比平原冷得多,显然菲菲忽视了这一点。妈妈还发现他没有带手电筒,这通常是野营时必备的东西,但是妈妈并没有给他提示。

菲菲高兴地走了。过了两天,等他回来时,妈妈问:"怎么样,这次玩得开心吗?"

菲菲说:"我的衣服带得太少了,而且由于我没有带手电筒,每天晚上都要向别人借。这两件事搞得我好狼狈。"

妈妈说:"为什么衣服带少了呢?"

"我认为那里的天气会和这里一样,所以只带了平常穿的衣服,没有想到山里会那么冷!下次再去,我就知道该如何做了。"

"下次如果爸爸带你去重庆,也带同样的衣服吗?"

"不会的,因为重庆很热。"

"是的,你应该先了解一下当地的天气情况,再做决定。那手电筒是怎么一回事呢?"

"我开始想到了要带手电筒,可是后来忙来忙去,最后把手电筒给忘了。我想,下次野营时我应该先列一个单子,就像爸爸出差时列的单子一样,这样就不会忘记东西了。"

在妈妈和菲菲的一问一答中,妈妈帮助菲菲总结了计划不周的教训。其实,这位妈妈完全可以在事前提醒孩子,但是她认为,经验对于一个人的成长是很重要的。因此,她没有提醒孩子,而是让孩子在体验中尝到自然惩罚的后果,从而逐步学会有条理地安排一切事情。

培养孩子做事有计划应重点把握好以下四个方面的问题。

1. 让孩子做事有条理

在日常生活中,不管做什么,父母都要让孩子做得有条理。例如,房间摆设井然有序,用过的东西放回原处,以免需要的时候找不到;晚上睡觉之前,整理好书包,准备好第二天要穿的衣服等。这些都可以帮助孩子养成做事有条理的好习惯。当然,让孩子养成做事有条理的习惯不是一朝一夕的事,需要家长的耐心和恒心,还需要善于抓住教育的契机对孩子进行适时引导。许多孩子做事没有条理,当父母跟他强调需要有条理地做事时,他往往无法接受父母的意见。事实上,孩子需要身边的榜样来引导。比如,孩子做事没有条理,父母可以让其向一些小朋友学习。有了榜样,孩子往往可以做得很好。

2. 教孩子做计划

要让孩子做事有计划,父母可以向孩子示范自己的计划,即把自己的计划告诉孩子,并且征求孩子的意见,让孩子帮着参谋。比如,国庆节放假,你打算带孩子出去玩,你可以向孩子展示自己的计划,并且征询孩子的意见,让孩子知道计划的重要性。慢慢地,孩子就会学着去安排自己的事情了。福井谦一上学时化学测验总是不及格,曾因此打算放弃学业。在父亲的鼓励下,他制订了学习计划,从头补起,从不及格到及格,成绩扶摇直上。1981 年,他获得了诺贝尔化学奖。

3. 让孩子按计划办事

当孩子和家长一起制订了某项计划后,必须让孩子按计划办事,不能随意更改,也不能半途而废。对于年龄小的孩子来讲,父母应该要求他们在玩的时候自己把玩具拿出来,玩完以后自己收好;对于上学的孩子来说,就应要求他们看书做作业的时候要认真,写完作业才能去玩;对于更大的孩子,应该要求他们做事要有责任心,自己把握做事的进度。竺可桢上中学时身体瘦弱,为了强健体魄,他制订了详

细的锻炼计划,并手写了"言必信,行必果"的格言时时提醒自己。此后,他闻鸡起舞,从不间断。自从锻炼身体后再也没有请过一次病假。

4. 学会科学的态度

引导孩子计划周密,学会有条理、有理智地生活,都离不开科学的态度。也就是说,要遵循客观规律,既不能制订不切实际的计划,也不能冲动蛮干乱了计划。

13. 培养孩子的爱心

世界五彩缤纷,人间丰富多彩,都需要有爱心的人去发现,去欣赏,去领悟。

爱心教育是让孩子受益一生的教育,一个充满爱心的人,会活得更自信、更快乐。俗话说,种豆得豆,种瓜得瓜。孩子爱心的培养,需要父母的爱心浇灌。世界五彩缤纷,人间丰富多彩,都需要有爱心的人去发现,去欣赏,去领悟。如何培养一个有爱心的孩子呢?

1. 爱心培养从娃娃抓起

婴幼儿期是人各种心理品质形成的关键时期,爱心的形成也是在这一时期。因此培养孩子的爱心,要从孩子很小的时候抓起。在婴儿时期,父母要经常爱抚孩子,对孩子微笑,让孩子感受到父母对他的爱,这是孩子萌生爱心的起点。随着孩子一天天长大,父母要把自己看作孩子的伙伴,陪孩子游戏、聊天、学习,让孩子感受到家庭的温暖,感受到被爱的幸福,为孩子奉献爱心打下基础。

2. 给孩子正确的爱

有位哲人曾经说过:"爱自己的孩子,那是母鸡都能做到的事。"关键在于怎样去爱,如何去爱。独生子女是家庭中唯一的孩子,特别是在"四二一"式的家庭中,独生子女自然成了全家人爱的中心,爱的焦点,父母几乎是别无选择地把所有的爱给了这唯一的独苗。爱孩子就是要有理智地去爱,而不是溺爱。严格要求正是爱孩子的一种体现。严格要求并不意味着对孩子扮出一副严厉的面孔,更不是动辄就训斥打骂,而是对孩子提出合理的要求,凡提出来的要求就应该坚决地要求孩子做到。

3. 保护好孩子的爱心

有时候父母由于工作忙或其他原因，对孩子表现出来的爱心视而不见，或训斥一番，把孩子的爱心扼杀在萌芽之中。比如有个小女孩为刚下班的妈妈倒了一杯茶，妈妈却着急地说："去去去，快去写作业，谁用你倒茶。"再如有个小孩蹲在地上帮一只受伤的小鸡包扎，小孩的妈妈生气地说："谁让你摸它了，小鸡多脏呀！"孩子的爱心就这样被父母剥夺了。事实上，在很多情况下父母并不知道自己的行为会在不经意间伤害或剥夺孩子的爱心。

4. 强化友好行为

父母要在日常生活中注意观察孩子的表现，一旦发现孩子的友善行为，就要及时地亲吻、拥抱或赞扬孩子，也可以采取奖励孩子小礼物等方式鼓励他，受到鼓励的孩子下次会比较容易再次出现类似行为。如果父母对孩子的"闪光点"视而不见，孩子表现同样行为的频率就会低得多。鼓励孩子的友好行为，让孩子的这种友善的行为形成一种习惯。

5. 拓展交往范围

父母总是把孩子关在家里，是培养不出真正的爱心的。因为在家里，孩子属于"弱势群体"，理应享受很多"特权"和"优待"，大人总是不知不觉地让着孩子。父母必须得把孩子带出去，让孩子在社区里活动，让他自由地与同龄小朋友交往、一起玩耍。父母要注意观察孩子在没有"特权"和"优待"的情境下，能否识别他人的好意、回应别人的好意，孩子又如何向他人表达自己的喜好。如果孩子的交往出现了不顺利的情况，父母要仔细观察孩子的应变能力怎样。这些都能反映孩子"爱心情商"的高低，帮助父母有针对性地培养孩子的爱心。

6. 为孩子提供奉献爱心的机会

许多父母只知道一味地疼爱孩子，却忽略了给孩子提供奉献爱心的机会。其实施爱与接受爱是相互的，如果让孩子只是接受爱，渐渐地，他就丧失了施爱的能力，只知道索取，不知道给予，并且觉得父母关心他是理所当然的。有的父母以为给孩子多点关心和疼爱，等他长大了，他就会孝敬父母，疼爱父母。其实这是一种误解，你没有给孩子学习关爱的机会，他怎么会关爱父母呢？还有的父母认为孩子的

任务就是学习,其他的都不重要,只有学习好了,将来才会有一个好的前程,于是什么事都为孩子着想,孩子衣来伸手,饭来张口。学习固然重要,但是性格、习惯、品质、心理对孩子的成长、成材更重要,并且这些都需要在生活、学习中培养的,不会一蹴而就。

7. 让孩子热爱动植物

孩子与大自然的植物、动物和谐相处,也是培养孩子爱心不可缺少的内容,是锻炼孩子爱心的重要途径。让孩子学会爱护花草,爱护小动物。经常带孩子到动物园,告诉孩子人类热爱动物,是动物的好朋友,人类更关爱小动物,让孩子了解热爱小动物。或者买只小猫小狗小兔来家里养,让孩子亲身体验接触小动物,孩子会很疼爱它,爱动物的人是很善良很有爱心的人。告诉孩子大自然是人类好朋友,要让孩子从小就知道爱护大自然、保护大自然是一种美德。父母可以多带孩子到植物园、郊外走走,让孩子领略大自然的美感,让孩子在轻松愉快中培养爱心。

8. 转移孩子的坏习惯

人非圣贤,孰能无过?要冷静地对待孩子的缺点,要宽容地给孩子尝试错误的机会,善意的批评要讲方式,用博大的爱心去感化。尊重孩子、理解孩子,这才是爱。先听听孩子的想法,你会有新的体会,才能有目的、恰当地进行评议,也只有恰当的评议才能使孩子信服、接受你的建议。不直接去指责、埋怨,多给孩子建议性的引导,不说不能怎么样,多说如果能怎么样会更好。让孩子确实认识到父母是为了自己好,不是敌人。作为父母,放下架子,循循善诱是关键。不怕孩子出错,就怕孩子产生逆反心理和抵触情绪。孩子坏习惯的纠正,全在父母的转移和引导上。

9. 教给孩子关心他人的方法

孩子年龄小,生活经验少。在生活中,父母要教给孩子关心他人的方法。如,父母实在太累了,不能答应孩子一起做游戏的要求时,不妨直接告诉孩子:"妈妈太累了,想休息一会儿,宝宝自己能做游戏吗?"如果孩子答应了,父母一定不要忘记说:"宝宝真懂事,知道心疼妈妈了。"爷爷想要看报纸,可以请孩子帮忙拿眼镜,如果宝宝做到了,可以表扬宝宝说:"真是好孩子,知道爷爷腿不利索,能帮助大人干事情了!"经过多次练习和提醒,再遇到类似的情况时,孩子便会主动地关心他人,为他人提供力所能及的服务,为自己帮助了他人而感到快乐!

10. 进行情感教育

父母可以巧设情境,不失时机地对孩子进行情感教育。父母要做爱的发现者和讲解员,及时进行爱的传递,让爱从小在孩子心中萌芽、成长。如看到母鸡保护小鸡时,可介绍母爱的伟大、无私和奋不顾身。讲故事、阅读书籍也是培养爱心的方式之一。

11. 让孩子在实践中塑造爱心

与别人分享好吃好玩的东西,对别人说一些关心体贴的话,同情并帮助有困难的人,不计较别人的过错,对别人能够宽容和谦让,孩子的爱心就是通过这样一次次的行为模仿和强化而逐渐形成的。从孩子还只有几个月大的时候起,父母就要让孩子学着与别人分享东西。孩子渐渐长大了,在餐桌上,可让他学着给长辈夹菜;鼓励孩子给爸爸妈妈拿东西;给客人让座,让孩子做这些力所能及的事,从中品尝做了有益于他人的事而带来的喜悦。

12. 父母要富有爱心

父母是孩子的镜子,孩子是父母的影子。只有富有爱心的父母,才能培养出富有爱心的孩子。孩子时时刻刻把父母作为自己的榜样,父母的一言一行都在潜移默化地影响着孩子,身教重于言传就是这个道理。因此,父母平时就要注意自己的言行举止,做到孝敬老人、关心孩子、关爱他人、乐于助人等,让孩子觉着父母是富有爱心的人,自己也要做一个富有爱心的人。

14. 培养孩子的耐心

有句俗话说:"心急吃不了热豆腐。"这正说明耐心是成功的关键因素之一。

在心理学上,耐心属于意志品质的一个方面,即耐力。它与意志品质的其他方面,如主动性、自制力、心理承受力等有一定的关系。

齐白石是中国近代画坛的一代宗师。他不仅擅长书画,还对篆刻有极高的造诣。但他也并非天生具备这门艺术,他也是经过非常刻苦的磨炼和不懈地努力,才把篆刻艺术练就到出神入化的境界的。

年轻时候的齐白石就特别喜爱篆刻,但他总是对自己的篆刻技术不满意。他向一位老篆刻艺人虚心求教,老篆刻家对他说:"你去挑一担石头回家,要刻了磨,磨了刻,等到这一担石头都变成了泥浆,那时你的印就刻好了"。

于是,齐白石就按照老篆刻师的意思做了。他挑了一担石头来,一边刻,一边磨,一边拿古代篆刻艺术品来对照琢磨,就这样一直夜以继日地刻着。刻了磨平,磨平了再刻。手上不知起了多少个血泡,日复一日,年复一年,石头越来越少,而地上淤积的泥浆却越来越厚。最后,一担石头终于统统都被"化石为泥"了。

这坚硬的石头不仅磨砺了齐白石的意志,而篆刻艺术也在磨炼中不断长进。他刻的印雄健、洗练,独树一帜。渐渐地,他的篆刻艺术达到了炉火纯青的境界。

莎莉去应聘一家外贸公司经理秘书。但是,公司却给她安排了一个行政部文员的职位。莎莉想了一下,觉得只要自己耐心做好文员的工作,一样很好。于是,她就答应了。

莎莉的工作是负责接待客人和复印、打印等琐事。同事们总是把一些需要复印和打印的文件一股脑儿堆在莎莉的桌子上,然后告诉她哪些需要复印,哪些需要打印,每种各需要多少份。莎莉总是耐心地记录着各种要求,然后仔细地做。

有好几次,莎莉的认真检查避免了公司的损失。因此,莎莉真的被提拔为经理秘书了。莎莉是这样对朋友说的:"工作虽然简单,但是只要有超凡的耐心和细心,就会取得成功。"

著名生物学家童第周的父亲为了让童第周从小就明白耐心的重要性,特意给他题了"滴水穿石"的条幅,告诫童第周世界上没有穿不透的顽石,只有缺乏耐心的人。

父亲去世后,大哥安排童第周到宁波师范预科学校读书。只读了一个学期,童第周就提出要考当时全省著名的效实中学。哥哥对他说:"效实中学是用英语讲课的,你的英语根本不行,肯定考不上的"。童第周却认为"滴水能够穿石",只要自己耐心学习,肯定能够考上的。

为了准备考试,童第周坚持自学英语,每天除了吃饭外很少离开书房。终于,童第周考上了效实中学。在效实中学,童第周又用滴水穿石的精神,使自己的成绩从刚入学的倒数第一上升到了全班第一。

这就是因为童第周对耐心学习有着深刻的理解。

耐心是孩子未来成功的关键因素之一。培养孩子的耐心不仅对他学习上有帮助，而且对他今后的人生道路也有很大的影响。

但是，孩子毕竟是孩子，许多孩子都不够有耐心，只要想到了或者听到了，他们便要求立刻兑现。否则便不停地纠缠、吵闹，直到父母满足他们的要求为止。

许多孩子没有耐心，是因为家长自己做事也是虎头蛇尾。所以，要想让孩子有耐心，父母首先要有耐心地去做每一件事情。

父母自己要以身作则，要有坚持性。如果今天要求孩子练琴半个小时，明天自己忘了，后天又有什么事给耽误了，那么，培养孩子的坚持性就会变成一句空话。另外，家长自己做事的态度非常重要，三天打鱼两天晒网的家长很难培养出有恒心的孩子。

父母要指导监督孩子做事。孩子做事的全过程中，父母在关键时刻要给予指导和提示，这不是代替而是帮助孩子想办法，以防孩子碰到解决不了的问题时灰心丧气。当孩子想不出办法又不愿去想，有偷懒或依赖父母的迹象时，父母不可给予帮助，而应注意说服鼓励。必要时给予批评并监督孩子独立地做完某件事。这样长期坚持下去，孩子的能力提高了，习惯养成了，做事也不再半途而废了。

父母让孩子做事时，应注意适合孩子的实际水平。如果过难，孩子尽最大能力亦不能成功，他就会伤心失望。如果偶然一件事还不至于的话，那么连续几件这样的事就很可能使孩子不再去想，不愿去做，而丧失自信心。

在生活中，父母还可以充分利用各种机会培养孩子的耐心。如果孩子喜欢花草，父母可以利用家中的阳台，买来花盆和花籽，让孩子在培育花草的过程中，观察植物生长的过程，如何时发芽、长叶、开花。在这个过程中，让孩子明白：无论你怎样着急，你今天撒下种子，它不会明天就长大。要想有收获，你必须耐心等待，给它浇水，有时还要松土，并让它享有充足的阳光。

15. 培养孩子学习的习惯

要让孩子养成学习的习惯，这会让孩子以学习为快乐。孩子与大

师为伍、与伟人为伍的时候，很多教育尽在不言中，一旦形成习惯，孩子会终生受益。

要让孩子养成学习的习惯，这会让孩子以学习为快乐。学习的习惯主要包括以下十二个方面。

1. **记忆的习惯**

应当用不断的复习来防止遗忘，而不是等到遗忘以后再重新去记。记得越多，记忆力就越强，你越相信自己的记忆力，它就越可靠。

2. **演讲的习惯**

让学生会整理、表达自己的思想，演讲是现代人应该具有的能力。

3. **读的习惯**

读中外名著或伟人传记，与高层次进行思想对话，每天读一两分钟大有好处。学生这个年龄段可塑性大，伟人的感染力、教育力无限，孩子与大师为伍、与伟人为伍的时候，很多教育尽在不言中，一旦形成习惯，孩子会终生受益。

4. **写的习惯**

写日记，有话则长，无话则短，一次三五十个字，坚持写下去，这就是决心。

5. **定计划的习惯**

凡事预则立、不预则废。后进生毛病都出在计划性不强，让人家推着走，而优秀的学生长处就在于明白自己想要干什么。所以，我们就要培养孩子定计划的习惯。

6. **预习的习惯**

请老师把讲的时间让出一部分，还给学生，学生自己去看一看，想一想，预习预习。不让学生自己学，最简单的事都要等着老师告诉他，这样难以培养出好学生。

7. **适应老师的习惯**

从现在学会适应老师，长大了就比较容易适应社会，不会稍不如意就埋怨环境。

8. **大事做不来，小事赶快做的习惯**

这也是非常要紧的一个习惯。尖子学生做尖子的事，后进学生别盲目攀比。大的目标够不到，赶快定小的目标。难题做不了，挑适合你的容易做的题去做。人生最可怕的就是大事做不来，小事不肯做，高不能成，低不肯就，上得去、下不来，富得起、穷不起。所以要让我们的学生永不言败。

9. 自己留作业的习惯

老师留的作业不一定同时适应所有的学生，如果都要求去做，就是反教育。

10. 错题集的习惯

每次考试之后，90多分的、50多分的、30多分的学生，如何整理错题？扔掉的分数就不要了，这次30分，下次40分，这就是伟大的成绩。找到可以接受的类型题、同等程度的知识点研究一下提高的办法。整理错题集是很多学生公认的好习惯。

11. 出考试题的习惯

学生应该觉得考试不神秘。高中学生应该会出高考试题，初中学生会出中考试题。

12. 筛选资料，总结的习惯

学生要会根据自己的实际，选择学习资料。

16. 培养孩子的理财习惯

对钱财必须要具有爱惜之情，它才会聚集到你身边，你越尊重它、珍惜它，它越心甘情愿地跑进你的口袋。

也只有懂得理财，能够精打细算的孩子将来才会聚敛财富，也才会成为真正的富人。这里，我们给家长们一些培训计划，来看看，怎样才能打造出一个精打细算的孩子。

1. 定期发放零用钱

家长要严格执行约定时间才给孩子下一次的零用钱。一开始，家长可以以"周"为发放零用钱的时间单位，等孩子习惯后，时间慢慢拉长为"月"。家长控制好零用钱的发放时间，能让孩子在固定的时间内分配金钱消费，同时也能训练孩子的用钱能力。

2. 让孩子学会定期储蓄

没有节制的消费会带来烦恼，有规律地储蓄非常重要。每年孩子

们的压岁钱、零用钱等全部加起来是一笔不小的财富,家长应该告诉孩子这些钱该如何储蓄或花费。家长不妨从买给孩子储钱罐开始做起,鼓励他存钱。为增加存钱的动力,家长还可以设定存钱目标,当孩子达到目标时,给予额外奖励。

3. 培养孩子的记账习惯

孩子年纪小,不知道如何记账,刚开始时,家长可帮助孩子将未来一星期所需要的花费记录下来,然后逐日补上额外支出的项目,慢慢养成孩子记账的习惯。等到建立起几次记录后,家长可以放手让孩子自己记账。几个月后,家长可以借此了解孩子的消费倾向,了解他对金钱的价值与感受,若发现有偏差,可适时纠正。另外,记账也可以帮助孩子培养良好的理财意识和习惯,让他理解花钱容易挣钱难的道理。

4. 让孩子设立银行账户

家长可以为孩子在银行开个单独的账户。让孩子能树立"自己的钱"的观念,积极储蓄,养成不乱花钱的好习惯。此外,当家长到银行办事时,不妨也把孩子一起带去,让孩子了解银行的作业流程,ATM 功能等。家长可以帮助孩子利用自己的账户理财,利用银行的对账单、投资报表等,向孩子说明,让他亲身感受。

5. 建立理财目标

在不同阶段,孩子总有不同的消费需求,如小时候买玩具;小学时买电子游戏机;中学时添置 MP3……这就需要家长帮助孩子建立理财目标及投资观念,比如购买一部脚踏车,家长可以协助孩子从每个月的零用钱中,规划出一个时间表,透过目标建立孩子的预算观念,让孩子用自己积攒下来的零花钱来买自己想要的东西。

6. 美国家长培养孩子理财能力的方法

"他山之石可以攻玉",我们不妨学学美国家长培养孩子理财能力的方法。一是教孩子认识各种货币的价值及其使用。家长从小就注意让孩子识别各种货币,年龄小时,主要认识硬币,然后再认识数额大的纸币。二是教孩子养成储蓄观念。美国家长,特别是华裔家长,很重视培养孩子的储蓄观念。例如,有的小孩喜欢吃冰淇淋,如果买一杯要花 50 美分的话,家长就告诉他:"你想吃可以,但是今天只能给你 25 美分,等到明天再给你 25 美分时,你才能买来吃。"这就是孩子储蓄观念的萌发。三是教孩子合理使用自己的积蓄。家长除了供给孩子最基本的生活必需品之外，有些消费让孩子用自己的积蓄去开支。例如，孩子想买网球拍、自行车等或去旅游，指导他用全部或一部分储蓄。这样，孩子就体会到用自己的存款来买自己想要的东西的愉快和兴奋，而且也培养孩子学会有计划地管理金钱的能力。四是教孩子乐于分享，体验捐献和助人的喜悦。美国的慈善事业很发达，义工（相当于我国的青年志愿者）也很普遍。这些社会大环境都让孩子从小就体验到人与人之间应该相互帮助和分享。五是学会精打细算，不乱花钱，不浪费钱财。一般情况下，家庭都要协助孩子拟订一个消费计划并正确执行。例如，孩子一时要用钱而借了别人的钱时，家长一定会催促孩子及时还钱，让孩子养成良好习惯。六是教孩子学会通过正当手段去获得收入。美国人常将自己不需要了的东西拿出来拍卖。小孩自己用不着的玩具等也可以摆在家门口出售，以获得一点收入。但帮家中做些日常生活的事情并非都给钱，报酬是为了培养理财观念。七是用金钱作为奖赏来养成孩子的良好行为。例如，有个家长，她的两个儿子总是相互指责批评，家长就决定给每个儿子20美元的硬币，放入钱罐子里。如果谁对对方批评指责，就在谁的钱罐子里取出25美分。如果一个月后，谁罐子里的钱还在，就归谁所有。这使得两个儿子之间的矛盾解决了，彼此变得友好亲热。这样从一个角度告诉孩子，奖励他人的良好行为也是一种理财方式，让他人和自己分享。八是用自己的理财观念和消费行为影响孩子。许多时候父母不必说什么就可以把花钱的决定、次序、信念及习惯等潜移默化地传授给孩子，所以家长处处都要以身作则。

17. 培养孩子的成功意识

成功的意识是在表扬和激励中不断地前进发展的。要将成功的信念注入孩子的血液中。

进化论学说创始人达尔文小时候是一个爱说谎话的孩子，他得了几块化石便说是价值连城的珠宝，而且还故意向同学炫耀说发明了一种"秘密液体"可以改变花的颜色。家里人知道后很气愤，姐姐要求父亲严加管教。可是老达尔文并没有简单从事，通过父子俩的朝夕相

处，老达尔文认识到孩子的许多谎言很有见地，他观察孩子的平时爱好，了解到孩子的谎言是自身的兴趣追求、智慧萌动与渴望成功等方面的产物，如同一座将要爆发的智慧之山，将来肯定会有出息。看到自己孩子独特的优势后，他没有惩罚达尔文，而是给予了巧妙的暗示和鼓励。

没有谁比父母更能影响孩子的成长，父母对于生活、家庭和工作的态度会对孩子的成功意识产生巨大的影响。和睦的家庭会使孩子感到温馨；父母对家庭充满责任感，会使孩子对父母产生一种敬佩之情；父母工作勤奋，而且成就显著，会在孩子内心深处形成要成功必须能吃苦的观念。父母应该利用日常生活中的小事，告诉孩子任何事都可能有不理想的结局，遇到挫折后一定要理智。考试没有得到理想成绩，最好不要责怪，应该正确引导，这一次失败了还有下一次，只要经过自己的努力，成功一定会属于你。将失败的压力转化成动力，就可以使孩子正确认识失败，并养成良好的成功意识。

孩子的成功意识可以在日常生活中得以培育，如果他某些"天真"的想法或行为及时得到父母的鼓励而成功，这就会使之从实践中和心理状态上体验到成功的全过程，并促使他产生再次成功的强烈愿望；反之则会使其缩手缩脚，产生怯懦心态而不敢进行成功的尝试。在这个培育孩子成功意识的过程中，父母的引导显得尤为重要。

父母在培养孩子的成功意识方面应该把握好以下几点：

第一，要肯定孩子的才能，如孩子确认要干某件事时，做父母的应给予支持肯定，相信孩子的才能，并鼓励说："你行，你真行。"这样，孩子会备受鼓舞，努力进取的决心可想而知了。

第二，通过鼓励孩子参加一些比赛，以锻炼他适度的进取心态，让他理解生活中的一切成功都是自己争取来的。

第三，当孩子有些失败时，尽量不要训斥孩子，而是耐心细致地给孩子找原因，分析情况，确定改进方法。试想，如果孩子稍有不顺父母就谴责，这样的孩子日后进取心上哪儿去找呢？

第四，对于特别胆小怕事的孩子，家长应多加鼓励，少批评甚至不批评，让他通过努力去做一些力所能及的事，使孩子逐步形成"我能，我行"的自信心理。告诉孩子要说"让我自己来！"只要孩子能做的就不帮他做，只要孩子能说的就不代替他说，只要孩子能想的就鼓励他去想。这样孩子就会逐渐意识到：一切都得依靠自己去努力、去争取。

第五，要让孩子树立分数不是一切的意识。不可否认，尖子生的学习成绩在班上具有竞争力，但是好的学习成绩不是衡量尖子生的唯一标准。斯蒂芬·乔治之所以成为学校的明星，不在于他的成绩很突出，而是他的勤劳和求知欲。斯蒂芬不仅是高尔夫球球星，也是爵士乐音乐家，还是最优秀最乐于助人的社会活动家。一位化学老师说得好，学生间展开学习竞赛往往是一种失策，更糟糕的是学校的竞争有时延伸到了家庭。竞争往往使学生冷酷、自私、狭隘，而斯蒂芬却不这样，他在实验室做完自己的实验后马上帮助其他同学。一些同学期盼着老师给自己一个"A"，而斯蒂芬想的是用自己的能力赢得一个"A"。斯蒂芬的论文完成后获得了老师的认可，但是他却把论文重新写了一遍，目的只是想做得更好。这说明，他的学习不是为了成绩而是为了提高自身的能力。

第六，体现阅读的魅力。在美国威奇托的罗宾孙中学，有一个12岁叫泰勒·艾默森的学生。老师鲁拉发现，泰勒提出的所有问题都非常深刻，并且间或有许多设想。原来，泰勒强烈的求知欲来自于他家中堆积如山的图书。全家人都是读书爱好者。泰勒刚满15个月，父母就轮流给他读书，让他听，并且父母经常在他面前讨论问题。当父母问及怎样才能尽快让孩子养成学习的习惯时，麻省威廉学院的主任说，世界上最好的方法是当孩子上床睡前给他朗读故事。因为给孩子读书是培养他求知欲的最好方法。久而久之，他就自然养成阅读的习惯了。父母只要坚持下去，那么总有一天会发现，孩子不再要他们给自己读书了，取而代之的是他自己拿起书本读起来。许多作家的启蒙就是从父母朗读图书开始的。

第七，赞赏要不厌其烦，指责要适可而止。当孩子做了好事，应当充分肯定他，为他讲解这样做对人、对己、对环境的影响，让孩子明白自己的行为可以对周围的人产生多么好的影响；当孩子做错事时需要提醒甚至纠正他，但当他改正错误养成了好习惯后，父母还要给他足够的肯定，使他对自己的行为有信心，进一步巩固良好习惯。虽然每个进步都要赞许确实很累，但是必须坚持，因为这样对孩子的影响太大了，成功的意识是在表扬和激励中不断前进发展的。人们相信，传统的好学生往往能获得传统的成功，但我们也反对千篇一律，同时也需要遵照应有的规律。比尔·盖茨不是个传统的好学生，爱迪

生也不是传统的好学生,海明威更谈不上传统,但是他们却利用创造性的大脑为人类创造了巨额物质财富和精神财富,这是值得父母用心思考的。

一些专家将培养孩子的成功意识概括成以下十二点,父母操作起来比较方便:

1. 让孩子简单的事情重复做。
2. 让孩子每天进步一点点。
3. 对孩子要有信心和耐心。
4. 尊重孩子的想法,正确估计孩子的潜在能力,鼓励孩子多做积极的自我评价。
5. 不要与别人的孩子相比。
6. 教会孩子将快乐套在他喜欢的事情上。
7. 多示范,少指责。
8. 教孩子学会放松自己。可从教孩子深呼吸开始,让孩子体会到深呼吸的感觉,然后让孩子想象一件能使他全身处于放松状态的事情,一直到孩子心情完全平静为止。情绪安宁有助于孩子排除一切干扰,沉着镇静地面对挑战。
9. 训练孩子集中思想,全神贯注。
10. 教孩子在头脑中"排练",预见生活中的各种场景。
11. 配合好学校的工作。兰德公司的研究表明,当一所学校的校长、学生家长、老师、学生为共同的事业齐心协力,当学校的每一个人为了达到共同的教育目标承担责任时,学生则会最为成功。因此,为使你的孩子成功,请配合好学校的工作。
12. 要将成功的信念注入孩子的血液中。在美国的弗吉尼亚州诺福克市雏拉德示范学校里,学生和教职员工们每天早上都要花时间背诵他们的誓言:"我相信我能成为一个好学生。我相信我能取得成就。我相信如果我努力去做就会成功。因此,我每天都将尽自己的最大努力去进取。我有能力学习,我一定去学。"

第七章 培养孩子
要让孩子容易和别人相处

人人都希望能有一个美好的人际关系圈，都希望能多拥有一些朋友，并与他们保持真挚的友谊。尽管每个人可能都有不同的交往动机，对朋友的要求与期望也不尽相同。但是，心理学家仍然从研究中得出了帮助人们赢得朋友、保持友谊、避免人际关系破裂所应遵循的一些规律。有些孩子虽然也有与人交往的愿望，但是不了解与他人沟通的方法和技巧，这会影响交往水平。作为家长，应该教给孩子一些人际沟通的方法和技巧。

1. 真心对别人感兴趣

只有你真心地关心别人，才会赢得别人对你真心的回报。

只有你真心地关心别人，才会赢得别人对你真心的回报。不要总是想着自己，凡事都要让别人围着自己转，要学会多关心别人、尊重他人、真诚待人，这是与人建立良好关系的基础。

许多人一生中都错误地想办法使别人对他们感兴趣，当然，这种方式没有用，别人也不会对他们感兴趣。如果我们只知道在别人面前表现自己，使别人对我们感兴趣的话，我们将永远不会有许多真实而诚挚的朋友。

戴尔·卡耐基曾经说过这样一句让人非常折服的话：一个人只要对别人真心感兴趣，在两个月内，他所得到的朋友，就能比一个要别人对他感兴趣的人，在两年之内所交的朋友还要多。维也纳著名心理学家亚佛·亚德勒写过一本叫做《人生对你的意识》的书，在书中他说："对别人不感兴趣的人，他一生中的困难最多，对别人的伤害也最大。所有人类的失败，都出于这种人。"著名的老罗马诗人西拉斯曾说过："我们对别人感兴趣，是在别人对我们感兴趣的时候。"有一位比较有名的编辑，他说拿起每天送到他桌上的数十篇小说稿，只要读上几段，就能感觉出作者是否喜欢别人。他断言：如果作者不喜欢别人，别人就不会喜欢他的小说。如果写小说都必须得对别人感兴趣的话，你可以确定，如果你想在待人处事方面获得成功，你也必须得对别人感兴趣。从我们的经验中你也不难发现，一个人对别人真诚地感兴趣的话，就可以从即使是极忙碌的人那儿，得到注意、时间和合作。

2. 要主动与他人交往

要让孩子明白，人与人之间是一种相互依存的关系，每个人都需要别人的帮助；每个人也都应该尽可能地帮助别人。

人际交往活动，总有一方要主动些，如果双方都不主动，就会因缺乏沟通而使人际交往受到阻碍；如果双方都比较主动，那么就会很快地建立起良好的关系。在现实生活中，妨碍交往的原因很多，有些属于性格问题，有些属于观念问题，也有些孩子是因为缺乏信心。家长要针对具体原因帮助孩子消除疑虑，树立信心，鼓励孩子主动交往。要让孩子明白，人与人之间是一种相互依存的关系，每个人都需要别人的帮助；每个人也都应该尽可能地帮助别人。

对于一个人来说，名字是所有语言中最突出、最动听的声音，清清楚楚地把它叫出来，就是对同学的赞美，进而就会获得同学的好感。当听到朋友和熟人的一声声亲切的问候时，自己会不由自主地感到心情舒畅。假如不等对方先打招呼，抢先跟对方寒暄的话，对方一定会感到温馨自得，自己也会感觉很好，无疑使双方感情更趋融洽。

你出门时，有过遇上住在附近的熟人，就像看到了不认识的人，自己低着头，好像没见过似的现象吗？如有，这是很不对的。"早上好！""你好！"虽然是一句很平常的话，但就是这样一句话，却会使得大家轻松愉快起来，人们对你的评价也就一下子提高了许多。另外，用"今天天气真不错"这样谈论天气的话题，也可以作为作常用的寒暄。用不着过多地考虑，因为随便打打招呼本身就是一种很好的举动。

3. 找到相同的兴趣爱好

人在兴趣、爱好上发现共同点时，相互间才容易充满善意或好感去相处的。

人在兴趣、爱好上发现共同点时，相互间才容易充满善意或好感去相处的。因为兴趣、爱好相同的人，共同话题多，彼此很容易谈得融洽、投机，交往的吸引力也更强烈。而且，如果某某之间找到了共同的话题，很快便会产生新的话题，于是友情便自然而然地产生了。告诉孩子请留心，看看学校中有没有这样的同学：

球迷，对电脑游戏、读书感兴趣的人，或者偶然发现你所喜爱的某部连续剧、某个演员、某个歌星、某首流行歌曲他也同样喜欢。"啊，这样相同，简直太棒了！"两个原本陌生的人，在短短几分钟

内,就可以成为知音。你会觉得有许多的话一下涌到了嗓子眼,不吐不快,平时不苟言笑的你也许会滔滔不绝地连续演讲一两个小时。你的内心深处会产生一种快感,令你兴奋不已。有了这种感觉相同的伙伴,你应当抓住机会,与他走得更近,走过去大声地招呼他,把他当成"自己人"。因为这是你们友情的幼苗开始着床的明显征兆,而且这种建立在相同志趣基础上的友情往往能够顺利发展。

如果你的同学是一个很难相处的人,你也应该用心观察、了解他的爱好,发现对方与自己的共同之处,以此为突破口,积极地与他接触。即使做不到这样,在校园中相遇时,也不妨以对方的爱好为话题进行交谈。这时你会意外地发现,相互间完全有可能做到以诚相待。

由此看来,你应该培养自己多方面的兴趣、爱好,做个兴趣广泛的人。这样,你就会不断开拓交往的范围,打开广交朋友的大门。

4. 要塑造良好的性格

性格上的缺陷,常会成为妨碍人际交往的原因。

性格上的缺陷,常会成为妨碍人际交往的原因。

多疑。有多疑心理的人常常会自我孤立,他们情绪紧张,整日提心吊胆,害怕走近别人,也不愿意别人走近自己,有时一件小事,一个偶然的手势,一句无意的话,都可能引发猜疑与不安。

孤僻。有的学生性情孤僻,总想把自己封闭起来,经常独自一人坐在教室一隅,可他还认为这没什么大不了的,这是天生的,改变不了的。

胆怯懦弱。胆怯的人总是自己吓唬自己。要战胜自己并不是件容易的事,需要经历一个痛苦的过程,但是不迈过这一步,胆怯是赶不跑的。

顾虑。满怀信心地与人交往,其成功的概率要比处处设防时高得多。不轻信他人也不过多地怀疑他人才是应有的态度。信任是人与人之间沟通的第一道关卡,努力冲破它,你会发现柳暗花明又一村。

过分标榜自己。认为自己样样都行,孤芳自赏。这种经常的过分关注自我,在复杂的人际交往中不虚心、不诚恳,从不信任他人,而且经常口出狂言，讥笑他人、藐视他人，把他人说得一无是处，这样别人肯定不会接受你，甚至会排斥你。

虚伪忌妒。忌妒是人性修养中的一大劣根。只要有人群存在，就会有忌妒产生，这种思想品德的畸形链，出自于人的自私、贪欲的邪念。忌妒升级结果是害人害己。

羞怯。羞怯的人，因为年龄的关系，他们往往还没有学会如何掩饰自己，又特别自尊，很在乎自己的表现，常感到自己孤立无援，心理上患得患失。千万不要让羞怯绑住手脚，任何幸福都是自己创造的。

自卑。"同样站在太阳下，却只看见别人身上的阳光。"这就是自卑者经常做的事。既然选择了活着，就应该让自己活得快快乐乐而不是痛苦。自卑者用自卑为自己建造了一座地狱来居住，实是自苦。

以自我为中心。以自我为中心的人过于关注自身的状况，与别人谈话总是谈"自己"，天天总是忙自己的事，不愿与他人交往，很少帮助他人。在自我为中心的世界里，唯我独尊，唯我最好，唯我做得对，唯我最行、最聪明。

所以，要想让别人喜欢自己，就要改掉这些坏毛病，不断塑造良好的性格。

孩子们喜欢的同伴主要具有以下特点：友好、谦虚、助人、诚实、勤奋、好学、不造谣、整洁、慷慨、谈吐文雅等。国外研究机构（J. CoiteK. Dodge&. H. Coppotelli，1982）也得出了类似的结论。受欢迎的同伴被认为是合作的、有成就感、有吸引力的等。

我们也曾让中学生用词语写出他喜欢的人的品质。多数学生写出了这样一些词语：热情、诚恳、大方、正直、乐观、率直等。孩子们喜欢那些与自己志趣相投、具有优良品质的同伴，并建立好的关系。因此，家长要教育自己的孩子不断完善自己，塑造良好的性格，使自己有更强的吸引力，有更多的人喜欢自己。

5. 让孩子学会与朋友相处

投我以木瓜，报之以琼琚……投我以木桃，报之以琼瑶。

——诗经《木瓜》

一、要主动关心

"投我以木瓜,报之以琼琚……投我以木桃,报之以琼瑶",所说的就是希望得到别人的关心和帮助,但是这应该是双方的。首先你要关心和帮助别人,这样别人才会关心和帮助你。

在与朋友的交往中,主动帮助有困难的朋友是真挚友谊的具体体现。有些孩子,从小娇生惯养,心中只有自己,只能接受他人的帮助,而不懂得去帮助别人,这是很难与同伴处好关系的。

因此,家长应教育孩子学会主动关心和帮助同伴、朋友,这样才能交到更多的朋友,获得真挚的友谊。

二、要诚恳对待

"路遥知马力,日久见人心",如果对同伴和朋友不真诚,虚伪做作,久而久之,同伴或朋友就会离你而去。设身处地地想一想,谁愿意与一个口是心非的人交朋友呢?真诚地对待同伴和朋友,就要表里如一、言行一致、真心相待、坦诚相见。既要能够全面了解你的朋友,也要让朋友能够全面地了解你自己。

三、要学会宽容

"金无足赤,人无完人",能宽容地对待同伴和朋友,对于友谊的建立与维持是非常重要的。世界上没有完美无缺的人,即使是伟大人物,也是如此。古语说:"水至清则无鱼,人至察则无徒",可将它改为:"水至清则无鱼,人至察则无友"。如果不能包容同伴的缺点和毛病,就永远不会有朋友,即使有了朋友也会失去。再说,同伴和朋友之间不可能没有一点矛盾,一有矛盾就赌气或翻脸不认人,时间一长,同伴和朋友就会觉得跟这样的人交往没有意思,他们也会逐渐离你而去。因此,家长要让孩子明白,对人的宽容是维系良好关系的重要条件。

四、要充分沟通

朋友间的充分沟通是保持友谊的重要条件之一。这是因为朋友间不可能对所有问题的看法都一致,如果对一些问题的看法不一样,就心生猜忌和疑虑,还谈什么友谊。作家曹禺说过:"长相知,才能不相疑;不相疑,才能长相知。"要相互了解、信任,就要经常地相互交流、沟通思想感情。这样,才能做到长相知。如果对朋友有意见,也应该及时交换意见,通过讨论达到新的一致,这样才能使友谊之树常青。

五、体谅别人的缺点和难处

"金无足赤，人无完人"。在我们的生活中，谅解可以产生奇迹，谅解可以挽回感情上的损失。一个能容纳别人的人，必会得到别人的更加怜爱。

法国作家雨果指出：世界上最宽阔的东西是海洋，比海洋更宽阔的是天空，比天空更宽阔的是人的胸怀。一个胸怀宽广的人，很善于体谅别人的缺点，很会体谅别人的难处，很善于宽容他人的过错。"金无足赤，人无完人"，谁没有点不如意？假如你要挑剔别人，不妨先看看自己，自己就是那么完美无缺吗？所以，要设身处地去体察别人，将心比心地悦纳别人的短处和弱点，真正体验到别人的痛苦，同情别人的不幸，谅解别人的失误。在我们的生活中，谅解可以产生奇迹，可以挽回感情上的损失。谅解犹如火把，能照亮由焦躁、怨恨和复仇心理铺就的道路。在你向别人敞开博大的胸怀的时候，你也同时被别人接纳了。

六、站在对方的角度考虑问题

"换位思考"是协调人际关系"妙手回春"的高招，也是避免以偏概全、固执己见的法宝。它可以发现和解决各种"疑难杂症"。

世间的性格类型确是千奇百怪的。我们说左，他说右，那我们说右嘛，他偏又非说左不可，像这样永远和别人唱反调的人也不少。就算不至于如此偏激，但也有人总固执地坚持自己的立场，或自己的意见明明是少数意见，却决不接受他人的任何意见。也有人顽固地认定只有自己的做法和想法才是天底下最正确的方法。当然也有掩藏自己心底的企图而试探对方的心意，不惜唯唯诺诺，奉承拍马，迎合对方口气，一探虚实的人。

人类共同的心理，就是极端厌恶自己的思想被他人所误解，受这样的心态作用，所以永远期望别人对自己有最正确的评价。

"啊，要是当时不说那句话就好了。"

像这样事后才叹悔的人，大都是无视于对方的立场，硬要坚持自我意见所引起的。

6. 父母应为孩子的交往提供必要的帮助

虽然你不能主宰孩子社会生活的方向，但可以通过种种方法鼓励和帮助他结交朋友。只要你给予孩子引导和支持，那些不善交际的孩子就会很快改变。

让孩子积极参与。通常孩子容易犯的错误，就是他们以为彼此会自然而然地成为朋友。事实上，除非孩子们经常与朋友在一起，否则友谊很难产生，这就要求做父母的为他们引路。家长在尊重孩子的同时也要调整介入的方式。

使孩子充满自信。青青的妈妈从前曾对青青说："如果你不会游泳，别人就不会邀请你去游泳池玩。"妈妈说得对极了，在青青学会自由泳后，他终于可以和很多朋友一起去游泳了。当孩子在某些方面超常时，就会增强他们的自信，并利用这种专长结交朋友。

共同的爱好、兴趣是友谊的基础，如果你的孩子朋友不多，你可以帮助他培养某些爱好、兴趣，挖掘自己的专长，这样就会给孩子创造很多机会。如果你不给孩子机会去踢一次足球，去演一次儿童剧，他怎么知道自己是否喜爱这两种活动呢？又怎么能够与其他的孩子一起分享共同游戏的快乐呢？

足够的灵活性。在孩子需要指导的同时，他也想自己拿主意。例如，父母总是为孩子的衣着和发型操心。但是专家们认为最好是让孩子自己去体验，去做决定。另外，你需要在孩子择友的问题上给予一定的自主权。父母都很愿意孩子交朋友，但他们绝对不想让孩子交上坏朋友。专家们认为，除非会有危险卷入，否则最好让孩子自己去判断朋友的好坏。小茂13岁时，曾认识一个没有礼貌、好争辩的男孩子。有一次这男孩子事先也没问就径自到厨房拿了食物。事后，妈妈告诉小茂这件事，但她没有阻止小茂和这个男孩来往。不久，他们的关系慢慢冷淡了。小茂抱怨说，他既粗鲁又霸道，我再也不喜欢跟他在一起了。

以身作则。那些总能记住朋友的生日，为朋友聚会做计划的父母，本身就是在教给孩子如何保持友谊。

胡先生记得他的父亲总是对朋友关怀备至。胡先生说："我相信他的朋友并不是都很出色，但我从未听到他说起他们的不是。当他奉命调到另一处工作时，仍经常给老朋友写信和打电话。"

胡先生说："最近，我爸爸接到一位 20 年没见面的朋友打来的电话。那位朋友说，他的儿子正在我们这座城市找工作。爸爸立刻坚持要那年轻人住在我们家里，直到找到工作为止。"胡先生正试着把这些知识传给他儿子宁宁，他说："我想让他学会如何富有同情心，尊重别人。那就是我父亲能与别人相处好的秘诀。"

善待孩子的朋友。在对待孩子的友谊上，特别要注意善待孩子的小伙伴。一位四年级学生家长讲述了她家一件再小不过的事：一天中午，她打开家门，发现小儿子和两个同学正在家里"大吃大喝"，碗筷摆了一桌。小儿子见妈妈回来了，忙站起来，叫了声"妈！"她没有应。两位同学站起来叫了声："阿姨，您回来了！"她也仍然一声未应，却径直走进小屋，砰的一声关上了门，半天没出屋。吓得孩子和两个小伙伴慌忙溜走了。晚上，孩子回到家，没有吃晚饭。尽管父母轮番相劝，最后，他还是滴水未进。而且一连几天，食欲大减，情绪低落，很少说话，没有一丝笑容。到了此时，父母着急了，拿出平时用惯了的"秘方"——将孩子平日最爱吃的各式美味食品摆了满满一桌子，还是没有调动起孩子的兴趣。家长对小伙伴的冷落使孩子的自尊心受到了严重的伤害，丝毫没为孩子考虑，这无异于把他们"赶出"家门。没给孩子留一点面子，这使孩子深深觉得对不起小伙伴，"无颜见人"。其次，孩子往往爱在小伙伴面前夸自己爸爸妈妈如何疼爱自己，自己的家庭如何温暖。而这位母亲的所作所为使孩子极为失望。他幼小的心灵会隐约感到，是妈妈丢了自己的面子，妈妈原来这么自私、小气，母亲的高大形象顷刻矮小了许多，孩子的自卑感也油然而生。可以说你尊重孩子的小伙伴，就是尊重你自己的孩子，他会在家长的尊重中得到欣慰和心理的满足，也会同时得到同伴的认可和接纳。否则他幼小的心灵会留下阴影和创伤，在同学中会遭到嘲笑和冷落。另外，这位妈妈的拙劣之处是太"怒于言表"了。如果她稍微冷静一些，有点教育机智——热情招待一下，待"小客人"走了之后再"论个是非"，其结果将是截然不同的。孩子是社会的人，他同样需要温暖，需要伙伴，需要理解，更需要尊重。因此，请您不要怠慢孩子的小伙伴！

第八章 培养孩子
要让孩子改掉这些坏毛病

由于性格缺陷或处事方式等原因,我们的社会适应力遇到了很大的困难,细究起来,是我们自身的一些毛病在人际交往中作祟。我们别无选择,只有挑战自我,战胜自我。

1. 帮孩子解除烦恼

有理智的人，往往能及时意识到自己情绪的变化，以及由此变化而产生的后果，因而能迅速控制自己的情绪。

其实自己有理想，生活充实，何苦为生活小事所累？客观地看待事物，视野开阔些，情绪就会稳定。例如，考试没考好，以后再努力就行了。对前途担心，行行出状元，干什么不行呢？得不到老师的重视，那有什么，只要自己努力就会改变老师对自己的看法；家庭发生矛盾，可以创造条件改变现状，也可以等待时间的推移慢慢加以解决……

有烦恼在心里是最不妙的，如果在烦恼时找父母、老师或知心朋友谈谈，把自己的烦恼讲出来，就会得到他们的帮助。父母或老师阅历深，经验丰富，看问题比较深刻、全面，有时父母和老师的一席话就可以解决你的烦恼。不必把自己圈在自己划定的圈子里，要解脱出来就要主动向家长和老师谈思想，主动地多接触人，多谈多聊。

文艺对人是一种美的享受，人在烦恼时多接触美的事物是大有好处的。看一幅美丽的图画可以使人赏心悦目，引起美的遐想；听一段美妙的音乐，可以使人心情舒畅，进入美的王国；看一场感人至深的电影或激动人心的电视，可以使人心胸开阔，忘掉烦恼。

锻炼身体也可以振奋精神，调节情绪。心里烦躁时出去打打球、跑跑步是很有必要的。骑车、划船、野游是改变心境的好方法。那美丽动人的自然风光，沁人心脾的空气，都可以使人心情豁然开朗，一切烦恼都会抛在脑后的。

如果你心烦意乱，就要尽量转移注意力。考试成绩不佳就不要想考试的事，可以换一个"话题"，想想自己的生日怎样过，回忆回忆去年春节的同学聚会，整理整理自己的玩具，抱一抱自己的心爱的动物，浇浇花，剪剪枝，到亲朋好友家串串门……精神集中在其他事物上，烦恼就会减轻。

当然，从根本上解除烦恼还需要对症下药，找到引起烦恼的根源，从思想上或实际上加以解决。如学习不好就要改进学习方法，努力学习，提高了成绩就不烦恼了。期望太高，就要降低期望，能满足就不烦恼了。与家长争吵了，就要主动谈，解除矛盾就不会心烦了。消除了引起烦恼的病根，烦恼就迎刃而解了。

还可以人为控制、调节自己的情绪，在墙上贴上警句、格言，如"淡泊以明志，宁静以致远"等以提醒自己随时调节情绪。看过电影《林则徐》的人可能还记得，林则徐在墙上挂着"制怒"的条幅，那就是为了提醒自己及时调节情绪。如果自己情绪不稳，可在案头、床边、墙上等比较显眼的地方贴上有针对性的警句，以提醒自己控制过激的情绪。

有理智的人，往往能及时意识到自己情绪的变化，以及由此变化而产生的后果，因而能迅速控制自己的情绪。他们在怒从心头刚起时，马上意识到这样做不对，于是很快冷静下来，用理智减轻自己的怒气，这样就不会使用粗俗的语言侮辱别人，更不会动手打人。

转移注意力也可以使自己从消极情绪中解脱出来。当自己苦闷、烦恼时，不要再去想引起烦恼的事。可以听听音乐、看看报纸、翻翻画册，看看电影和电视，回忆一下自己最幸福、最高兴的时刻，把消极情绪转移到积极情绪上去，冲淡以至忘却烦恼，使情绪逐步好转起来。有了难解的事先不想它，可以让自己自由畅想，让自己到幻想中的世界去遨游，也可以与人漫无边际地畅谈，这样免得为难解的事儿去钻牛角尖，给自己带来无端的烦恼。

和别人发生矛盾时，产生了不满、敌对、忌妒等强烈情绪，如果能心理换位，和对方调换一下角色，想一想假如自己是对方该怎么办，就容易理解对方的做法，从而改变一些自己的原有想法，减轻消极情绪。

爱生气、发脾气的人不利于搞好同伴之间的团结，会影响在同伴中的威信。马卡连柯说："不会抑制自己的人就是一台被损坏了的机器。"

人要有自知之明，要认识到自己的长处和短处，要站到对方的角度想问题，学会心理换位。对别人不能要求太高，要学会谅解、谦让。这样在遇到问题时就能正确对待。就不会生那些不该生的气，在非原则问题上就能在心中大事化小，小事化了，免于动气。感情表露是人的修养的外在表现。认识事物要客观，心胸开阔，不为一点小事而动怒。有修养的人遇到问题，不会火冒三丈，大发雷霆，而是沉

着、冷静,心平气和,即使自己有理也能让三分,因为他们心有全局,有他人。而那些修养差的人,患得患失的人,领袖欲强的人,好为人师的人,狂妄自大的人,固执偏见的人,自以为是的人,往往会为妨碍满足个人利益的事而动气。所以提高修养,提高认识水平,是克服爱生气毛病的根本所在。

人的感情有时如滚滚波涛,需要修筑堤坝来防止泛滥。感情虽说是美好的,泛滥就会成灾。感情的堤坝就是理智,理智可以使人爱之有度、乐之有限、怒之有时,悲之有节。人要有理智,要学会"制怒",节制自己的感情。

遇到问题头脑先冷一冷,等心情平静下来再处理,这样也可以避免生气。"冷处理"可以给人一个冷静思考的时间和一个解决问题的平静环境。有些事情不是当时非处理不可,那就过两天再谈。

刚生气时,要立即采取节制措施。如当你觉得要发脾气时,快提醒自己,现在应该控制一下自己的情绪了。当你遭遇到不可避免的情景时,不妨试试延缓10秒钟再爆发。应慎重考虑,即将使用的手段会给你确定的目标带来什么后果,要避免冲动,也不必强迫自己去喜欢那些你实在不以为然的事,你可以不喜欢但没必要非生气不可。要随时提醒自己,别人有权选择他自己的事,就像你有权坚持自己的选择一样。找一个你信得过的人帮助,请他在你失去控制时及时提醒你。要对你生气的缘由始末,做一番认真的反省。在你头脑冷静的时候,跟最常挨你骂的人恳切地谈一谈。在生气的最初几秒里,首先判断一下你是何种感觉,并预测对方将会是什么感觉。

说生气不好是讲随意发火不好,并非指任何时候、任何情况下都不发火。有气总不发,憋在心里,也许会憋出病来,所以适当的时候发火是可以的,但不能总生气发火。

2. 教孩子解除心理压力

人的进步需要一定的压力,一点压力也没有,往往会疲疲沓沓,一事无成。但是人承受压力是有一定限度的,过重也会使人喘不过气来,背上沉重的包袱。

在这个紧张不安、充满竞争、快速发展的社会里，我们每个人，包括我们的孩子，都会遇到压力。从根本上讲，压力就是身体的损耗与能量的发作。它能让人的头脑保持清醒敏捷，保持体内循环系统正常运转。它也可以激励孩子们取得好的学业成绩，创造美丽的人生。但是，当压力过重时，压力就会变成苦恼，人就会出现腹泻、发痒、皮肤病、做噩梦等，行为表现也会出现退缩、沉默寡言、异常挑衅等问题。有的研究还表明，孩子成长过程中有紧张压力与他成年以后患上高血压、心脏病以及癌症等疾病有密切联系。所以，我们做父母的一定要经常帮助孩子解除压力，让孩子活得轻轻松松，绝不能让过重的压力压垮了孩子。

许多孩子对压力总是独自面对。如果孩子以前话挺多，突然变得深沉起来，那他一定是遇到了问题。你应该设法帮助他，多与孩子谈话、交流、沟通，让孩子说出感到紧张不安、苦恼、产生压力的原因，这有利于孩子化解压力，也有利于你去帮助孩子化解压力。

有的人认为持续过强的压力对孩子是一种沉重的精神负担，容易引起孩子的心理障碍。有的则认为，就应该有些压力，因为"人没有压力轻飘飘，井没压力不出油"。越是学习成绩不好的孩子，就越应该给他压力。考试、排名次都是为了刺激孩子的上进心，学习压力将迫使他树立远大抱负，向高目标努力。可实际情况怎样呢？调查和测试表明，学习成绩的好坏与压力的大小在一定范围内成负相关。有些时候给孩子太多的压力会事与愿违。

之所以出现这种现象，可能的一个原因是学习成绩与压力形成相互反加强的关系，压力大，成绩反而差，成绩差又会导致压力增加，结果成绩更差，从而形成恶性循环。正因为如此，所以当压力大到一定程度时，那些成绩较差的同学会选择逃避，他们会以看电视、玩电子游戏等来逃避学习。而成绩好的同学要是外来压力过大，如父母向他提出一些不切实际的要求，同样会妨碍孩子的学习，致使成绩下滑，并可形成恶性循环。一位教育研究者也说过，"80%的学习困难与压力有关。解除那个压力，你就能解决那些困难。"

做父母的不要给孩子制订不切实际的奋斗目标，不要给孩子的行为太多的约束。如果不顾孩子自身实际，只知道让孩子这个拿第一，那个要优秀，就会给孩子增加巨大的压力。还有的父母只让孩子学习，这也不让干，那也不让干，这也会让孩子感到压力。

要让孩子有足够的休息和娱乐时间。如果孩子不能得到足够的睡眠，休息不好，就会感到身心疲劳，无法集中精力学习，还会让孩子感到紧张，带来压力。娱乐是化解孩子压力的较好途径，与孩子一起做游戏，使孩子沉浸在快乐的气氛之中，压力自然会被抛到九霄云外了。

如果在事前有思想准备，当压力到来时，就会得到缓冲。承受压力的思想准备越强，承受压力的能力就越大，相对来说，压力本身就等于减小了。压力是我们生活中的一部分，人不可能一点压力都没有，生活中一点小小的压力或坎坷，只不过是错综复杂、变化多端的生活中的一个小小插曲。区区小事，何足挂齿呢？有了这种心态，有了面对压力的气魄，那压力自然就小了。

如果带上你的孩子走进大自然，共度悠闲时光，接受大自然的陶冶，在大自然宽大温暖的怀抱中，一切烦恼、紧张、压力都将置之脑后，随风飘散。

人们对待压力的态度，还取决于人的意志力的强弱。恽代英说过："世界上没有一帆风顺的革命，挫折是不可避免的，经得起挫折，不怕失败的人，才是能取得胜利的人。"人如果有了这种坚强的毅力，就会百折不挠，顶住任何压力前进。意志力是一种精神力量，精神压力只有靠这种精神力量才能战胜。徐特立说："我从来不知道什么是苦难，失败了再来，前途是自己努力创造出来的。"其实，压力也有两重性，它可以把人置于死地，也可以使人置之死地而后生，关键在于你意志力的强弱。面对精神压力，一切痛苦、失望都是懦弱的表现。不要企求别人帮你减少压力，恩赐的东西是靠不住的，要靠自己的意志力去战胜精神压力。

强大的心理压力，有时是自己制造的，那就是不切实际的过高期望。所谓期望值就是自己给自己定的指标。人如果期望值太低就会无所事事，不经努力就可达到，那是没有什么意义的。这样，虽然没有什么精神压力，但生活的乐趣也没有了。同时，也就失去了生活的价值。但是期望值过高也是不可取的，指标定得太高，拼命也达不到，只能造成失败。几次失败后就会造成精神压力，认为自己完了，没希望了，自己把自己压倒了，因此期望值要适中。

人要正确认识自己，如果一味苛求自己，往往会加重自己的精神压力，造成自责、自罚的内疚心理。有时我们必须严格要求自己，但有时我们又要学会原谅自己。这次没考好，是什么原因，这里面也许不会是自己的责任。对自己适当地宽容与姑息自己的错误不同，它是一种理智的表现，是客观地分析、判断，该谁负责，谁就负责，不要自己把一切责任都背起来，加重负担。合理的宽容是自我修养的艺术，是心理调适的艺术。压力来得比较急，比较大，就要想办法来转移精神压力。例如多干工作、多做习题、多练字以及画画、弹琴、唱歌等。把自己的精力引导到另一件事情上，缓解情绪，减轻精神压力。

精神压力过大，情绪恶劣就不要憋着，要想法发泄。如大声高喊、大声唱歌、哭出声来，往墙上踢球等。发泄一下，心里就会舒服些，精神压力会大大降低。

有时强大的精神压力来自于自己，难于摆脱，可以请老师、家长、同学、知心朋友帮助。自己找他们诉诉衷肠，让他们给以安慰、开导，这样做后，往往可以减轻精神压力。常言道："当局者迷"，在许多情况下自己陷进去，不能自拔，需要别人提醒、开导、拉一把。许多时候，自己的认识是片面的、偏激的、模糊的，别人一点拨就豁然开朗，感到"柳暗花明又一村"。有时尽管不能彻底解决问题，但心中的疙瘩会小一些，精神上也会舒服一些。

爱心、宣泄和疏导是保持人的心理健康所需要的三种营养。宣泄，就是舒散、吐露心中的积郁，让孩子淋漓尽致地说出自己的委屈、忧愁、牢骚和怨恨，使其达到心理平衡。这对他们的生理和心理都有益处。

现在，孩子们的课业负担重，学习时间长，家庭都管得过死，还有考试不及格，竞赛不入围，升学上不了重点校，和同学、老师关系不好等，这些都会给孩子带来心理压力，影响孩子个性的发展。特别是那些性格内向的孩子，学习成绩差的孩子，单亲家庭的孩子，智商低或生理有缺陷的孩子，调皮的孩子或失足有过错的孩子，他们面临的问题更多，再加上家长不能正确地对待他们，这些孩子在遇到不愉快的事情时，就会有话不敢说，忍气吞声，心里的郁积得不到舒散。久而久之，他们就会表现出注意力不集中，行为迟钝，精神不振，人际关系紧张等情况。

美国医学专家哈费莱德教授经过十多年的临床研究，得出结论："人的不良情绪容易引起心血管病、糖尿病、溃疡症或精神病等，并使这些病不断恶化。"他特别指出，长期忧郁的人，还可能致癌。对孩子来说，长期的郁闷得不到宣泄，就会给孩子本人、家庭和社会带来危害。因此，做家长的，要善于观察孩子，当孩子情绪不好时，要

注意帮他调整,孩子有话,该说就让他说。孩子委屈,该哭就让他哭。孩子郁闷,该喊就让他喊……让孩子畅所欲言,一吐为快,帮助他解除心理压力。

家长要从关心孩子出发,有爱心、有耐心地与孩子多谈心,做孩子的知心朋友。只有这样,才能使孩子的郁闷得到舒散,使孩子每天都有个好心情。

除上述提到的方法外,减轻孩子的心理压力,做父母的还可以采取积极鼓励的态度,这也能大大减轻孩子的学习压力,而父母对孩子的否定态度则往往会增加孩子的学习压力。如做父母的往往会这样说:"你看某某又得了满分,你又只有80分,真笨,没出息!"而持积极鼓励态度的父母则可能说:"虽然你比他考得差些,但只要你像他那样努力,你可能做得比他更好。"所以,要想减轻孩子的压力,应该理解孩子,多与孩子交流,应该尊重孩子,对孩子表示信任,要积极鼓励孩子,尤其是在孩子失败的时候。

3. 教孩子克服自卑胆怯的毛病

有的孩子,胆子很小,怕见生人,上课不敢举手发言,外出不敢向人问路,买东西不敢问价,对人有了意见不敢说,紧张、怯懦、犹豫、打退堂鼓,这实际上是自卑和怯懦在他身上作祟。

胆怯的人并没有别人吓唬他,而是自己吓唬自己,自己把自己打倒了。所以克服胆怯首先要战胜自己。要战胜自己并不是件容易的事,需要经历一个痛苦的过程,但是不迈过这一步,胆怯是赶不跑的。

人的胆怯往往是在犹豫中产生的。外出问路,刚想问就赶紧去问,越快越急越不易产生羞怯心理。如果考虑来考虑去,会让胆怯占上风。"人家要不告诉我怎么办?""人家要拿眼睛盯着我怎么办?"这么一想就不敢问了。家里来了客人,心里好奇发生了一种看看客人的念头,这时就要立即去看,就不会害怕,如果稍一犹豫,就会想到"人家和自己说话怎么办?""人家问起自己怎么办?"……胆怯心理就在犹豫中产生了,所以办事不要犹豫,要果断,一旦做了，习惯了，也就会觉得没什么可怕的，经常锻炼，胆怯心理就会得到克服。

胆怯往往会造成情绪紧张，致使本来很熟悉的事情也变得陌生了。例如，原来会回答的问题，一站起来就张口结舌了，下次再回答问题就更紧张、更胆怯了。解决这个问题的办法是转移兴奋点。什么事情容易引起紧张、胆怯，就先不想它，把大脑中这个兴奋点转移到其他地方。有的演员第一次登台，胆小、怯场，他往往采取眼睛直视前方，"目中无人"，心里不想演出的事，而只想台词、歌词，这样就不紧张、怯场了。演出一顺手，胆儿就大了。我们遇到胆怯的时候，也要采取转移兴奋点的做法，多次实验成功，就不会怯场，不会害羞了。

胆怯的心理很多人都有，谁要认为自己胆怯，谁就更胆怯。谁要认为别人比自己还胆怯，谁就不胆怯。比如说，在与人交往时，你心里想，他比我还害羞、还胆怯，我怕什么？这样当你抬起头来说第一句话时，也就不会脸红了，敢于正视对方了。你心里若是总想着看对方怎么害羞的，那你就绝不会再扭捏了。变被动为主动是消除交往中胆怯、害羞的最好方法。当你首先伸出手去握住对方的手，当你首先开口问话，羞怯的往往就不再是你了。

任何新的、陌生的、有异于你以往经验的事都有其神秘之处，都有令你畏惧的色彩。对这类事，你尝试一次，就会获得一次经验，随着经验的积累，胆怯就将后退。建筑工人刚上脚手架时有些胆怯，但天天上，就不胆怯了。宾馆的服务员第一次接待外宾有些胆怯，但天天接待就不胆怯了。我们与人交往也是同样的道理，第一次与陌生人谈话有些胆怯，多次与陌生人接触就不胆怯了。第一次在集会上发言有些胆怯，多次发言就不胆怯了。经验丰富了，才干增长了，就会由胆怯变为勇敢，由焦虑变为精神享受。消除胆怯的唯一办法就是面对现实勇敢地实践，全身心地学习，熟悉那些没有体验过的事物。"习惯成自然"讲的就是这个道理。

害怕、胆小往往产生于无知。古代人怕打雷，因为他们对雷处于无知状态，迷信的人怕"鬼火"，因为他不知"鬼火"为何物。依靠知识他们可以消除害怕和胆小。很多害怕的原因是自己想象的产物，用自己想象出来的东西吓自己，人为地画地为牢，给自己设置心理障碍。你害怕什么你就要多学习什么，一旦你对那件事了解了，你就不

害怕了。我们对事物有了较高认识,就会发现所害怕的事无非两类:一类是可以控制的,那么努力控制就可以了。另一类是不可控制的,既然无法控制,无论怎么害怕也还是那样,害怕只是增加自己的痛苦,毫无价值,所以也没有害怕的必要。这样认识也就用不着害怕和担心了。

由于这两种完全相反的心理不可能同时存在于人的心中,一种心理可以被另一种心理中和或淡化。所以可以用爱中和恨,用喜中和悲。也就是说,在害怕时要用积极的心理中和,用勇敢去中和。换句话说,就是用积极的心理去战胜消极的心理。

具有自卑、胆怯心理的孩子往往表现为孤独、不善交际,对人对事态度冷漠、怕在别人面前表现自己。说话声音低、吞吞吐吐,遮遮掩掩,生怕别人耻笑。忧心忡忡,没有信心,总感到事事不如人。对他人处处迎合,不敢坚持己见,不敢据理力争,逆来顺受,形成"自我压缩性人格"。

造成孩子自卑和怯懦的原因很多,有身体方面的因素,如生理缺陷、经常生病、身体不好等;有教育方面的因素,如父母娇生惯养、溺爱袒护造成的依赖性,遇事缩手缩脚,压抑了孩子的自由发展,遇到困难畏难发愁;还有的是父母过分严厉,经常打骂、恐吓、羞辱,把孩子吓破了胆,形成怯懦性格;还有个人因素,如能力差、性格内向、失败体验过多过强等。

独立精神是克服怯懦的精神良方,要事事想着独立,提醒自己要独立思考,不要心存依赖。有了独立精神,解决问题胆子就会大起来。同时还要有意识地多接触人,主动参加集体活动,多到集体场合活动能够激发交友欲望,与人接触多了就不怯懦了。

能力弱往往容易自卑,要真正丢掉自卑就要提高能力,努力奋斗。"勤能补拙",要多给自己设置困难,多尝尝战胜困难的滋味,成功体验多了就能增强自信,而且能改变周围人对自己的看法,提高自己在他人心中的地位,再与别人相处就不胆怯了。

锻炼自己的意志,培养勇敢的品质,也是克服懦弱的好方法。比如胆小怕夜黑,就应仗着胆子在黑路上走走。学着干点冒险的事(如爬山、郊游等),意志强了,神经脆弱的毛病就没了。在锻炼意志时要向英雄人物学习,向强者学习,脑子里经常浮现出英雄人物的形象,思想受鼓舞,胆子就会大一些,就会有勇气去迎接挑战。

胆小、自卑的人往往身体素质也较差，强壮的身体有利于树立自信心，因此要多锻炼身体，提高抗病能力，提高抗挫折能力，也可以提高自信，增加胆量。

国外有人提出克服怯懦的10个法则，这里介绍给大家参考：

1. 理直气壮地迎着别人走上去，好像他欠了你的钱似的。
2. 训练自己盯住对方的鼻梁，让人感到你在正视他的眼睛。
3. 开口说话时声音洪亮，结束时也会强有力；相反，开口软弱那么闭嘴也就软弱。
4. 有时，为了在喧哗中让人听见，有必要大声讲话。
5. 学会适时地保持沉默，以迫使对方讲话。
6. 会见一位陌生人之前，先列一个话题单子。
7. 熟记演讲的首尾，那么你从头到尾都会口若悬河。
8. 想方设法接触伟人，和比自己年纪大，比自己强的人交往你会学到知识，同时还可以观察强者的弱点和缺点，从而增强信心。
9. 不断给自己出难题，不断实践克服怯懦的方法。
10. 要努力学习，有知识有能力才会有信心，也才有在社会上存在的价值。

4. 教孩子学会走出孤独

有的孩子性情孤僻，总是把自己封闭起来，经常独自一人坐在教室一隅，可他还认为这没什么，这是天生的，改变不了的。

孤僻对人的身心健康很不利。美国有位心理学家曾设计过一个实验室，他设置一张舒适的床，放置许多美味佳肴。人在实验室里可以随意吃、喝、玩、睡，生活是完全"自由"、"舒服"的，唯一的缺陷是完全与世隔绝。他提出，谁进去生活"就可以发给他一大笔酬金"。几个大学生先后自告奋勇进去了，可进去后竟无一人睡稳吃香过，不到两天就神经质地敲打墙壁要求"释放"。当他们出来时一个个神情呆痴，动作愚笨，不协调，许多天不能恢复常态。这个实验说明，脱离社会、孤独对人的身心健康影响有多么大，对人体的摧残有多么严重。

孤僻的性格确实是很不好的，它表现为不爱与人交往，这就很难处好人际关系，很难扩大知识面。人们之间是在相互接触中，互相理解，互相帮助，密切关系的。一个人若是总躲避人群，独自一人，怎能与他人搞好团结，怎能从与他人的交往中获得更多的信息？

孤僻的人往往自卑感强、自信心差。因为他很少与他人接触，因此业余爱好少，看书的能力就得不到锻炼，而能力差，自卑感就越强。可孤僻的人往往自尊心很强，怕别人说自己无能，这就会造成很多内心痛苦。

孤僻的人在集体中必定孤立，长期在孤独中生活会影响自己的心情，影响自己的情感。长期心情不佳对身体的影响很大，会使大脑皮层正常活动受到损坏，失去平衡，结果导致皮下中枢活动混乱，造成消化系统、血液循环系统、呼吸系统、内分泌系统等紊乱以至病变。孤僻、孤独往往与忧郁做伴，孤独显然有害于人的身心健康。

孤僻的人往往多疑。他们大多很内向，不活泼，自己不愿与人交谈，看到别人交谈又疑心是在说自己，既影响情绪，又影响学习和生活。

孤僻性格或受家庭环境影响，或受过刺激、伤害，或教育方法不当，或身患疾病等原因而引起的。孤僻最主要的表现就是不与人接触。要从思想上认识到他人、集体对自己成长的作用。从小事上开始改变自己的生活习惯，如主动去跟他人进行聊天，主动和他人玩游戏，打扑克、下象棋、打篮球等。接触多了，从他人那里学到知识和快乐就多了，就会逐步爱与人交往了。

集体是矫正孤僻的良好环境，集体活动可以使变得活泼、快乐，可以使寂寞的情感得到补偿。集体活动，与同伴之间的交往可以改变自己的性格。参加集体活动开始可能有些害羞、胆怯，甚至做出可笑的事来，但不要怕，时间长了就会进步，慢慢地大家发现了你的特长，就会欢迎你的。

改变性格要自觉、要主动，而不能等着别人去改变你的性格。以文艺作品中性格开朗、坚强的人物为榜样，找同伴中活泼、开朗的人做榜样，主动向他们学习，就能受到熏陶，受到影响，从而不知不觉地改变性格。

集体的关怀、信任，老师的启发、教育，同学的鼓励、帮助等，固然可以帮助你改变性格，但对一个孩子来说，最重要的还是要充分发挥自己的主观能动性，关键在于自身教育，改变自我，重塑自我。

5. 常常使自己孤立的人易多疑

有多疑心理的人常常会自我孤立，他们情绪紧张，整日提心吊胆，害怕走近别人，也不愿意别人走近自己，有时一件小事，一个偶然的手势，一句无意的话，都可能引发猜疑与不安。

走进校园，看到两个同学正在窃窃私语，你走过去，两个人立刻中止了谈话，各自走开了。"他们一定在议论我，否则为什么会这样……"老师在课上批评了某种现象，你也可能认为老师在针对自己，"哼！为什么不明说，我才不怕呢！肯定是有人偷偷告诉了老师，是谁呢？"即使有个同学在操场上与你相遇而没有和你打招呼，你都可能怀疑他对你有意见。

在你与同学的交往中，多疑会是一个极大的障碍，如果你对同学怀有不信任的态度，就不可能坦诚地与他们交往，严重时，还可能和同学发生冲突，长期下去，同学就会疏远你。看到同学疏远你，你就会更加多疑，如此形成一个恶性循环。

去除多疑心理的最好办法是增强自信。常言道身正不怕影子斜，自己做得好，又何必怕同学议论呢？自信心越强，越不易产生多疑心理。

站在同学的角度看待问题，也会使猜疑心理减少。你这样做，不但去除了多疑的毛病，从孤立中走了出来，还可能赢得同学的信任，进入一个良性的循环，那就太好了。在你与同学产生矛盾或有了隔阂时，在意识上找出或制造出一个"共同的敌人"就可以拉近彼此间的距离，有利于你们之间的沟通与合作。

平常合不来的婆媳，忽然谈得很投机，原来她们谈的内容是邻居太太的坏话。这是因为她们有了邻居太太这个共同的责难对象，所以才能消除隔阂，团结对外。

　　这样的事并非只发生在婆媳之间。人本来就是这样，在有了共同的敌人时才会合作。历史上也有很多例子。比如说，内战不断的国家，一旦受到外来入侵，立刻就会团结起来，一致对外。俗话说："外有强敌，民易团结"，正是这个道理。一对时常争吵，互相反感的兄弟，一旦被其他的孩子欺负，就会成为互相配合的好搭档；一对恋人往往由于家人的反对而使爱情变得更加坚贞。

　　当然，对于被作为"共同敌人"的第三者来说，是令人烦恼的，甚至可以说不够尊重对方。所以，"共同敌人"不要以周围的同学、老师为对象，可以是喜爱球队的不良表现，可以是某位台风很差的歌手，也可以是销售伪劣文具的小商贩。同时也不一定要以人为对象，难以学懂的某一学科、教室外的噪音、社会上的不良风气，都可以作为"共同敌人"来发泄你们的不满。

　　这样，通过设置"共同敌人"对方把对你的不满转向了这个"共同敌人"，你们之间的隔阂就有可能削弱或消除。

6. 过分关注自我的人易羞怯

　　羞怯的人，因为年龄的关系，往往还没有学会如何掩饰自己，又特别自尊，很在乎自己的表现，常感到自己孤立无援，心理上患得患失。千万不要让羞怯绑住手脚，任何幸福都是自己创造的。

　　羞怯的人在人群中，往往一下子就能被人认出来，他可能是一个涉世不深的男孩，也可能是一个特别容易脸红的女孩……因为年龄的关系，他们往往还没有学会如何掩饰自己，又特别自尊，很在乎自己的表现：是不是有点结巴，甚至是语无伦次？是不是笑得不太自然从容？怎么脸颊还有些发烫呢？还有，刚才别人的那一眼也许并不是无意的，也许是我哪里有些不得体？

　　当他这么想的时候，别人就愈加看出来了：嗨！那是一个羞怯的人，错不了。

　　羞怯的人当然很失望，要知道他可能为了这个在人前的一分钟表现，已经准备了很久很久，甚至像台词一样设计好了要说的每一句话，也像表演一样设计好了配备的每一个动作——可是没有用，想好的哪一句话都没派上用场,更别提准备好的每一个表情,那简直就是背叛。比如说,笑变得比哭还难看,而自然的说话却变成了一种绝望的音调,甚至自己听见了自己的呼吸……一切都糟得不能再糟,更可怕的是,自己却弄不懂这到底是怎么回事!自己是无辜的,可别人也没丁点儿冒犯,这怎么不使人惊讶呢?

羞怯有其气质和性格上的原因,黏液质、抑郁质和性格内向的人容易羞怯,在日常的交往中往往过多约束自己的言行,有话不敢说,有事不敢做,关键在于怕出洋相,怕遭人耻笑。

羞怯的人过分关注自我,心理上患得患失,没有百分之百把握的事绝不冒险去做,怕一旦失败会成为别人的笑料。羞怯的人一般胆小孤僻,缺乏主动性,不仅难于同人建立联系,还会错误地理解他人。别人的一切行为都可能理解成是对他的否定。羞怯的人习惯于克制自己,其交际圈会越缩越小。

羞怯的人应走出认识上的误区。人们在日常生活中出点洋相是在所难免的,即使有人耻笑,大多数人也是善意的,不必过分忧虑。失败是成功之母,一次洋相可提高下次成功的概率。

其实羞怯的人并非无能,千万不能作茧自缚。另外,羞怯的人要提高交际技巧,平日里可做一些心理训练,如放松练习、角色扮演等,这样就可避免一遇到具体情况便不知所措,对事对人胸有成竹,羞怯就没了踪影。总之,千万不要让羞怯绑住手脚,任何幸福都是自己创造的。

7. 困守封闭的人易自卑

"同样站在阳光下,却只看见别人身上的阳光。"这就是自卑者经常做的事。既然选择了活着,就应该让自己活得快快乐乐而不是痛苦。

自卑具有弥散性和感染性的特点,自卑的人常戴着有色眼镜去看待他人和自己,以他人之长比己之短,于是觉得自己这也不行那也不是。在人际交往中自卑的人不敢抬头挺胸,生怕别人发现自己而遭耻笑。本着井水不犯河水的原则,自卑的人画地为牢,除同类外不愿去

主动开拓新的交际领域。

　　自卑的解药是自信。自信心对一个人一生的发展所起的作用，无论在智力上还是在体力上或处事上，都有着基石性的支持作用。自信心就像人的能力催化剂，将人的一切潜能都调动起来，将人的各个部分的功能推到最佳状态。而高水平的发挥在不断反复的量的积累基础上，将人的功能提高到一个新的层次和境界。所以，战胜自卑首要的是建立自己的自信心。

　　战胜自卑离不开勇气。小楠在一次讲演比赛中出场的顺序是七号，在她之前的五号得了一个不错的高分，这给其他选手的压力相当大。快到小楠上台讲演了，陪同前来的团支书拉着她的手问："你有多大把握？"小楠没有回答，团支书摸了摸小楠的手，感觉到手干燥而稳定，于是放了心。当小楠得了更高分回到座位上时，手却不由自主地剧烈颤抖起来。这时小楠回答了团支书的问题："其实我一点把握也没有。"是什么支撑着小楠取得了更好的成绩？是平时的基础，细心的准备，更主要的是狭路相逢勇者胜的勇气。当我们面对一项角逐时，把对自己感觉不如人处的紧张放在事后来发泄，是一种战胜自卑很有效的方法。当你让对手觉不出你在自卑时，你就成功地把自卑抛给了对手；而当你把自卑给予对手时，自信也就同时在你心中萌生了。

　　其实世界上没有一个十全十美的人。自卑的人想冲破牢笼，如果不经常从自己身上发掘优点和长处，渐渐地就会忘记自己原来也有优点，就会成为一只困守在自卑牢笼里的囚鸟，日子久了就会丧失了展翅奋飞的能力。如果经常对自己的长处和优点进行搜集，这样就有可能增加自信，使自卑感不知不觉地离开了自己。

8. 以自我为中心的人易于故步自封

　　以自我为中心的人过于关注自身的状况，与别人谈，总是谈"自己"，天天总是忙自己的事，不愿与他人交往，很少帮助他人。在自我为中心的世界里，唯我独尊，唯我最好，唯我做得对，唯我最行、最聪明。

以自我为中心的人过于关注自身的状况。比如自己的健康，自己的学习成绩、工作以及和他人的关系等。在与别人谈话时，总是谈"自己"，以"我"打头，不愿听别人的有关情况。天天总是忙自己的事，不愿与他人交往，很少帮助他人。在集体中做抉择时，总是坚持自己的意见对，而别人的都是错误的。别人很难进入其内心世界，在自我为中心的世界里，唯我独尊，唯我最好，唯我做得对，唯我最行、最聪明。在与人相处时，总是考虑自己的心理需求。经常无端地怀疑别人，如果自己做错了事，则认为别人总在笑话自己；看见别人悄悄说话，认为是在讲自己的坏话。

这种以自我为中心的心理是怎样产生的呢？

①家庭的过多关注。一个从小就处于家庭中心地位的人，成年以后并不能意识到自己已经是成人了，思维方式与习惯、心理上仍把同事、同学、朋友当成父母的形象或无意识地依赖他们。只考虑自己的存在，而不考虑他人的存在，只对自己有利的事负责，其他事与己无关……认为他人思维方式只围绕自己转。

②没有得到足够的双亲的爱。一个没有得到家庭温暖，或者没有学到成人如何关心他人行为的人，从小就会表现出自私自利，心胸狭窄。

③缺乏朋友，缺乏必要的人际交往。在社会生活中，文化素质低，生活环境过于偏僻、单调，很少获得外界信息的人，他只懂得他所知道的那点东西，思维方式不会超出他的知识和认识问题的范围。

④信奉消极、颓废价值观念的人。抱着"人都是自私的"、"人不为己天诛地灭"等颓废的观念定会表现出以自我为中心。

矫正以自我为中心的方法主要是：

（1）要认识到"自我中心"是一种不成熟的心理特征。而一个健康的人随着年龄增长，从最初的关注自我到逐步地关注他人，并扩展到整个社会。因此，要使自己成为一个真正成熟的人，必须不断主动去接触外界，了解外界，主动沟通他人，获得他人信息，丰富自己的内心世界。

（2）在社会上要做个对他人负责任的人，使自己有一种使命感。要认识到人不仅仅只是为自己活着，这世界，正是因为有了每个人的奉献，才会这么丰富多彩。要走出故步自封的天地，去爱别人，去接

纳别人，去追求美好的人生，去探索自身的价值，关心国家大事，承担社会责任，不依赖他人，不期望他人的回报，积极地工作、学习、娱乐，树立崇高的信仰。